盘口分时图
核心技术

金　铁◎著

中国宇航出版社
·北京·

图书在版编目（CIP）数据

盘口分时图核心技术 / 金铁著. -- 北京 : 中国宇航出版社, 2018.1(2025.3重印)
ISBN 978-7-5159-1448-0

Ⅰ. ①盘… Ⅱ. ①金… Ⅲ. ①股票投资－基本知识 Ⅳ. ①F830.91

中国版本图书馆CIP数据核字(2017)第326469号

责任编辑 田芳卿
责任校对 鲁 迁　　装帧设计 宇星文化

出版发行 中国宇航出版社
社 址 北京市阜成路8号　　邮 编 100830
(010)68768548
网 址 www.caphbook.com
经 销 新华书店
发行部 (010)68371900　　(010)88530478(传真)
(010)68768541　　(010)68767294(传真)
零售店 读者服务部
(010)68371105
承 印 三河市君旺印务有限公司
版 次 2018年1月第1版　　2025年3月第6次印刷
规 格 787×960　　开 本 1/16
印 张 16.25　　字 数 295千字
书 号 ISBN 978-7-5159-1448-0
定 价 45.00元

本书如有印装质量问题，可与发行部联系调换

前言

技术是什么？

技术不是根据已有的模式和数据，按照自己希望的方向去分析和判断。一个以主观愿望进行交易的理想主义者，市场很快就会给你开出罚单。

技术更不是“感觉要涨了或感觉要跌了”，如果交易行为建立在感觉上，那么结果注定会让人失望。

技术，其实是用来分析价格强与弱的变化、支撑与压制的转化及多空力量此消彼长的。跟随市场动态、分析价格变化、厘清潜在的逻辑，这才是技术之本。

技术包括两个部分：分析技术和操作技术。

别人没看见远处有块金子，你看到了，这是分析技术。看到金子和拿到金子是两码事，拿到了，这叫操作技术。

学会分析价格买点和卖点并不太难，难在“看到金子后，怎么想法拿到金子”。掌握了分析方法，并不代表你必然就会赚钱，实战中的具体操作，也是决定最后成败的关键。操作技术需要实战摸索和心态的磨炼。

盘口上千变万化的挂单，分时图中虚浮不定的曲线走势，无不牵动着盯盘者的神经。通晓盘中所有的变化并做出最佳选择，是不太可能完成的任务。但明晰所有变化的根本原理，坚守在正确的技术方向上，等待赢利的到来，相信每个人都是可以学会的。

本书从盘口与分时图最根本的原理起步，以案例的形式来解析实战难题，让交易者既能借助理论指导交易实战，也能在实际操作中不断提升理论与实战水平。

无论何种技术，学是为了变，变是为了更好地适应实战。没有永远不变的容颜，人如此，技术何尝不是如此。

水本无形，因器成之。不囿成说，不困于中，技术派才会有春天。

目　录

第一篇　盘口分时图基础分析 /1

第一章　什么是盘口 /3

一、盘口内容 / 3

二、基本术语 / 4

三、认识交易软件 / 7

四、如何分析指数盘口 / 14

五、如何分析个股盘口 / 29

第二章　什么是分时图 /31

一、分时图构成要素 / 31

二、如何应用分时图 / 33

三、单日与多日分时图 / 47

附录　交易的智慧与传奇 /48

第二篇　盘口分时图中级分析 /51

第三章　盘口数据（一）/53

一、内盘和外盘 / 53

二、振幅 / 56

三、基本面信息提要 / 58

第四章　盘口数据（二）/60

一、综合排名 / 60

二、涨幅排名 / 64

三、分时成交明细 / 65

第五章　量比和换手率 /68

一、什么是量比 / 68

二、量比实战应用 / 71

三、换手率的实战含义 / 72

第六章　委买与委卖 /78

一、委买与委卖的原则 / 78

二、委比与委差 / 80

三、买卖盘挂单的看点 / 81

四、什么是隐性买卖盘 / 89

五、什么是上压单、下托单 / 93

六、什么是夹单 / 97

第七章　竞价与开盘 /99

一、开盘竞价规则 / 99

二、事件驱动型开盘 / 102

三、主力驱动型开盘 / 109

四、市场随机型开盘 / 120

第八章　收盘与尾盘 /122

一、收盘规则 / 122

二、尾盘急拉 / 122

三、尾盘急跌 / 127

四、尾盘折返 / 132

附录 交易的智慧与传奇 /134

第三篇 盘口分时图升级与进阶 /135

第九章 支撑与压制分析 /137

一、分时支撑提示与盘口显示 / 137

二、分时压制提示与盘口显示 / 145

三、K 线图的印证 / 151

第十章 角度、速度、量能 /155

一、角度、速度 / 155

二、量能聚散与二次攻击 / 168

第十一章 折返与股价强度 /174

一、涨势中折返与股价强度分析 / 174

二、跌势中折返与股价强度分析 / 178

第十二章 休整形态 /182

一、先升后盘 / 182

二、先跌后盘 / 183

三、复杂盘面 / 184

第十三章 实战综合应用 /189

一、巨量打开涨停板 / 189

二、诱多与诱空的识别 / 192

三、成交大单的真实性——区分扫盘与对倒 / 199

四、成交小单的奥妙 / 201

五、印证的威力 / 204

六、恐慌性抛盘和主力减仓的量能辨别 / 207

第十四章　技术环境分析 /211

一、趋势、趋向及成交量 / 211

二、均线理论 / 217

三、技术指标 / 234

四、市场心理倾向 / 236

第十五章　进阶思考——交易大师的“秘籍”/241

一、彼得·林奇的投资法则 / 241

二、吉姆·罗杰斯的创富“杀手锏” / 244

三、威廉·D·江恩的24条常胜规则 / 247

第一篇　盘口分时图基础分析

即便是聪明的投资者，也可能需要坚强的意志才能置身于“羊群”之外。

——本杰明·格雷厄姆

第一章　什么是盘口

主流类中的股票，常能涨得惊天动地，但其他平庸个股，连一丝涟漪都不会起。

——威廉·欧奈尔

一、盘口内容

盘口，是交易者了解市场和个股情况的窗口。

狭义上的盘口，主要包括能够反映当天大盘或个股交易情况的数据和分时走势。例如，委比、委差、买卖盘挂单、开盘价、涨跌幅、最低价、最高价、量比、内外盘、总成交量、换手率、现价以及基本面信息摘要等。如图 1–1 所示。

广义上的盘口，在上述内容的基础上，还包括分时图和 K 线图等。通常所说的看盘，多指广义上的盘口。

在交易时段内，盘口数据和分时走势不断刷新和变化，能够显示多空之间交锋的激烈程度和行情呈现出来的倾向性。

无论涨势还是跌势，大部分的交易行为，是通过买和卖这两个环节来完成的。这些交易行为通过挂单和成交等方式反映到盘口上，为交易者分析价格运行趋向提供了重要的参考依据。

有经验的交易者可能会说，因为有主导资金存在，所以盘口数据可能会被作假。其实交易过程就是博弈的过程，真实和虚假总是相伴而行。无论是真实的还是虚假的，都不会也不可能恒定存在。

在实战中，经常盯盘的交易者会发现这样一个现象：某股买卖盘每一档挂单都很多，比如都在万股以上，但在某一个较短的时间内，上下每一档的买卖挂单突然变成只有几百股或几千股，之后挂单又逐渐恢复到原先的状态。

委比	68.70%	委差	439
卖五	62.05		3
卖四	62.01		8
卖三	62.00		78
卖二	61.99		2
卖一	61.98		9
买一	61.97		181
买二	61.96		32
买三	61.95		293
买四	61.90		21
买五	61.88		12
现价	61.97	今开	59.12
涨跌	2.45	最高	62.88
涨幅	4.12%	最低	58.99
总量	47774	量比	1.02
外盘	25637	内盘	22137
换手	29.86%	股本	6400万
净资	3.81	流通	1600万
收益(一)	0.086	PE(动)	181.1

图 1–1

这种挂单的变化就是主导资金操控的结果，至于原因，则可能有很多种。比如，撤掉自己的挂单来测试市场自然成交的情况，或者引诱大单现身等。

类似这种盘口变化，交易者就无法判断哪些是真实的，哪些是虚假的。

所谓主导资金，是指一段时间内对行情起主要作用的资金。这个概念包括但不限于主力资金，因为有些个股并无长期坐庄主力，只是短期资金炒作，所以统称为主导资金。

二、基本术语

下面将盘口有关的基本术语略作解释。

买盘：即主动买入资金的总称。

卖盘：即主动卖出资金的总称。

洗盘：指主力为吸筹或清理浮筹，主动造成股价大幅波动，以便为今后拉升做准备的行为。

砸盘：砸盘表现为两种，一种是主力的主动砸盘，目的是为了洗盘或者压低价格入货。另一种是主力机构或者庄家之间的博弈行为。

护盘：指资金在市场低迷时主动或者被动买入股票，以维护股价稳定的行为。

平盘：指股价相比昨日收盘价无变化或无明显变化。

高收：即当日收盘价高于前一交易日的收盘价。

低收：即当日收盘价低于前一交易日的收盘价。

高开：指股票当日的开盘价高于前一日的收盘价。

低开：指当日开盘价低于前一日收盘价。

平开：指当日的开盘价与前一日的收盘价相同。

盘整：指股价遇到阻力或支撑，并围绕该阻力或支撑进行上下波动。

跳空低开：指当日开盘价格低于前一日收盘价，在K线图上留有向下跳空缺口的现象。

跳空高开：指当日开盘价格高于前一日收盘价，在K线图上留有向上跳空缺口的现象。

跳空缺口：指当日开盘价格高于前一日收盘价或当日开盘价格低于前一日收盘价，并留有空白的交易区域。

跳水：指股价在短时间内快速大幅下跌。

扫盘：指主力大幅度通吃卖盘上的筹码。

杀跌：指在股价下跌时因恐慌或其他原因抛出股票，从而使股价继续下跌。

试盘：指主力通过买入或者卖出股票，来测试某股票的持股稳定性的行为。

对倒：是股票庄家或主力资金的一种交易手法。具体操作方法为，在多家营业部同时开户，以自买自卖的方式在各营业部之间报价交易，以达到操纵股价的目的。

筹码：即一定数量的股票。

踏空：因看淡后市卖出股票，之后该股股价却一路上扬，或未能及时买入，因而未能赚得利润。

多头陷阱：即多头设置的陷阱，通常发生在指数或股价屡创新高，并迅速突破原来的压力区且达到新高点，随后迅速滑落，跌破之前的支撑位，结果使在高位买进的投资者严重被套。

空头陷阱：通常出现在指数或股价从高位区以高成交量跌至一个新的低点区，造成向下突破的假象，恐慌抛盘涌出后，迅速回升至原先的密集成交区，并向上突破原压力线，使在低点卖出者踏空。

骗线：即利用技术分析的划线原理，在想出货的时候，先制造有利的线路，使依靠技术分析的人误以为会上涨而买进，随后市场一路下跌，谓之“骗线”。

阴跌：指股价进一步退两步缓慢下滑的情况，如阴雨连绵，长期不止。

停板：指因股票价格波动超过一定限度而停止交易。其中因股票价格上涨超过一定限度而停止的交易叫涨停板。因股票价格下跌超过一定限度而停止的交易叫跌停板。目前国内规定 A 股涨跌幅度为 ±10%，ST 股为 ±5%。

洗盘：是指主力操纵股市，故意压低股价的一种手段，目的是制造卖压，迫使低价买进者卖出股票，以减轻拉升压力。

除权：是指由于上市公司送股、分红等原因，导致股票的每股净资产减少，为了保持交易的公平性，就需要从股票市场价格中剔除这部分因素，也称除息。

填权：是指股票除权后的除权价不一定等同于除权日的理论开盘价，当股票实际开盘价高于这一理论价格时，就称为填权。

三、认识交易软件

初入市的新手，可以在开户的证券公司网站下载交易软件。下载并完成安装后，在桌面上会有一个证券程序图标，双击后即可进入登录界面，输入自己的“资金账号”“交易密码”及“验证码”后，单击“登录”按钮，即可进入行情分析交易系统。

1. 交易软件的常用功能键

Fl 键（或按 01+ 回车键）：在个股分时图上按 Fl，可查看股票当日全天的成交明细。在个股 K 线图上按 Fl 时，将进入多日成交报表，通过它可以查看近段时期以来的个股日成交概况。

F2 键（或按 02+ 回车键）：可以查看股票当日全天的分价表。通过分析分价表，可以了解个股当日盘中的成交密集区、阻力区和支撑区。

F3 键（或按 03+ 回车键）：可以查看上证综合指数（上证领先指标）即时走势图。

F4 键（或按 04+ 回车键）：可以查看深圳成份指数（深证领先指标）即时走势图。

F5 键（或按 05+ 回车键）：切换分时图和 K 线图。

F6 键（或按 06+ 回车键）：可以查看自选股的情况。

F7 键（或按 07+ 回车键）：进入资讯栏（不同的软件，这个键的功能有所区别）。

F8 键（或按 08+ 回车键）：切换 K 线周期。比如进入周 K 线图、月 K 线图、季 K 线图、分钟 K 线图等。

F9 键：进入网上下单交易窗口（不同的软件，这个键的功能有所区别）。

Fl0 键（或按 10+ 回车键）：可以查看个股基本面的详细资料。

按 61+ 回车键：进入沪 A 涨幅排名。

按 63+ 回车键：进入深 A 涨幅排名。

按 67+ 回车键：进入沪深 A 股涨幅排名（有的软件上是按 60+ 回车键）。

按 81+ 回车键：进入沪 A 综合排名。

按 83+ 回车键：进入深 A 综合排名。

按 87+ 回车键：进入沪深 A 股综合排名。

2. 交易软件部分分析功能

（1）缩放K线图

通常采用键盘上的上下光标键来进行 K 线图的放大和缩小。按向上光标键↑，可以放大 K 线图。按向下光标键↓，则可以缩小 K 线图。

（2）多股同列

多股同列是指行情分析软件可以自行将K线图和分时图的主窗口划分为4个、9个或16个小窗口，以同时显示4只、9只或16只股票的K线走势和分时走势图。可选择菜单“分析”→“多股同列”命令。图1-2所示为9窗多股同列，可同时观察9只股票的K线和分时走势。

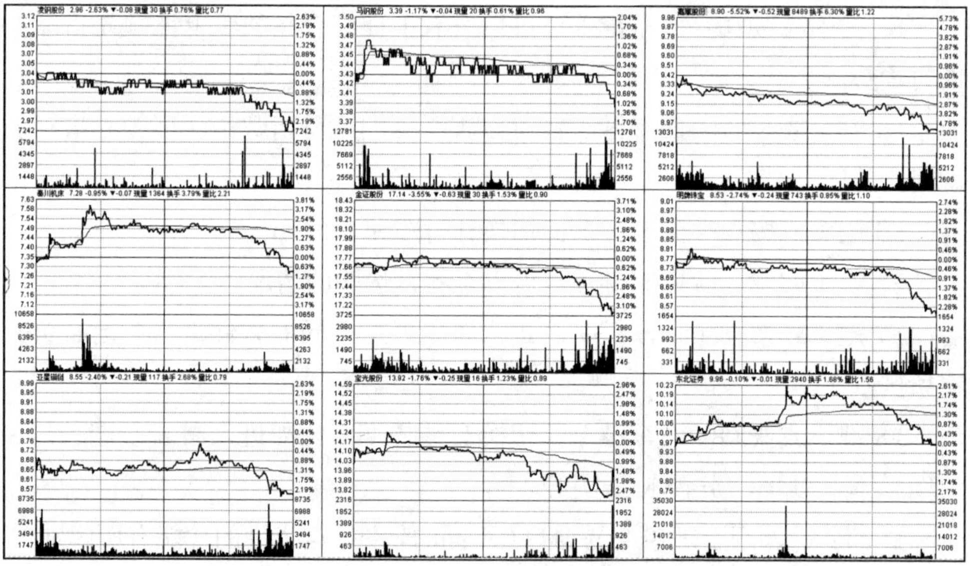

图 1–2

（3）多窗看盘

多窗看盘是指在个股 K 线图界面上，借助多个小窗口同时查看多只股票的信息。

该功能能够最大化地利用屏幕空间，不需要来回切换画面，就可以实现同时监测多只股票行情的功能。选择菜单“功能”→“定制版面”→“盘中监测”命令即可实现。

（4）复权

在个股 K 线图上，除权或除息日后会出现缺口，如图 1–3 所示。这是因为送股和分红，如果不进行除权或除息，那么在除权或除息日以前购买股票的人，与这天之后（含当天）购买该股票的人，会发生同股不同权的现象。

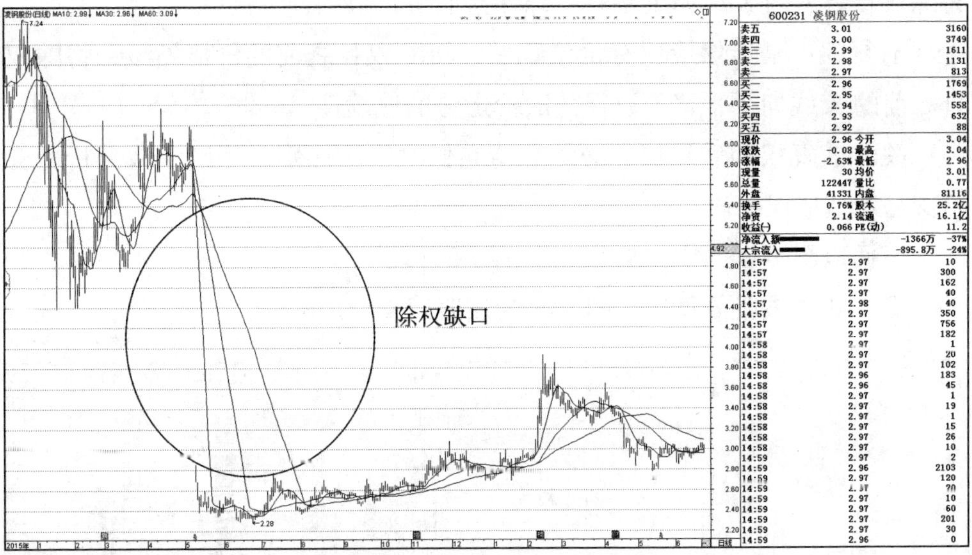

图 1–3

除权日前后，即使交易者用相同的价格购买了相同数量的股票，但其前后买入的股票，每股权益（净资产）已经有了较大的区别。实践中，必须在除权或除息日当天向下调整股价，使股票的每股价格与每股净资产保持连贯的价值关系。

当个股 K 线图上出现向下除权缺口，K 线图和均线系统就会变得凌乱，为了便于连贯性分析，就出现了复权的概念。所谓复权，就是对股价和成交量进行权息修复，按照股票的实际涨跌绘制股价走势图，并把成交量调整为相同的股本口径。在软件中，通过在主窗口点击右键，选择“复权处理”项，选择相应的选项，即可以进行复权。

关于复权有以下几种。

不复权：是指在 K 线图上保留除权缺口。

定点复权：是指以某一个除权时间为基准，将当前股价向上平移，以保持股价走势的连续性。

后复权：是指保持除权日以前的价格不变，将除权日之后的价格增加，将除权日之后的 K 线向上平移，以保持股价走势的连续性。

前复权：是指保持现有价位不变，将除权日之前的价格缩减，将除权日之前的 K 线向下平移，以保持股价走势的连续性。

关于前复权和后复权，必须分清它们之间的区别，否则实战分析中会给交易者造成误导。

下面以图 1–4，图 1–5 为例进行剖析。

图 1–4 为该股前复权，图 1–5 为该股后复权。

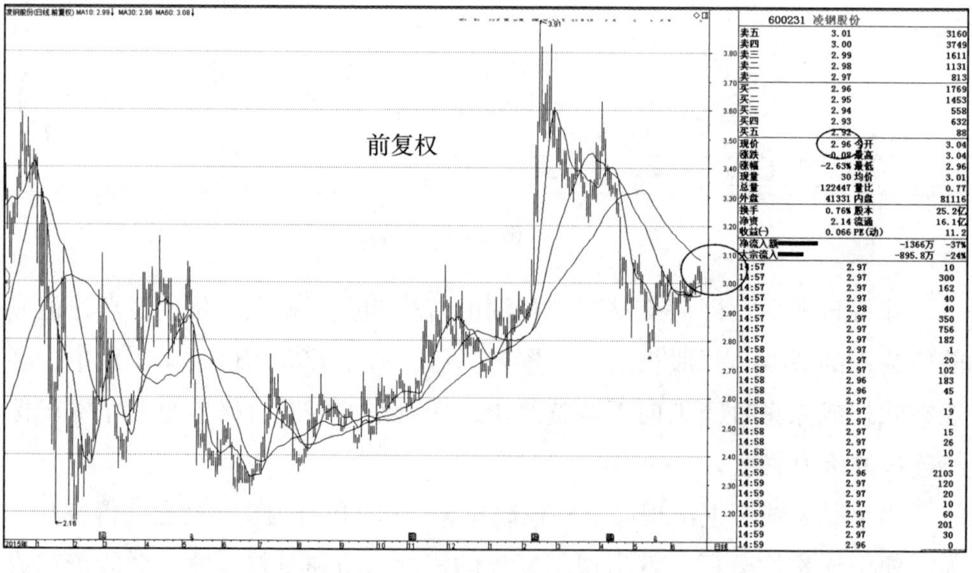

图 1–4

图 1-5

从这两张图中可见，无论是前复权还是后复权，K 线图里的除权缺口都被连接上了，图形本身是一样的，只是右侧价格出现了较大的差别。

图 1-4 中前复权时，显示的价格和当日现价一致，这是因为它忽视了前面的送配股和分红等情况。

图 1-5 中后复权时，显示的价格比当日现价高出很多，这是计算了前面送配股和分红等情况。

为了和当前的股价对应，通常会选用前复权。但在实战中，后复权能够使交易者得到某一个股相对真实的价格区域。

如图 1-5 选择后复权，显示该股股价已经达到 8 元多。而在图 1-4 所示的前复权中，股价则仅为 2 元多。

3. 软件的交易功能

（1）如何买卖股票

买进或卖出股票时，可以在目标股票的分时界面上右击鼠标，在弹出的菜单中选择买入方式。如图 1-6 中 A 点所示，可以选择普通买入 / 卖出和闪电买入 / 卖出。也可以直接点击软件右上角的“交易”按钮，登录交易界面后进行下单，如图 1–6 中 B 点所示。

普通买入 / 卖出，在委托买卖的时候可以选择交易价格，但委托可能不会立即成交。闪电买入 / 卖出是按当时的市价进行交易，立即成交的可能性比普通买入 / 卖出要大。一般在行情火爆时进行追涨，或是突然大幅跳水急于脱手时，采用闪电买入或卖出方式。

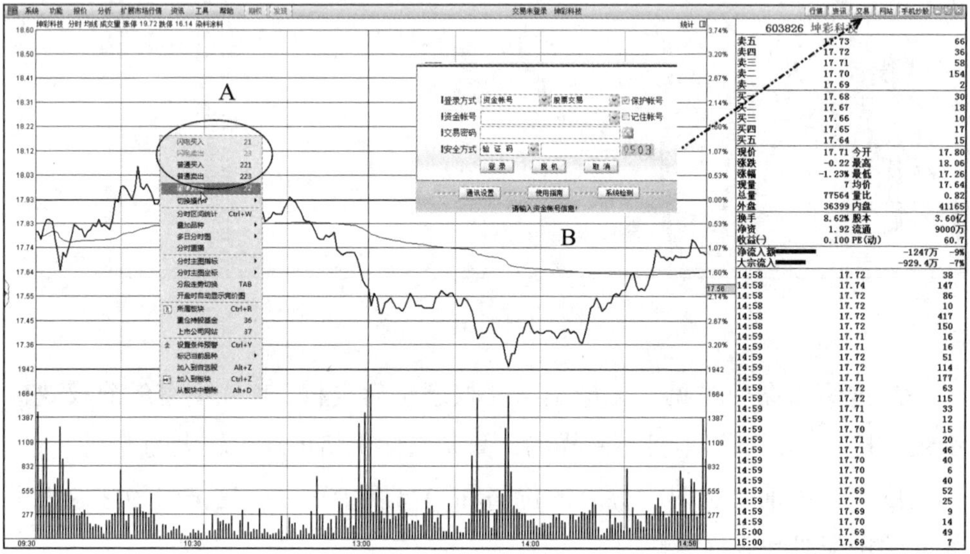

图 1–6

如果当天可能要进行交易，交易者可以提前登录交易界面，在交易时再输入想要买入股票的代码、价格以及数量。如图 1–7 所示。

输入买入价格以及买入的数量，单击买入下单后，再进行一次确认即可。这里的买入价格和数量都是由自己设定，当然买入价格不能低于跌停价，也不能高于涨停价。

如果想快速进行交易，买入时可以设置高于现价的价格。如果认为股价有可能继续下探，则可以设置一个低于现价的价格。这样，当达到这个价格之后，系统会自动成交，与闪电买入的方式类似。卖出的操作方式也很简单，与买入类似，只要在右键菜单中选择相应的“卖出”选项即可。接下来在显示的卖出界面中输入要卖出的目标价位和数量，单击“卖出下单”

再进行一次确认即可。

（2）如何申购新股

近几年，申购新股一旦成功，往往意味着会大赚一笔。新股上市首日，涨幅不受 10% 的限制，往往会有很高的涨幅。2016 年某股以 1.5 元的价格发行，上市后连续收出 30 个涨停板，其中连续收出 29 个“一”字板。

新股申购与一般的买入操作是基本相同的，而且现在大部分软件都有“新股申购”一栏，申购过程更加方便简易。如图 1–7 所示。

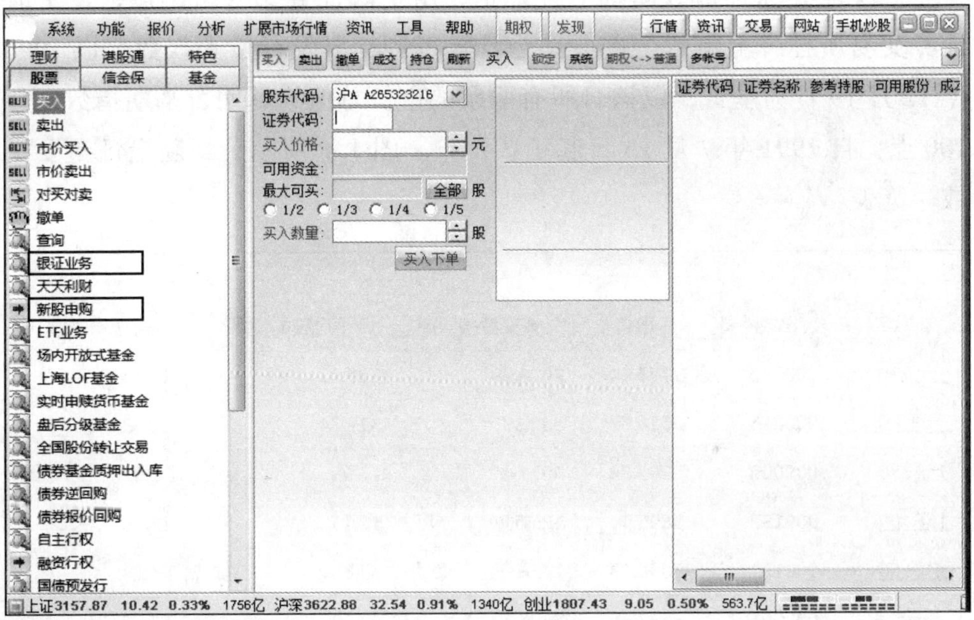

图 1–7

（3）资金的转入与转出

交易者可利用“银证业务”功能，将资金由银行转入到证券账户，或者由证券账户转到银行卡。如图 1–7 所示。

点击银证业务，在下拉的银证转账功能显示转账界面。转账方式一栏中可以选择“银行转证券”还是“证券转银行”，然后输入资金密码以及转账金额，单击“确认”按钮即可。不过转账需要在交易日指定的时间内进行。

四、如何分析指数盘口

说到大盘指数，可能有些初学者不太清楚其为何物。所谓指数，是指以全部或部分股票为标的，经过加权或不加权计算得到的反映总体（或部分）市况的数字和曲线。

1. 国内比较重要的指数

（1）上海证券综合指数

上海证券综合指数简称上证综指，由上海证券交易所编制，以上海证券交易所挂牌上市的全部股票为计算范围，以发行量为权数，以 1990 年 12 月 19 日为基日，以该日所有股票的市价总值为基期，基期指数定为 100 点，自 1991 年 7 月 15 日起正式发布。图 1–8 所示为最新上证重要指数一览表。

更新日期：2017-06-22

指数名称	指数代码	收盘	成交额(亿元)	平均股本(亿股)	静态市盈率
上证180	000010	7774.14	1028.09	127.02	13.15
上证５０	000016	2516.67	538.39	319.74	11.53
上证380	000009	5309.84	467.64	12.98	28.02
上证100	000132	5895.91	126.51	12.73	23.78
上证150	000133	5346.33	142.39	4.98	57.13
上证综指	000001	3147.45	2206.32	25.39	16.72
上证Ｂ股	000003	323.41	2.51	3.06	21.28
上证国债	000012	160.49	4.35	N/A	N/A
上证基金	000011	5917.83	369.91	N/A	N/A
上证企债	000013	209.64	31.07	N/A	N/A

样本均价：市价总值/发行股本
平均股本（亿股）：总股本/期末样本数
静态市盈率：市价总值/上年度年报净利润（除亏损股）

图 1–8

（2）上证 180 指数

上证 180 指数由上海证券交易所于 2002 年 7 月 1 日正式对外发布，用以取代原来的上证 30 指数。新编制的上证 180 指数，样本数量扩大到 180 家，入选的个股均是一些规模大、流动性好、行业代表性强的股票。

（3）上证 50 指数

上证 50 指数于 2004 年 1 月 2 日正式对外发布，基日为 2003 年 12 月 31 日，基点为 1000 点。上证 50 指数是从上证 180 指数样本中挑选出规模大、流动性好的 50 只股票组成样本股，综合反映上海证券市场最具市场影响力的一批优质大盘股的整体状况。

（4）深证成份股指数

深证成份股指数简称深证成指，是深圳证券交易所编制的一种成份股指数。深证成份股指数于 1995 年 5 月 5 日正式启用，从深圳证券交易所上市的所有股票中抽取具有市场代表性的 40 家上市公司的股票作为计算对象。40 家上市公司的 A 股用于计算成份 A 股指数及行业分类指数，40 家上市公司中有 B 股的公司，其 B 股用于计算成份 B 股指数，综合反映深交所上市 A、B 股股价走势。

深圳证券交易所和深圳证券信息有限公司于 2015 年 5 月 20 日对深证成份股指数正式实施样本股扩容，指数样本数量从 40 只扩大到 500 只。扩容后，深证成指的板块分布更趋均衡合理，主板、中小板、创业板公司权重分别为 48%、35%、17%，与三类公司在深圳市场的市值占比较为接近。

（5）深证综合指数

深证综合指数，是深圳证券交易所从 1991 年 4 月 3 日开始编制并公开发表的一种股价指数，它以在深圳证券交易所上市的所有股票为计算范围，以发行量为权数加权综合计算出来的一种股价指数。该指数规定 1991 年 4 月 3 日为基期，基期指数为 100 点。图 1–9 是深证最新重要指数一览表。

（6）沪深 300 指数

沪深 300 指数是由沪深证券交易所于 2005 年 4 月 8 日联合发布的反

映沪深市场运行状况的股价指数，它在备选样本空间中直接剔出了 ST、*ST 股票和暂停上市股票。沪深 300 指数完全按照市值、流动性等加权数值排序选取，沪深市场中 300 只大市值股票占到的市值覆盖率大约在 60% 左右。

指数代码	指数名称	基日	基日指数	起始计算日
399001	深证成份指数	1994-07-20	1000	1995-01-23
399002	深证成指R	1994-07-20	1000	1995-01-23
399003	成份B股指数	1994-07-20	1000	1995-01-23
399004	深证 100指数	2002-12-31	1000	2003-01-02
399005	中小板指数P	2005-06-07	1000	2006-01-24
399006	创业板指数P	2010-05-31	1000	2010-06-01
399007	深证300价格	2004-12-31	1000	2009-11-04
399008	中小板300P	2010-03-19	1000	2010-03-22
399009	深证200指数	2004-12-31	1000	2011-09-01
399010	深证700指数	2004-12-31	1000	2011-09-01

图 1-9

2. 分析大盘指数的意义

盘口分析技术并非仅指个股而言，大盘指数及其盘口也是极为重要的组成部分。指数由不同权重的个股构成，其出现异动，个股必然会受到或多或少的影响。此外，不同指数之间也存在一定程度的相互影响。

（1）指数异动与同步分析

图 1-10 为沪深两市重要指数一览表。这些不同类型的指数，在走势上并不完全同步，甚至会大相径庭。指数间同步或不同步的情况，对于分析行情趋势具有重要作用。

下面以上证综指和上证 50 指数举例分析。图 1-11 和图 1-12 是同一时间段上证综指和上证 50 指数的走势情况，对比两张图，可以看出二者之间的差异：上证 50 指数的走势明显强于上证综指。

代码	名称	现价	涨幅%	涨跌	换手%	量比	现量	总量
999999	上证指数	3157.87	0.33	10.42	0.51	1.06	--	1.55亿
399001	深证成指	10366.78	0.99	101.58	1.33	1.02	--	1.71亿
399005	中小板指	6823.53	1.03	69.55	1.40	1.03	--	7100万
399006	创业板指	1807.43	0.50	9.05	1.82	0.98	--	3624万
399106	深证综指	1871.34	0.46	8.50	--	1.02	--	1.71亿
399004	深证100R	4991.70	1.68	82.31	--	1.08	--	3564万
399007	深证300	4263.39	1.16	49.05	--	1.11	--	6371万
399008	中小300	1408.36	0.63	8.87	--	1.13	--	3677万
000016	上证50	2529.10	0.49	12.43	--	1.24	--	2940万
000010	上证180	7814.14	0.51	40.00	--	1.15	--	6673万
000009	上证380	5323.29	0.25	13.46	--	1.01	--	3402万
000300	沪深300	3622.88	0.91	32.54	0.42	1.14	--	1.05亿
000903	中证100	3570.20	1.00	35.18	--	1.12	--	5206万
000905	中证500	6010.31	0.30	17.98	--	1.03	--	6351万

图 1-10

图 1-11

要搞清楚这种差异的原因并不困难，只需了解这两种指数的构成就足够了。

图 1–12

上文讲过，上证综指是以上海证券交易所挂牌上市的全部股票为计算范围，以发行量为权数综合计算出来的。上证 50 指数是从上证 180 指数样本中挑选出规模大、流动性好的 50 只股票组成样本股计算出来的。

上证 50 指数表现强势告诉我们：沪市部分优质的大盘股或称蓝筹股，得到了资金的青睐，而沪市的其他股票则表现一般。

通过指数间的异动分析，比较容易发现目前的资金流向和热门品种，并可借此分析资金的意图和性质。

不仅仅是指数间的异动分析，指数间走势同步也是重要的分析指标，它更能显示出趋势的运行轨迹。比如，当大部分指数呈现出同步上涨或下跌趋势时，表明当前行情的整体趋势是极其明确的，交易者只需要按照趋势的方向顺势操作就可以了。

（2）指数分时图

指数在软件上显示的一些数据和曲线，也是不可忽视的内容，这些内容是盘口分析的重要组成部分。下面以上证综指为例进行讲解。

①黄线和白线

通常情况下，大多数软件上的上证综指分时图上都有黄、白两条线。

上证综指分时图上的白线，是上海股市所有股票的加权平均指数，由上海证券交易所发布并编制。当媒体报道上证指数时，所报的点数就是白线的即时点数，其受权重股走势的影响较大。

分时图上的黄线，是上证领先指数，即沪市所有股票的平均指数。其含义是所有的上市公司不分股本大小，对指数的影响是一样的。

两者的差异体现在一个是加权平均指数，另一个是简单平均指数。实战中，通常认为白线代表大盘股，黄线代表中小盘股。如图 1–13 所示。

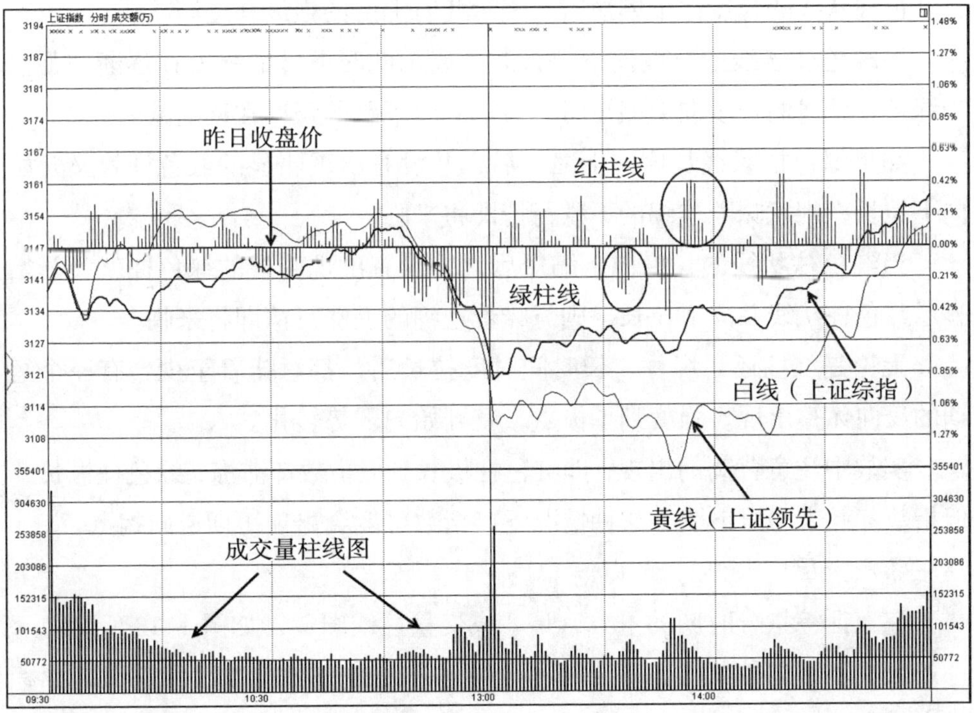

图 1–13

当指数上涨时，如果白线在上方，说明上涨主要是大盘股引领，大盘股的整体涨幅要比中小盘股的整体涨幅大。相反，如果黄线在上方，说明大盘的上涨主要是中小盘股上涨引领，中小盘股的整体涨幅要比大盘股的整体涨幅大。

当指数下跌时，如果白线在下方，说明大盘的下跌主要是由大盘股引领。相反，如果黄线在下方，说明大盘的下跌主要是由中小盘股引领，中小盘股整体跌幅要比大盘股的整体跌幅大。

②涨跌强度

在上证综指分时图的中间，以昨日收盘价水平线为基准，其上显示的是红色柱线，其下显示的是绿色柱线，如图 1–13 所示。这些红、绿色柱线，反映了指数当时上涨或下跌的强弱程度。

当红色柱状线的长度向上拉长时，表示此时上涨的强度在逐渐增强。当红色柱状线的长度向下缩短时，表示此时上涨的强度在逐渐减弱。

当绿色柱状线的长度向下拉长时，表示此时下跌的强度在逐渐增强。当绿色柱状线的长度向上缩短时，表示此时下跌的强度在逐渐减弱。

如果绿色柱状线长度向上缩短后，并没有出现明显的红色柱就又开始向下拉长，则意味着连绵的下跌行情即将来临。

当红色柱状线的长度向下缩短后，并没有出现明显的绿色柱就又开始显示红色柱状线并向上拉长，则意味着连绵的上涨行情即将来临。

无论是红柱还是绿柱，长时间过度拉长后，都意味着至少会有一个短期的反向休整出现，强度到了极点，就开始向弱势转化。

实战中注意背离的出现，即红色柱极长，但指数却滞涨，绿色柱极长，但指数却并未明显下跌，这种情况下，指数可能会出现短期逆向拐点。

③成交量柱线图

在上证综指分时图的下方，是“成交量柱线图”，如图 1–13 所示。每一条长短不一的柱状线，代表每 1 分钟上海证券交易所 A 股和 B 股的累积成交量之和。

柱状线越长，表明在这 1 分钟里，上海证券交易所 A 股和 B 股的总成交量越大。

（3）指数盘口数据

在大盘分时图的右上角，是当日指数相关的盘口数据（行情信息区）。在这里可以看到当日开盘、收盘、涨幅、最高指数、最低指数、总成交量、上涨家数、下跌家数等数据，如图 1–14 所示。

图 1–14

指数盘口的这些数据，能够让交易者在短时间内对当期行情有一个相对全面的了解。比如，图 1–14 中的最低指数为 3118 点，而最新指数为 3157 点，昨日收盘为 3147 点，今日开盘为 3138 点。通过这几个数字，就可以判断当日大盘出现过一个大于 1% 的下跌，然后回升并出现小幅上涨。

指数盘口数据中还有一个涨跌家数，其数值随当日行情的发展不断变化，显示当日整个市场个股涨跌的比例，对于判断日间大盘波动具有参考作用。

图 1–14 显示上涨家数和下跌家数较为接近，则当天大盘走势以波动盘整为主。

涨跌家数的数值是即时的，不断变化的。某一时间段上涨家数多，大盘指数上涨，说明目前市场上资金做多的积极性较高。上涨的家数多，大盘却下跌，说明市场中的权重股处于下跌的态势，市场上资金存在分歧。下跌家数的分析与此相同。

在指数盘口数据栏（行情信息区）下方，交易者可以选择不同的即时数据进行分析，比如分价表、分时成交明细等。如图 1–15、图 1–16 所示。

分价表是不同时间段在某一点位成交情况的汇总表，从中可以看出哪些点位资金出现过较为密集的成交。分时成交明细，是将每 1 分钟的成交情况进行即时反馈回报。

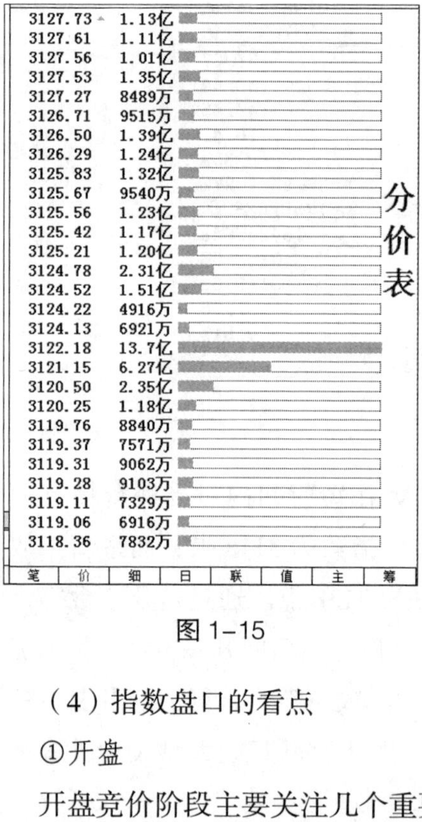

3127.73	1.13亿
3127.61	1.11亿
3127.56	1.01亿
3127.53	1.35亿
3127.27	8489万
3126.71	9515万
3126.50	1.39亿
3126.29	1.24亿
3125.83	1.32亿
3125.67	9540万
3125.56	1.23亿
3125.42	1.17亿
3125.21	1.20亿
3124.78	2.31亿
3124.52	1.51亿
3124.22	4916万
3124.13	6921万
3122.18	13.7亿
3121.15	6.27亿
3120.50	2.35亿
3120.25	1.18亿
3119.76	8840万
3119.37	7571万
3119.31	9062万
3119.28	9103万
3119.11	7329万
3119.06	6916万
3118.36	7832万

图 1–15

14:57	3155.99	1.42亿
14:57	3156.65	1.09亿
14:57	3156.14	1.32亿
14:57	3156.59	1.58亿
14:57	3156.46	1.26亿
14:57	3156.03	1.39亿
14:57	3157.08	1.35亿
14:57	3156.56	1.20亿
14:57	3156.64	1.41亿
14:57	3157.21	1.48亿
14:57	3156.76	1.58亿
14:58	3157.07	1.06亿
14:58	3157.05	1.56亿
14:58	3157.15	1.71亿
14:58	3157.05	1.37亿
14:58	3156.84	1.79亿
14:58	3157.39	1.61亿
14:58	3157.62	1.68亿
14:58	3157.61	1.68亿
14:58	3157.15	1.85亿
14:58	3157.63	1.61亿
14:58	3156.91	1.94亿
14:58	3157.10	1.86亿
14:59	3157.11	1.32亿
14:59	3157.43	1.16亿
14:59	3157.73	1.69亿
14:59	3157.42	5704万
15:00	3157.87	0.0

图 1–16

（4）指数盘口的看点

①开盘

开盘竞价阶段主要关注几个重要指数的情况，比如上证综指、深成指、创业板指、上证 50 等。这些重要或某一阶段热门指数的开盘情况，代表了市场主要资金的向背，对于判断当天走势具有一定的意义。

②早盘

开盘后各大指数的走势，能够验证竞价阶段的判断是否正确或是存在哪些变化，可根据变化及时调整相应的交易策略。

开盘后个股交易开始，大盘一系列数据开始显示出来。这些数据也为交易者分析大盘的全天走势提供了一些依据。例如，大盘开盘竞价总成交额以及开盘后第一笔成交量（成交额）的多寡，可以估计出市场资金对今天行情的交易欲望和关注程度。

早盘开始活跃的板块是哪一类，代表了主导行情的不同资金类型。比如权重股集体上涨，多为机构所为，不可能是散户资金。权重股的涨跌直接影响到指数的涨跌，这类股的表现不容忽视。

早盘的上午 10:00 和 10:30，是当天重要低点或高点频发的时间段。

③午盘

多空双方经过一番较量后，大盘的具体走势和节奏已经相对明了。但在走势较为胶着的情况下，临近早市收盘前的 11:00 至 11:30，也很有可能出现变盘。

早市收盘后，根据盘口数据，大致可以推算出全天的成交情况，用来判断交易的活跃程度和相对热门板块的持续性，为下午的开盘做好准备。

13:00 开盘后，多数情况下大盘会延续早盘的走势。但如果有重大事件发生，也会反映在午后开盘上。个股午市的开盘比较容易受到主导资金的影响，而指数受到影响的概率相对较小。

关注数据在午盘发生哪些变化，例如早盘表现较好的权重股，是不是忽然偃旗息鼓，成交量是增加还是减少等，这些相关指数盘口的数据，对于预判午市和行情的持续性具有较大的作用。

④收盘

14:30，临近收盘半小时这个时间段，也是较容易出现意料之外变化的时间段。大盘的开盘和收盘，往往是全天交易中成交量最集中的两个时间段，尤其是震荡市中，这种成交量分布更为明显。

⑤分时图的即时变化

指数分时图中的即时变化，有时会对当天个股的运行趋向产生极大的影响，关注并分析这些变化，对于提前预判当日以及行情的持续性具有重要的参考作用。

当日大盘高开或低开，跳空缺口回补与否，能够显示出大盘强弱程度和市场大部分资金的倾向性。这里仅列举几个典型案例予以分析，实战中的变化较多，不可按图索骥。

其一，高开后指数在缺口上方稳步上行，说明各方资金对于当前上涨并无太大的分歧，后市维持这种格局的可能性较大。直至各方资金在某一点位上产生严重分歧，才会导致趋向发生变化。

如图 1–17 所示，当日指数跳空高开后震荡上行，虽然中途出现回档，但并未回补缺口，显示大部分市场资金倾向于做多。

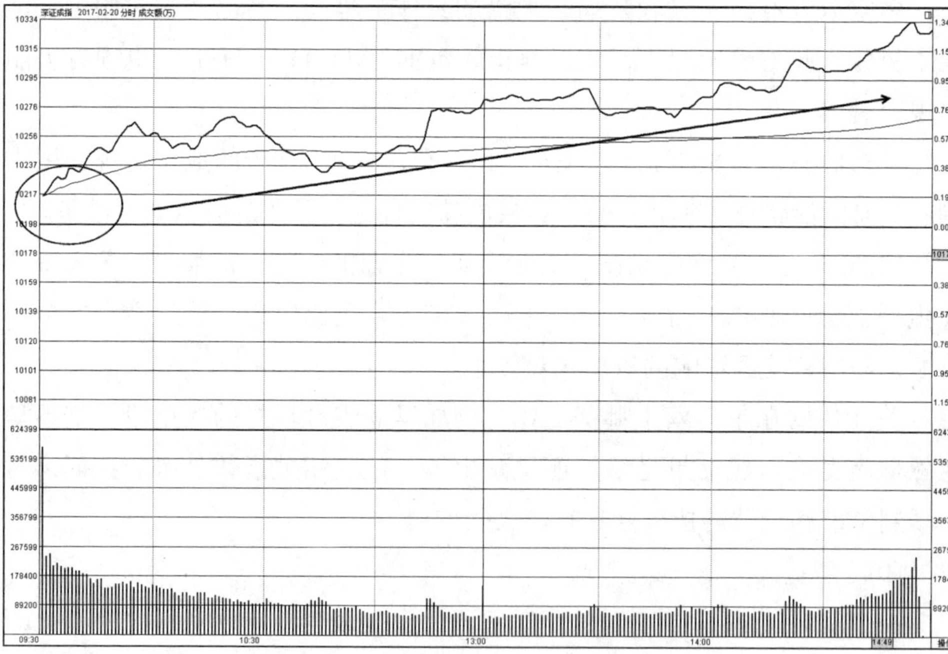

图 1–17

其二，高开后指数回补缺口，显示各方资金对于目前点位具有一定程度的分歧。如果后市持续下跌，说明大盘当天高开具有一定的虚假成分，大部分资金选择做空。如图 1–18 所示。

图 1–18

如果指数回补缺口，经过盘整后稳定上涨，说明虽然有资金离场，但有更多的资金倾向于继续做多。

如果指数回补缺口后处于弱势震荡状态，说明各方资金处于等待或观望中，目前的这个点位对于做多或做空来说，都不具备太大的吸引力。

如图 1–19 所示，指数高开后略有上冲便开始回落，虽然全天整体跌幅很小，但这种弱势状态显示资金缺乏参与的热情和动力。

其三，低开后指数在缺口下方运行，说明各方资金对于当前下跌形成了一定的共识，后市维持这种格局的可能性较大。直至各方资金在某一点位上产生严重分歧，才会导致趋向生变。

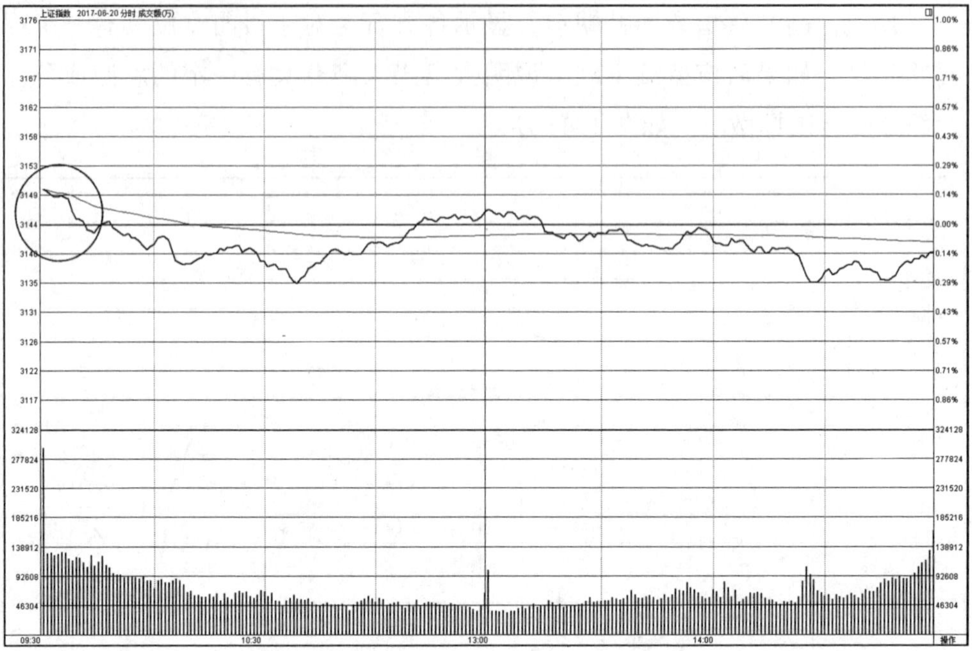

图 1–19

如图 1–20 所示，指数低开后急速下跌，之后的大部分交易时间里，指数都维持在弱势震荡的格局中。

其四，低开后指数回补缺口继续上涨，显示各方资金虽然对于目前点位具有一定程度的分歧，但仍有实力资金倾向于做多。实战中，这种情况下的上涨要注意观察其持续性，一旦后续做多资金跟不上，行情较容易陷入震荡或下跌的态势中。

如图 1–21 所示，指数大幅低开后，早盘在低位震荡。午后在做多资金的主动攻击下，指数回补缺口并大幅上涨。

如果指数回补缺口后处于弱势震荡的状态，说明各方资金处于等待或观望中，目前的这个点位对于多空双方来说，都不具有太大的吸引力。

如果指数回补缺口后无法维持升势，说明虽然有资金试图做多，但仍有大部分资金倾向于离场。

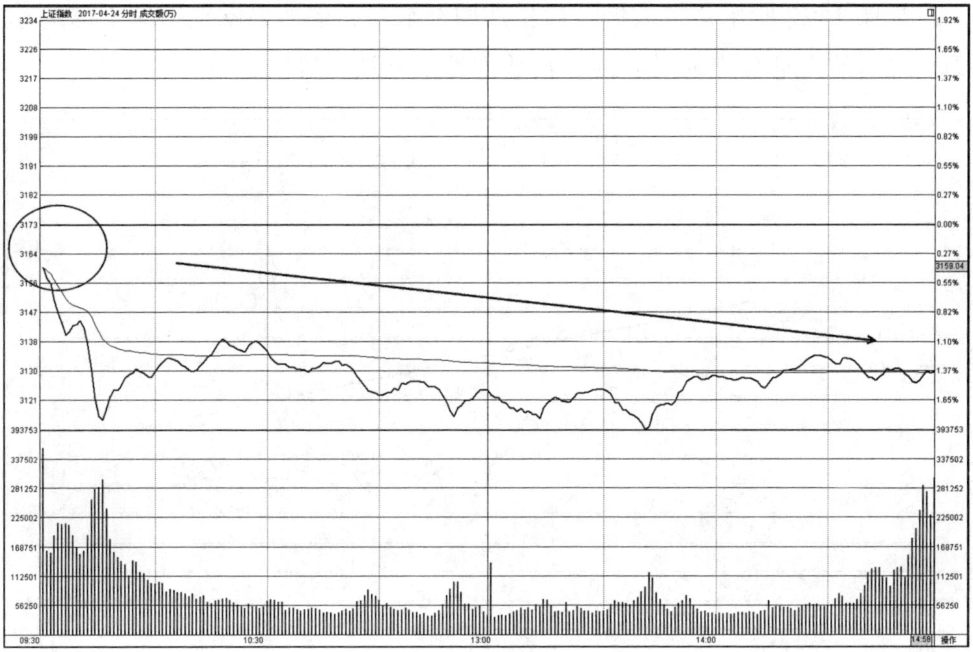
上证指数　2017-04-24 分时 成交额(万)
09:30
10:30
13:00
14:00
14:58
操作

图 1-20

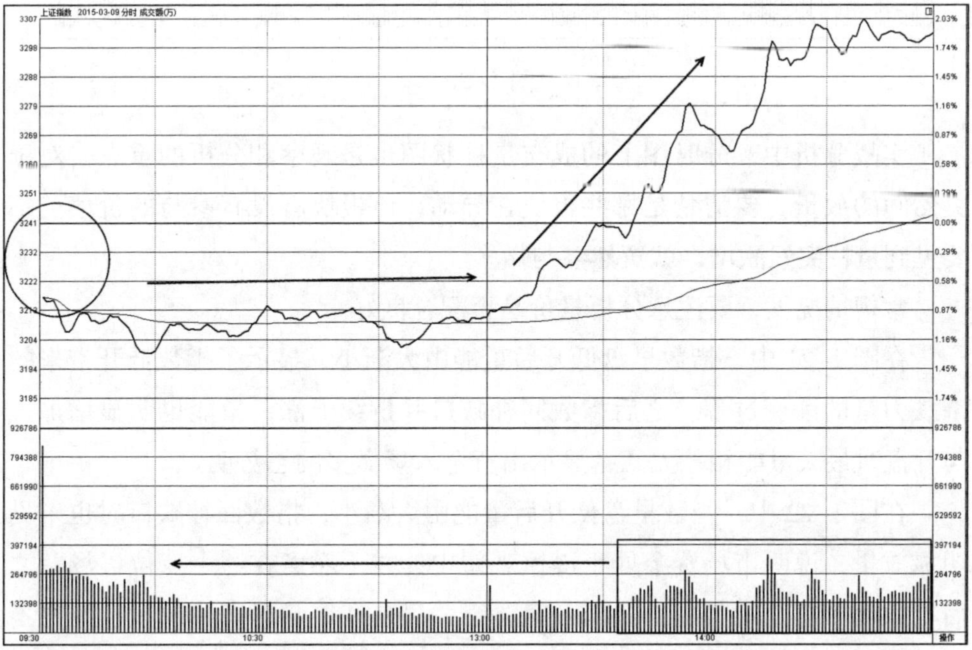
上证指数　2015-03-09 分时 成交额(万)
09:30
10:30
13:00
14:00
操作

图 1-21

如图 1–22 所示，指数低开后虽然回补缺口，但明显缺乏持续上涨的动力。之后的大部分交易时间内，指数都处于下跌态势中。

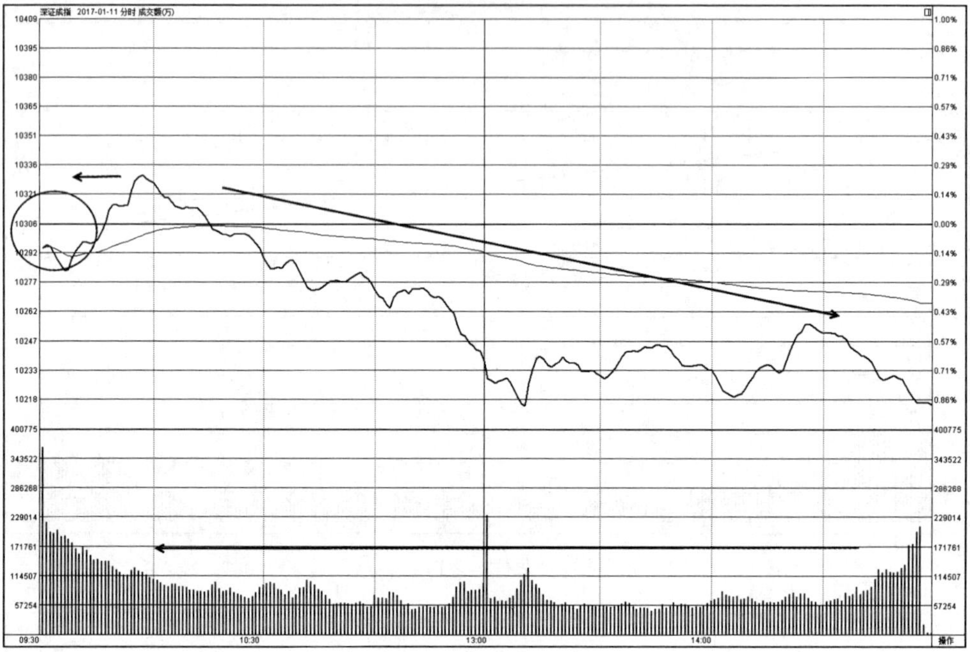

图 1–22

实战分析中，分时图上的成交量柱状图也是观察和分析的重点。对于突然间的放量，要清楚是哪些板块在异动，该板块有没有参与的价值。不要见到量柱突然激增，就贸然参与做多。

常规情况下，要注意分析量价是否配合良好。

在图 1–21 中，指数早盘低开后量能由大渐小，显示了指数低开带来的杀跌力量的渐变过程。之后指数回补缺口并持续上涨，量能也明显增加，与开盘时最大量能相差无几，显示出资金入场做多的态势明显。

在图 1–22 中，指数早盘低开后量能由大渐小，指数回补缺口时也未见明显放量，说明市场资金处于谨慎观望中，并不愿意在这个点位进场。之后指数处于震荡走势中，量能一直萎缩，只是在尾盘时有所放量，但也不及早盘开盘时的量能，这说明资金对于目前点位上的弱势持续并无过大的分歧。

指数上涨或下跌到某一重要点位或关口时，成交量是否出现变化，同时，量能的变化是否体现出对于指数的支撑或压制作用，也是看盘时需要重点关注的技术点。

五、如何分析个股盘口

个股的盘口其实与指数盘口很相似，只是个股多了几档显示买盘和卖盘挂单的数据。分析个股盘口，主要包括以下几点。

1. 分时图

分时图能直观地反映当日交易的走势情况，也是个股盘口分析的重要内容，关于分时图，后文将有详细讲解。

2. 盘口数据

在个股分时图的右上角，是当日的盘口数据（行情信息区）。

首先是买卖盘挂单，上方卖一、卖二等为卖盘挂单，下方为买盘挂单。观察每一档价位挂单的多寡和各档挂单数量变化，也是盘口分析的重要内容。图 1–23 所示为 5 档买卖盘挂单，有些软件还可提供 10 档买卖盘挂单。

其次，在买卖盘挂单的下面，可以看到今开（当日开盘价）、现价、均价、涨幅、最高（价）、最低（价）、总量（成交量）、量比等数据。

最下面的是分时成交明细，按 01 ＋回车键，可查看从开盘到收盘时的所有成交情况。

从广义的角度来说，盘口还应包括 K 线图分析。在对个股进行走势分析时，多个技术分析手段综合运用，分析结论的准确性会更高。

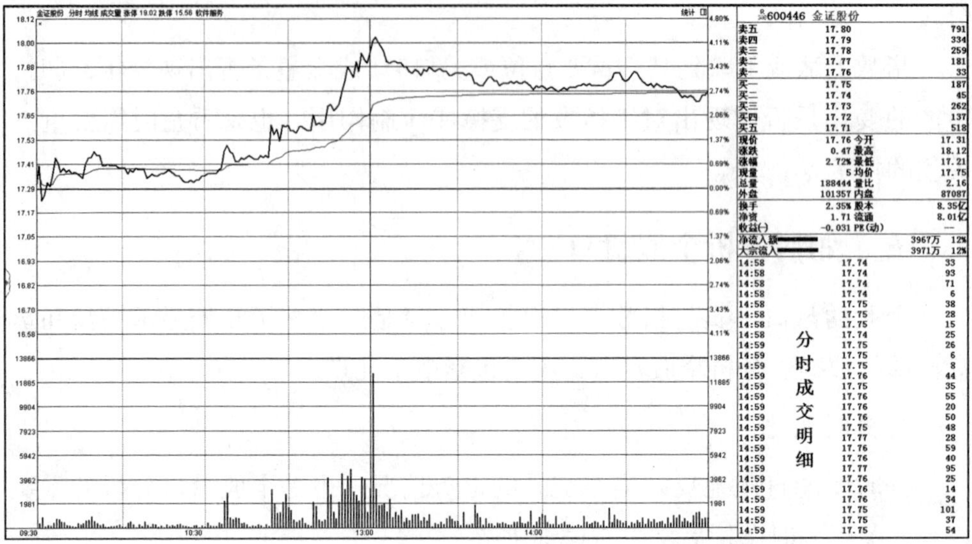

图 1-23

第二章　什么是分时图

不能承受股价下跌 50% 的人就不应该炒股，因为贪婪或受了惊吓的时候，他们时常会以愚蠢的价格买进或卖出股票。

——沃伦·巴菲特

一、分时图构成要素

分时图的坐标可以选择普通坐标、10% 坐标、满占坐标等，通常使用默认的普通坐标，交易者也可根据自己的看盘习惯和喜好来选择。

分时图上的横线代表价格和相应的涨跌百分比，竖线代表交易时间，通常每一条竖线的间隔为 30 分钟。

一般来说，分时图可以分为 3 个部分。

1. 即时走势

即时走势由 3 条线构成，即昨日收盘线、均价线、分时价位线。其中分时价位线也称为分时线、股价线或现价线。

昨日收盘线，是以前一交易日的收盘价所画的横线。若现价线低于这条线，则说明股价相比昨日收盘价下跌。若现价线高于这条线，则说明相比昨日收盘价股价在上涨。

均价线是由每分钟的平均成交价格相连构成的曲线。每分钟的成交均价 = 每分钟的累计成交金额 ÷ 每分钟的累计成交量。均价线在个股分时图上一般用黄色曲线来显示。

现价线是由每分钟最后一笔成交价格相连构成的曲线，在个股分时图上一般用白色来显示。如图 1–24 所示。

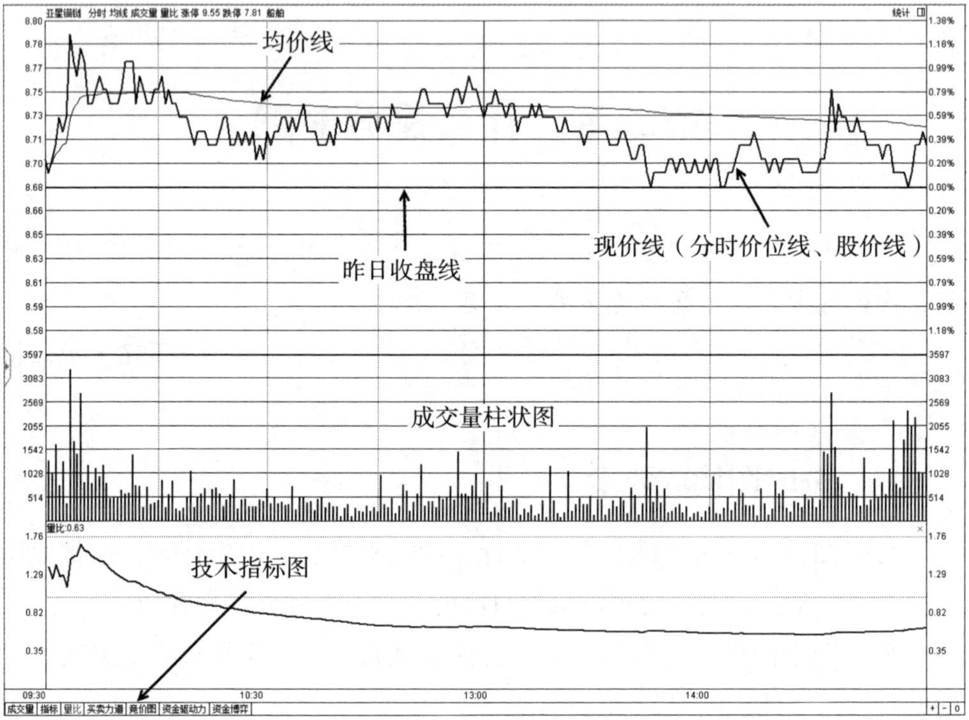

图 1–24

2. 成交量柱状图

即时走势的下方是成交量柱状图，成交量柱状图能够显示盘中即时成交的情况。如图 1–24 所示。

3. 技术指标图

分时图左下侧边框可选择不同的技术指标来辅助分析，包括量比、成交量、资金博弈、资金驱动力和竞价图等几部分。图 1–24 所示的是量比曲线。

对于技术指标图，交易者可以选择“使用”或“隐藏”。因为过分关注指标变化，容易忽视价格的真实波动。技术指标图通常在验证判断结论或检测技术共振时使用。

二、如何应用分时图

在对个股进行分析和研判的过程中，分时图是一个不可或缺的组成部分。尤其对短线或波段交易者来说，能够表现价格即时变化的分时图，是一扇了解个股走势强与弱、呆滞与灵动的窗口，非常有利于甄选个股。

必须说明一点，分时图有其优势，也有其缺陷。例如某一日分时走势强势，并不代表这种强势必然具有持续性，尤其是大盘行情整体处于震荡阶段，或者处在与个股走势逆反的方向时。

应用分时图时，要明确分时图仅是技术分析的一个点，并不能替代技术分析的所有方面，毕竟综合研判才是保证结论正确的有效方式。

实战中，研判分时图主要是从形态和量价匹配角度展开。

谈到量价，可能有人会说“上涨放量，下跌缩量”，并将这种量价匹配当成唯一正确的原则。

“上涨放量，下跌缩量”是一种最常见、最为大众认可的量价匹配方式和原则。因为其在市场上广泛流传，并得到交易者的高度认可，因此往往成为主力最喜欢使用的诱多或诱空手段。

其实，实战操作中，一旦上涨放出大量，往往就到了行情折返的节点。有经验的短线交易者都知道，急涨大量抛出后，当日大概率可以低价买回，或者次日低价买回。

量价匹配不但在分时图中如此，K线图中也是如此。实战中要灵活认识量价变化，不能人云亦云，也不能按图索骥。真实的量价匹配原则，是关注价格变化并归纳出这种变化之中的逻辑关系。

1. 分时图细节分析

（1）双线顺势

当现价线持续在昨日收盘线、均价线上方运行，且成交量保持稳定或温和增大时，表明市场预期较好，多方信心不断增加，早前介入的大部分交易者都有盈利。

昨日收盘线虽然是一条静态的横线，但是当现价线和均价线在其上方或下方运行时，这条线是否表现出一定的支撑或压制作用，对于交易者分析盘间价格运行趋向具有重要的参考意义。

如图 1–25 所示，现价线大部分时间在均价线和昨日收盘线上方运行，

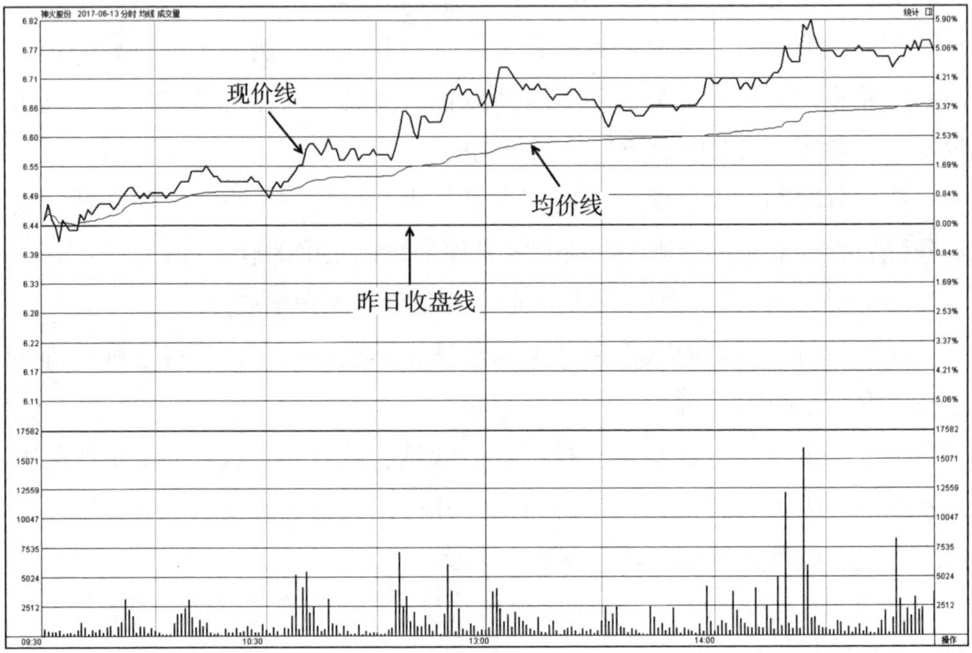

图 1–25

成交量稳定并有渐次放大的趋势，显示市场资金看多信心较足，并逐渐加入到买入的行列中。昨日收盘线对于现价线和均价线的支撑明显，在这种情况下，均价线和现价线顺势向上，只要这种双线顺势的态势不改变，多方强势就一直持续。

下跌过程中的情况类似。当现价线持续在收盘线、均价线下方运行时，表明市场预期较差，资金正在陆续流出，早前介入的大部分交易者都亏损。如图 1–26 所示，均价线和现价线在昨日收盘线下方顺势向下，只要这种双线顺势向下的态势不改变，空方强势就一直持续。

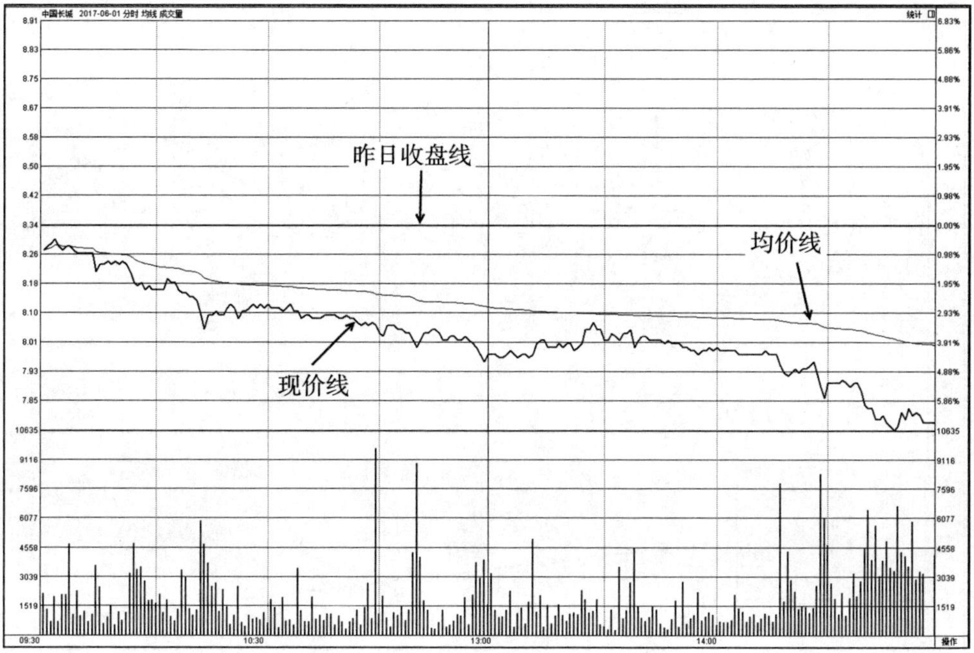

图 1-26

（2）乖离与折返

①涨势中

当现价线大角度急速上涨，与均价线瞬间拉开较大的距离，之后均价线并不能迅速向现价线靠拢，二者之间保持较大的乖离时，则现价线极有可能出现折返走势。

如图 1-27 所示，A 点现价线大角度急速上涨，一度封住涨停板。这时均价线仅上涨 3%，二者相距 7% 的空间，并且均价线呈横向移动态势。之后现价线向下折返，并一度跌破均价线。午盘现价线和均价线已经失去双线顺势，显示走势可能进入盘整的态势中。

现价线和均价线之间乖离过大，显示资金高位持续追涨的意愿不断降低，市场普遍存在畏高怕套的心理倾向。如图 1-27 所示，A 点之后，现价线盘落，成交量也一路萎靡，就是这种心理倾向不断放大的结果。

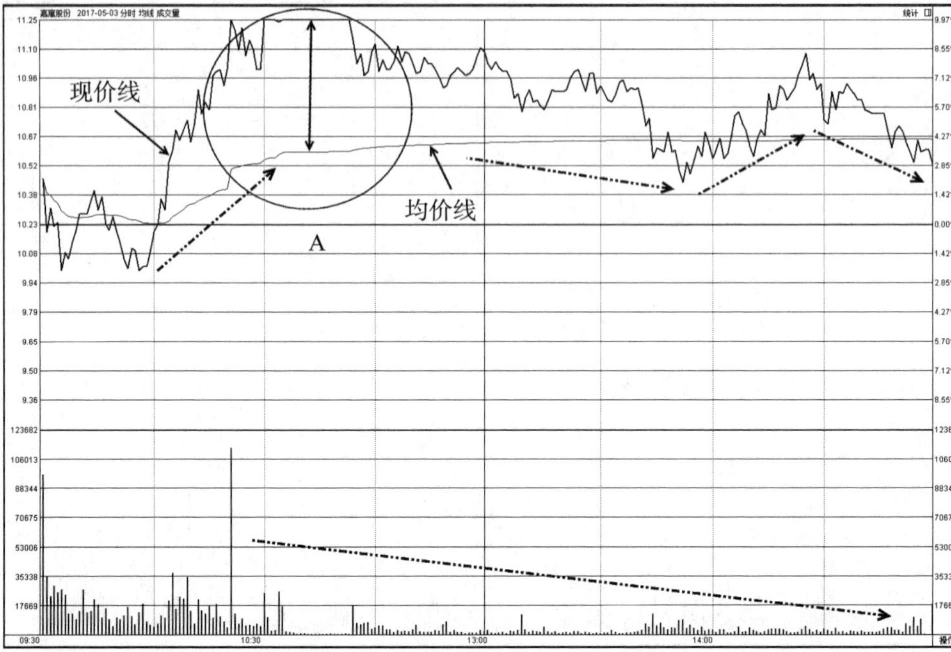

图 1–27

实战中，也有热门的强势个股现价线急速上冲，与均价线瞬间出现较大乖离后封涨停板的情况。如图 1–28 所示，早市收盘前，现价线拉开和均价线之间距离。午盘这种较大的乖离态势一直存在，直至股价最终封住涨停板。

过大的乖离引发折返走势，是大概率的事件，但并不意味着价格必然会发生折返，技术的关键点在于资金买入是否具有持续性。图 1–28 中，个股是当时热炒的新股，日换手达 50% 以上，资金狂热程度由此可见一斑，股价最终封上涨停也是自然而然的事了。

现价线上涨，均价线紧紧跟随，二者距离保持在正常的范围内，则股价后市继续强势运行的可能性较大。

如图 1–29 所示，上涨过程中，现价线和均价线一直保持顺势和适当的距离。即使早市收盘前现价线急速上冲，午市开盘后均价线也能够迅速跟上，并在之后保持和现价线不远的距离，对现价线的回落也能提供必要的支撑。

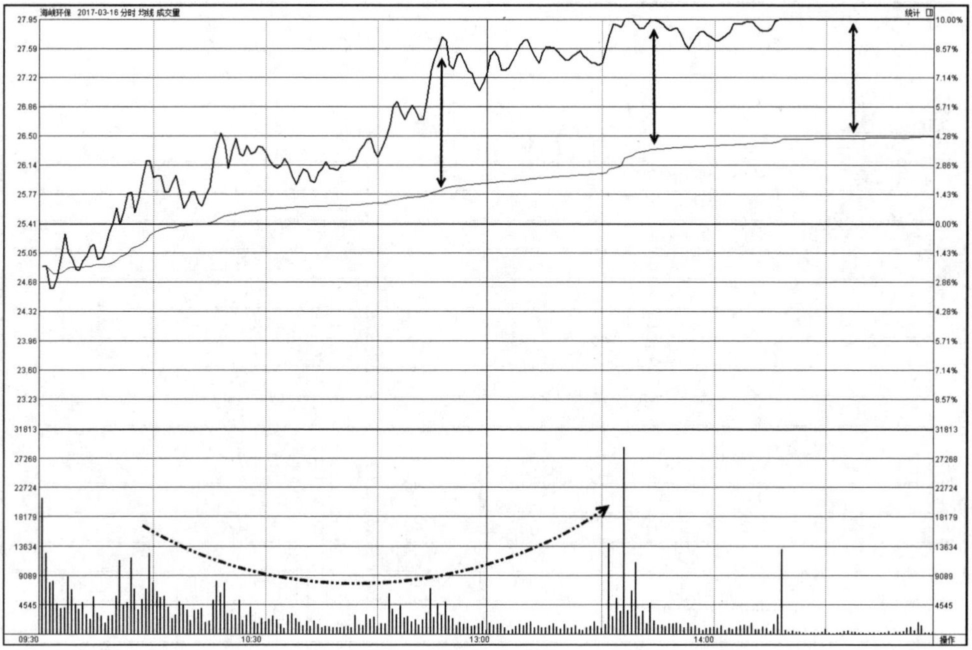

图 1–28

从图 1–29 中的成交量分布可以看出，早盘成交量呈温和增加态势。午盘开盘后，现价线回落，成交量骤放后急速减少，这说明午盘开盘后有资金兑现离场，这也是现价线回落的原因。

但是从中可以发现，午盘开盘后，现价线回落到不远处的均价线时得到了支撑，这个情况说明，虽然部分资金离场导致现价线回落，但更多的资金仍旧坚定看多该股走势。

现价线回落受到支撑后，成交量再度放出密集的大量，显示资金抢筹迹象明显，现价也随之封住涨停板。

现价线和均价线如影随形（乖离较小）般地同步上行，再加上成交量匹配，这是强势个股启动初期在盘口上的明显特征。

②跌势中

当现价线持续下跌，均价线在其上方跟随下行时，说明有资金正在兑现离场，价格仍将继续下跌。

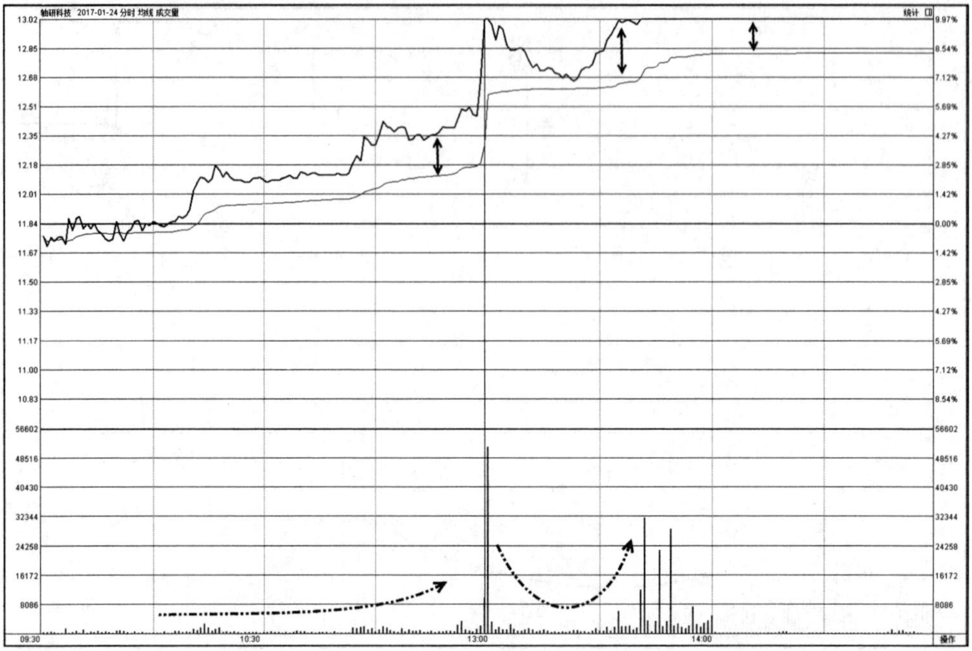

图 1-29

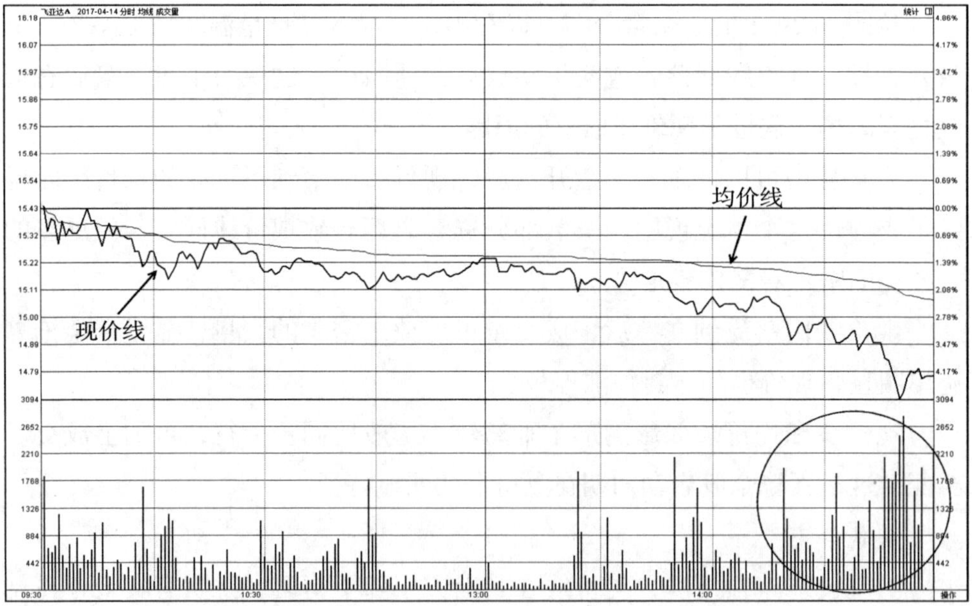

图 1-30

如图 1–30 所示，在整个下跌过程中，现价线每一次小幅弹升，都受到下行均价线的压制。之后两条线依旧保持顺势而下的格局并继续下跌。

在这种情况下，成交量大小多数不具有重要的分析价值。但尾盘时的成交量变化，应给予足够的重视。如图 1–30 所示，尾盘现价线持续下跌，成交量明显放大。

尾盘量能放大，其市场含义应区分技术环境而定。

例如，价格从高位启动下跌时，当日尾盘大多会放量。这种放量既有当日高点卖出、尾盘买回的资金，也有盲目抢尾盘赌次日反弹的资金。因下跌刚开启，很多市场资金仍有看涨的惯性心理，也促使其抢买尾盘。这种类型的尾盘放量并不值得关注，即使次日出现反弹，大多也难以具有持续性。

还有一种就是经过一段时间的跌势后，某日尾盘下跌出现明显大于前几日量能的情况。出现这种情况，之后的交易日多数会有幅度不等的弹升。这种类型的尾盘放量值得关注，一般意味着有资金进场或有原主导资金回补。即使放量只是一个短期行为，其弹升的幅度也比前一种情况要理想得多。

当现价线突然大角度急速下跌，均价线并不迅速跟进，而是呈走平态势，且二者乖离较大时，价格可能发生幅度不等的反弹。

如图 1–31 所示，A 点现价线突然急速下跌，均价线却缓慢横移。二者之间的乖离瞬间增大，随后现价线在低点略作盘整后就展开了反弹。

现价线和均价线之间出现乖离，源于二者的计算方法不同。交易者可以将均价线看作当日参与者的平均成本，当现价突然远离平均成本时，带给市场的就是恐慌。

这种恐慌大多数时候能够被主导资金掌控，因此这也成为主导资金常用的一种做盘手法。但在某些情况下，恐慌情绪大面积蔓延时，会导致主导资金无法掌控价格走势的局面，这样就会出现群体性大跌的现象。

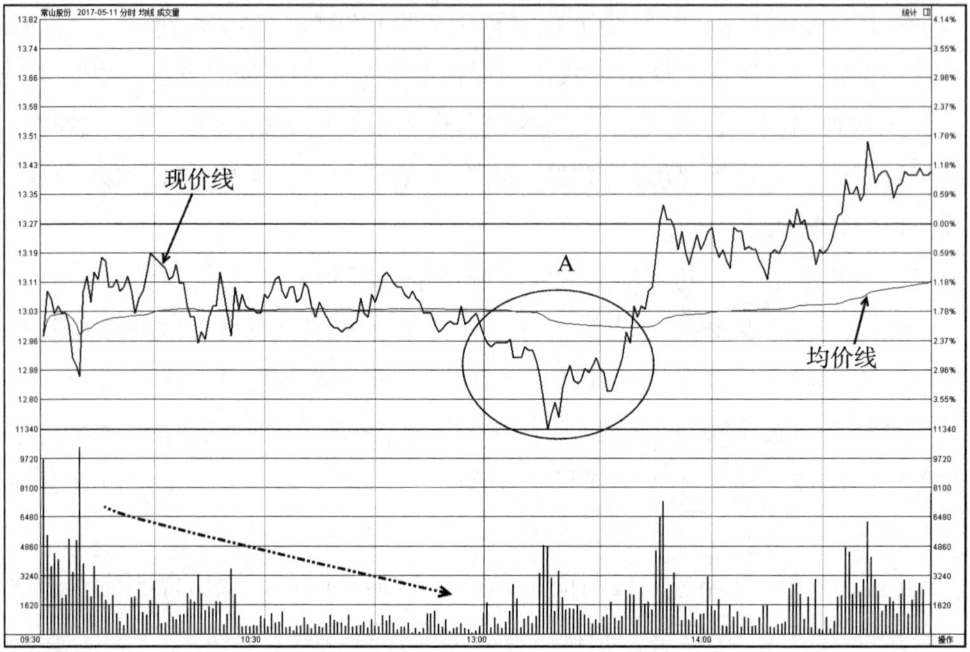

图 1–31

分辨某一个股急速下跌的性质，主要在于技术环境分析，这一点在本书第三篇中会有详细的解释。

现价线和均价线之间乖离过大后，几乎都会出现反弹，但研判的重点在于反弹的幅度和持续性。

图 1–31 中，A 点出现反弹后，对前后的成交量进行对比，可以发现早盘下跌阶段成交量明显增加并具有持续性。实战中，股价冲高时，如果成交量放大后又迅速萎缩，之后也难以持续放出成交量，那么价格即使出现反弹，力度也会很弱，时间也会很短暂，反弹后重回下跌的可能性更大。

（3）横向震荡

现价线在均价线、昨日收盘线上下横向震荡。如遇大盘下跌，现价线与均价线仍旧维持这种波动，并未出现明显向下倾斜的迹象，则在量能放大之际，股价发力上涨的可能性较大。

如图 1–32 所示，该股早盘第一个小时，现价线、均价线基本横向波动于昨日收盘线上下。这种波动幅度极小，量能也不大。一旦出现较大的买单，现价线就会被轻松拉起。拉升过程中，即使有抛单，也不会给走势带来太大影响。

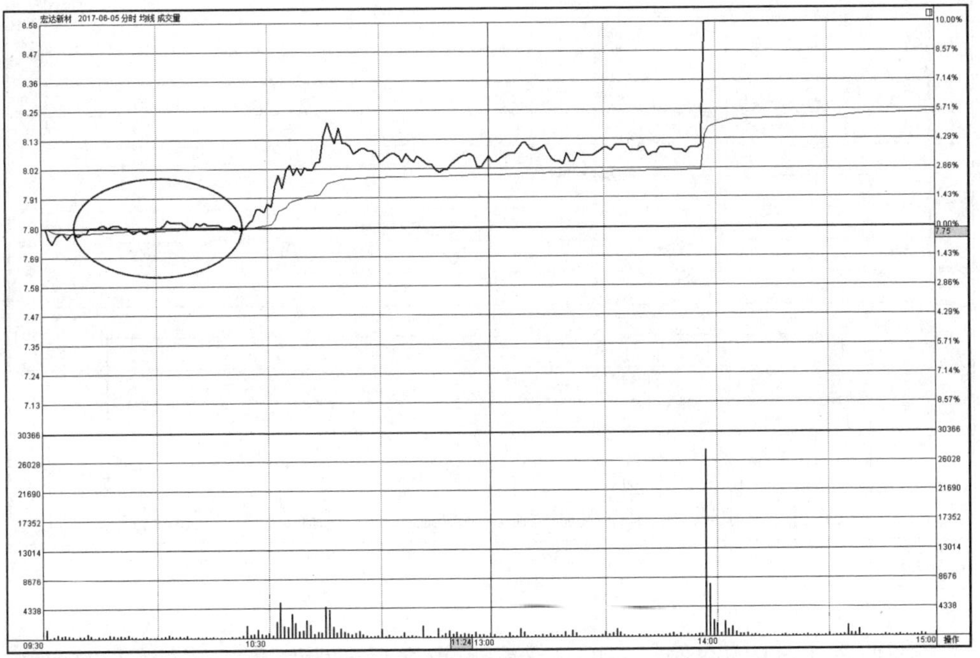

图 1–32

目标个股这种方式的横向震荡，其波动幅度越小越好，前提是目标个股并不是长期冷门股或成交清淡的权重股，最好是有主导资金介入操作但目前处于回落调整期的个股。个股出现这种横向波动，极有可能成为转折上涨的短线拐点。

实战中，如果大盘或个股普跌，目标个股经多日下跌后，当日仍保持这种横向震荡走势，则后市起涨的概率更高。

现价线、均价线横向波动不可远离昨日收盘线，否则的话后市变化难以判断。

如图 1–33 中 A 点所示，现价线、均价线横向波动于昨日收盘线下方，但之后两条线逐渐远离昨日收盘线并向下跌落。

图 1–33

类似图 1–33 的案例，有的也会在 A 点之后向上涨升，远离昨日收盘线之后，变化会更为复杂难辨。

图中 1–33 中 A 点横向波动阶段， 成交量柱状图中也可以看到有较大的成交量出现。不论这种成交量是主动性买单还是卖单带来的，大单的出现都意味着当前价格走势不稳定，多方或空方存在进一步操作的欲望。

反观图 1–32 中 A 点横向波动阶段，成交量维持地量，和现价线、均价线的微幅波动相匹配，说明经过一番调整之后，当前价位多空力量相对平衡，任何一方率先发起攻击，都有可能占得先机。

本节所举的案例仅是早盘开盘不久的时间段。横向波动还有很多不同的方式，存在于不同的时间段，本书后文还会涉及。

（4）缺口攻击

当日价格大幅高开或低开后，都会在分时图中显现出一个无交易的空白空间，这个空白空间就是缺口。

在《短线追涨与低吸技术》一书中，讲过缺口的引力交易。价格与缺口之间存在引力与摆脱的关系，这种关系的演化，会为研判之后的价格运行趋向提供重要参考。

幅度较小的缺口，在分时图上多数会被价格的波动回补掉。幅度较大的缺口回补与否，能够显示出盘中资金的趋向性选择。当然，这种选择可能仅仅是短期的，并不具有交易的意义，但可以从中捕捉到主导资金行为的蛛丝马迹。

如图 1–34 所示 A 点，该股低开后，均价线从低位跟随现价线回升，市场多方人气有所回升，显示市场资金开始尝试买入。回升中，均价线对现价线形成支撑。

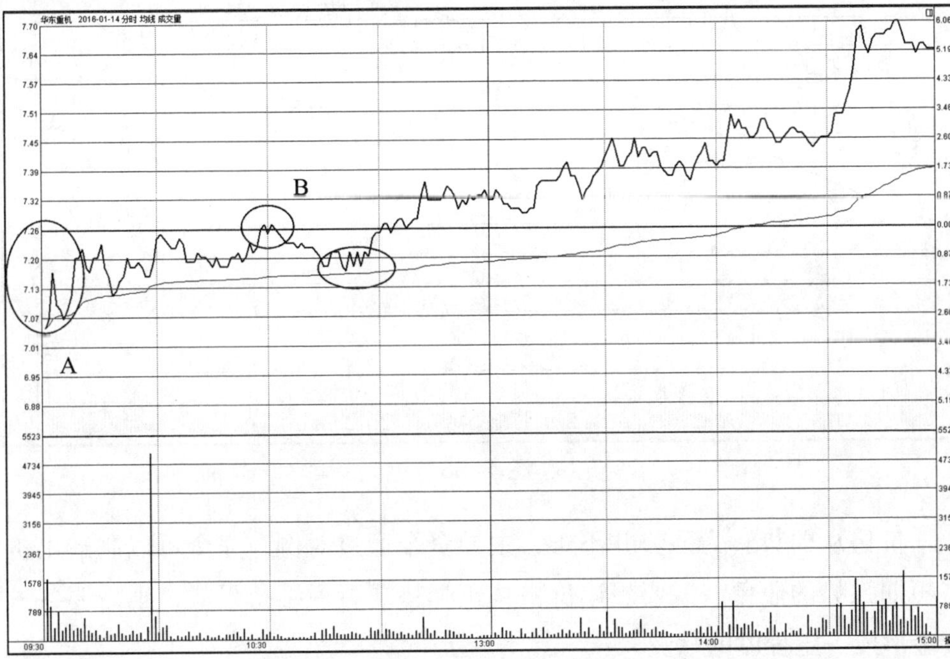

图 1–34

再看图 1–34 中所示的 B 点，现价线涨至昨日收盘线后，将缺口完全回补。之后价格再次回落至均价线并得到支撑，价格由此转入稳定上涨阶段。

实战中，缺口回补后，价格突破昨日收盘线压制向上涨升，是价格进入短期强势的标志。需要注意的是，这种短期强势的持续性如何。

如图 1–35 所示，该股低开后，很快就回补缺口。但价格的短期强势上涨仅维持到午盘开盘不久，随后就发生向下的跳水走势。

强势是否可持续，最直观的外在表现就是成交量。图 1–35 中，早市开盘有较大量能存在，但是在之后的上升中，量能不能持续增加，显示场外资金缺乏追涨热情，前期的上涨大概率只是存量资金制造的假强势状态。

图 1–35

价格从弱势转为强势并不难，主导资金通过对倒，完全可以制造出价格短期强势的假象。但要想让价格真正强势或者说维持强势，则需要各方资金形成一定程度的默契。

例如，某股主导资金准备让股价结束回落调整，开始新一波拉升。在拉升启动阶段，大量抛单不时砸盘。为了清楚这些抛盘的性质和大致的数量，主导资金必然会放弃原先的拉升计划，改为震荡盘整。这就是某些个股看起来已经进入拉升阶段，但股价却突然转入震荡盘整的原因之一。

价格经过震荡后，市场各方完成各自的需求，并且短期市场成本渐趋一致时，价格的拉升就会顺风顺水。

2. 分时图形态分析

（1）震荡盘升（跌）

震荡盘升（跌）形态，是最常见的分时图走势。这种走势是指现价线和均价线双线顺势震荡上涨或下跌。图 1–33、图 1–34 所示，即为震荡盘升（跌）的走势形态。

（2）盘中横盘

前面讲过早盘的横向震荡。其实，盘中出现的横盘走势更为复杂难判。因为很多个股在早盘急升之后，会转入横盘震荡直至横盘报收，或盘中再度拉高或转入回落。

个股早盘急升，如果成交量出现异常放大的情况，则要小心主力的减仓动作。横盘阶段成交量会逐渐萎缩，当现价线再次拉高，成交量放大却不能超过早盘时，交易者需注意，这种走势很可能是主力虚晃一枪的假拉升。

如图 1–36 所示，A 点开盘后价格出现急速上涨，但不久之后就呈横向波动走势。至 B 点现价线再次放量上冲，午盘现价线最终还是转入下跌。

如图 1–36 所示，B 点虽然也有大单成交，但买单缺乏持续性，且总体成交量远低于 A 点的总成交量，显示对于目前的价格上涨，主导资金参与的可能性远低于趁机减仓。

（3）低点回升

个股下跌后，回升的方式较多，比如上面讲过的震荡盘升，还有突然的急速回升，另外还有低点横向震荡后的流畅回升。

如图 1–37 所示，该股低开后一直横向波动，午盘后 A 点现价线穿越均价线，之后价格突破昨日收盘线，并在 B 点回抽确认。得到均价线以及昨日收盘线的支撑后，股价开始进入快速拉升阶段。

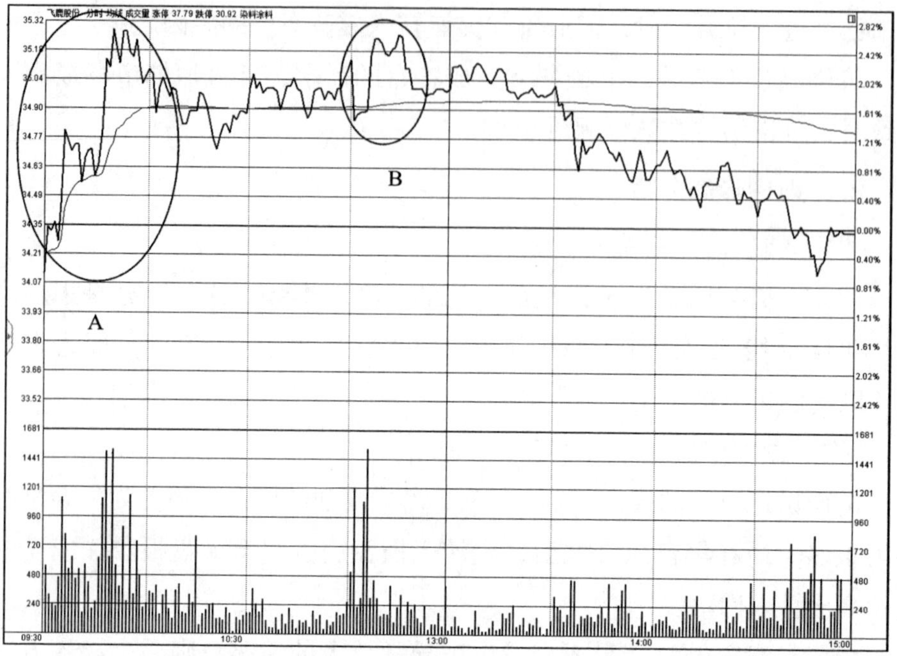
飞鹿股份 分时 均线 成交量 涨停 37.79 跌停 30.92 涂料涂料
A
B
09:30
10:30
13:00
14:00
15:00

图 1-36

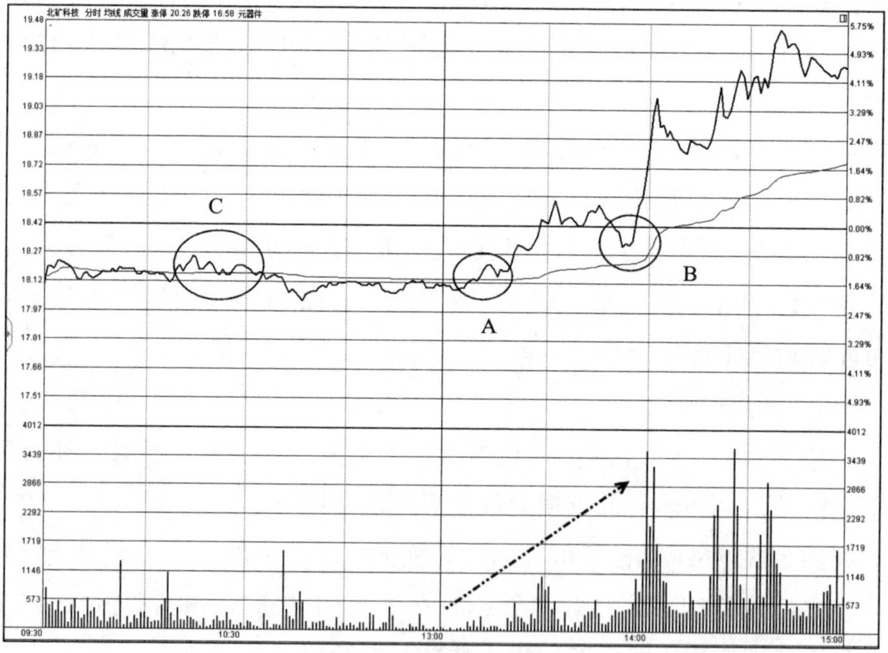
北矿科技 分时 均线 成交量 涨停 20.26 跌停 16.58 元器件
C
A
B
09:30
10:30
13:00
14:00
15:00

图 1-37

图 1–37 所示的这个案例，也是横盘波动的一种形式。图中 A 点为转折的关键点，现价线穿越均价线之后反转跌势为升势。同样是现价线穿越均价线，图中 C 点的上涨却并不成功，反而成为一个小幅下跌的开始，这是为什么呢?

低点回升形态中，均价线、昨日收盘线是现价线转折的两个压制位。均价线是价格转折首先要面对的关口，这道关口都突破不了，说明价格弱势未改，转跌为升又何从谈起?

现价线穿越均价线，并不能证明价格必然转强。尤其是相对缓慢的震荡下跌中，因两条线相距不远，价格微幅震荡就有可能出现穿越，图 1–37 中 C 点即为这种情况。

区别二者之间的不同，在于成交量的放大具有持续性。同时，均价线能够提供给现价线必要的支撑。图 1–37 中，A 点之后量能持续放大，价格回落中不再跌破均价线，即是股价由跌转升的表现。

三、单日与多日分时图

在很多软件上，都有“多日分时图”这个选项。在分时图上点鼠标右键，就会出现类似图 1–38 中所示的菜单，交易者可选择“多日分时图”。图 1–38 所示就是 20 日的分时走势。

单日分时图展示当日的分时走势，但因日间的价格波动往往过于短暂，难以辨别主导资金的运作轨迹。虽然 K 线图可以展示较长时间周期的价格走势，但就反映细节波动的连贯性来说，多日分时图则是一个理想的选择。

一个相对较长时间内的波动走势细节，其间的高点、低点所形成的“峰”与“谷”，以及价格在这些“峰”与“谷”上所受的压制、支撑及突破，都是分析价格趋向的关键细节。图 1–38 所示，是 A 点对于前高的突破。

分时走势对于“峰”与“谷”的突破，仅具有短线分析意义，但将其与其他技术因素综合分析，则可以更清晰地认识和理解个股的趋势全貌。

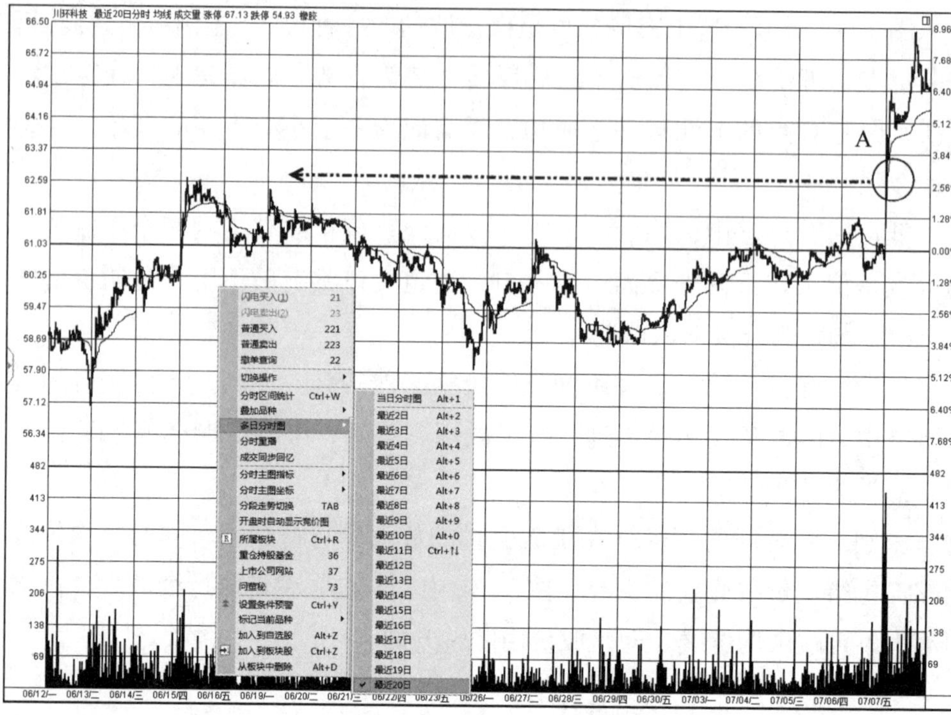

图 1-38

附录 交易的智慧与传奇

1909 年 10 月，美国著名的《报价与投资文摘》杂志采访了江恩，双方约定用 1 个月的实战交易来证明江恩的交易技能。在《报价与投资文摘》代表现场监督的情况下，10 月份的 25 个交易日里，江恩对各种股票做了 286 笔交易，既做多又做空，平均交易间隔只有 20 分钟。结果 264 笔交易获利，22 笔亏损，交易盈利率高达 92.3%，账户资本则增值了 10 倍。其中一个交易日，江恩在一只股票上进行了 16 次买卖，有 8 次是当日短线波动的顶部或底部。如此的表现，在华尔街的历史上前所未有。

一位朋友后来谈及江恩另外一次更加神奇的预测：1909 年夏季，江恩预测 9 月小麦期权将会见到 1.20 美元。可是到 9 月 30 日芝加哥时间 12 时，该期权仍然在1.08美元之下徘徊，江恩的预测眼看就要落空。江恩说：“如果今日收市时不见1.20美元，将表明我的整套分析方法都有错误。不管现在是什么价，小麦一定要见1.20美元。”结果，在收市前一小时，小麦期权冲上1.20美元，不偏不倚，价格正好在1.20美元收市。江恩精准的预测当时震惊了整个市场。

江恩高度准确的逃顶和抄底技巧，在外人看来是不可思议的。然而在他自己看来，则是完全合乎波动法则的正常交易行为。

第二篇　盘口分时图中级分析

如果总是做显而易见或大家都在做的事，你就赚不到钱。对于理性投资，精神态度比技巧更重要。

——本杰明·格雷厄姆

第三章　盘口数据（一）

始终遵守你自己的投资计划和规则，这将加强良好的自我控制。

——伯妮斯·科恩

一、内盘和外盘

交易软件中的盘口数据，是盘口分时图分析技术中不可忽视的内容。这些看起来平淡枯燥的数字，其实隐藏着很多与交易有关的秘密。

看不懂盘口数据，不知道盘口数据具体含义的交易者，就好像拿着没有准星的枪上战场的新兵，若能击中目标，那才是怪事。

盘口数据中，有内盘和外盘这两个对应的数据。初学者往往搞不清它们的具体含义，容易忽视其存在，对它们不做深入研究。

其实内盘和外盘这两个数据，在盘口分析上的作用不可小视。很多宣称监测主力资金流向的软件，就是根据内盘和外盘来设计的。

什么是内盘和外盘？

以买入价成交的交易，成交现手数量加入的累计数量就是内盘。换句话说，主动性卖出的数量就是内盘数据。

初学者可能还是不明白什么是主动性卖出。举个例子，如图 2–1 所示的盘口挂单，卖一为 17.79 元，买一为 17.78 元。如果有人想以 17.79 元卖出，则挂单在卖一上等待成交。如果有人急于卖出，则以买一的 17.78 元作为卖出价，这就是主动性卖出，成交之后这笔交易的成交现量就会计入内盘。

R300 600446 金证股份			
委比	-21.49%	委差	-584
卖五	17.83		429
卖四	17.82		432
卖三	17.81		198
卖二	17.80		498
卖一	17.79		94
买一	17.78		351
买二	17.75		503
买三	17.74		64
买四	17.73		83
买五	17.72		66
现价	17.77	今开	17.79
涨跌	-0.03	最高	17.92
涨幅	-0.17%	最低	17.63
总量	74048	量比	0.75
外盘	29923	内盘	44125
换手	0.92%	股本	8.35亿
净资	1.71	流通	8.01亿
收益(一)	-0.031	PE(动)	--

图 2-1

以卖出价成交的交易，成交现手数量加入的累计数量，即外盘。换句话说，主动性买入的数量就是外盘数据。

清楚了内外盘的概念，也就明白了其中的含义。

简单地说，外盘数据较大，说明资金看多该股，主动性买入较多。内盘数据大，说明持仓者人心浮动，普遍看空后市，主动性卖出较多。

需要注意的是，这是内外盘的基本含义。“简单地说”不等于就是这么简单，否则，做股票也太容易了，只要盯住内外盘就足够了。

永远都别忘记交易的博弈性、诡诈性！

例如，主导资金在卖一上挂上足以让市场资金产生联想的大卖单，那么想卖出的就只能照着买一上的价位抛。

这种大卖单至少告诉市场两层含义：其一，按卖出价挂单你是卖不掉的，因为有大的卖单排在你前面。其二，尽快往买一的价位上抛，说不定一会儿就会出现更低的价位。

于是很多想卖出的持股者，就会按照主导资金的暗示，往下寻求尽快成交。这种情景就会使内盘变大，看起来主动性抛盘较多。其实这只是市场资金的盲动，与主导资金的真实动向并无关系。

如图 2–2 所示，卖一上挂卖单 1119 手，而下方几档买单只有几十手或几百手挂单，这种情况无疑会使想卖出的人产生焦虑，很有可能选择低价了结。

R601886 江河集团			
卖五	10.24		981
卖四	10.23		653
卖三	10.22		556
卖二	10.21		924
卖一	10.20		1119
买一	10.17		86
买二	10.16		99
买三	10.15		101
买四	10.14		30
买五	10.13		606
现价	10.19	今开	10.20
涨跌	-0.01	最高	10.25
涨幅	-0.10%	最低	10.06
昨收	10.20	均价	10.14
总量	123974	量比	1.14
外盘	49856	内盘	74118
换手	1.32%	股本	11.5亿
净资	5.80	流通	9.41亿
收益(一)	0.069	PE(动)	36.9

图 2–2

分析内外盘要结合盘口综合研判。此外，内外盘数据是动态的，会随着行情的发展不断变化。早盘内盘大的个股，也许到了午市收盘就会变成外盘大。

对于一些经过长期大幅下跌、走势低迷的冷门股，如果发现其外盘连续多日都明显大于内盘，而个股价格变化并不明显，那么可以用部分资金埋伏其中，这种现象意味着有资金悄悄进场。

数据栏中还有一些较容易理解的数据概念，主要有以下这些。

总量：就是总成交量，也就是外盘加上内盘合计的成交总数。

现量：指最新的即时成交数量。

均价：指每分钟的累计成交金额 ÷ 每分钟的累计成交量。每分钟的平均成交价格相连，即构成分时均价线。

现价：指最新的交易报价。

今开：指当日交易的开盘价。

昨收：指上一交易日的收盘价。

涨跌：指当日最新涨跌数量，以元为单位。

涨幅：指当日最新涨跌幅度，以百分比显示。

最高：指当日最新的最高成交价。

最低：指当日最新的最低成交价。

二、振幅

振幅，是指价格在一定周期内的震荡幅度。振幅是一种判断价格活跃程度的指标。

振幅可分为日振幅、周振幅、月振幅等类型。

振幅的计算方法为：振幅 =（当期最高价 — 当期最低价）/ 前收盘价 × 100%，或振幅 = 最高点的幅度 + 最低点的幅度。

振幅大，则价格活跃。如图 2–3 所示，该股当日振幅 12.50%。分时走势中也可以看到，当日早市开盘即出现下跌，之后震荡回升，尾盘出现一波拉升。

图 2–3

对于短线交易者来说，振幅大的股票远比振幅小的股票具有吸引力，也较容易寻求其中的差价。

振幅较小的一般都是冷门股或交易清淡的权重股，较难寻求其中的短线机会。如图 2–4 所示，该股当日振幅仅为 0.57%。分时走势上，现价线、均价线以昨日收盘线为中心进行微幅震荡。这种振幅的个股，明显不具备短线套利空间，不适合做短线交易。

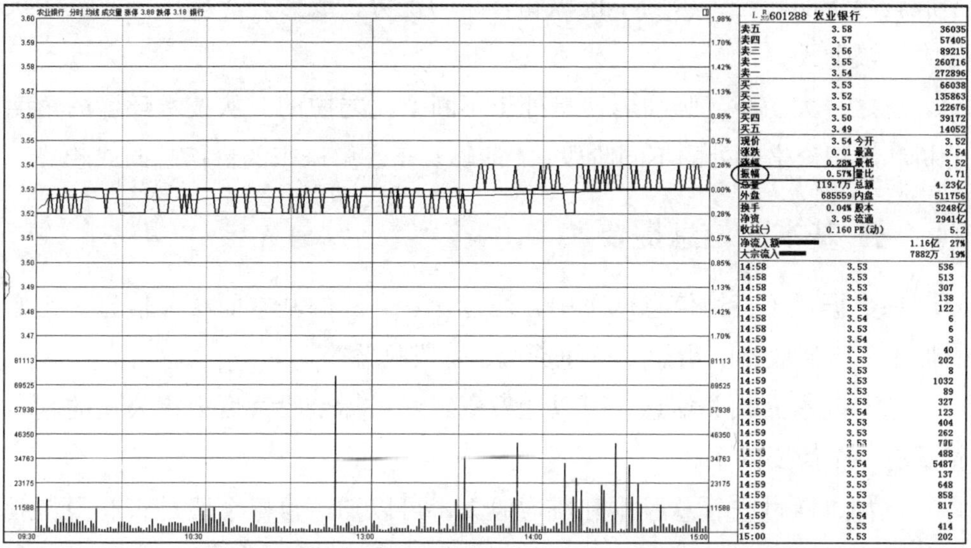

图 2–4

交易软件的综合排名上有“振幅排名”一栏，显示当日市场上振幅最高个股的排名情况。图 2–5 即为当日交易的某一时段，市场中振幅最高的个股中，排名第一的个股振幅达到 16.08%。

今日振幅排名		
华北高速	10.21	16.08
美年健康	16.50	12.08
九洲电气	10.72	11.80
青山纸业	5.15	11.75
雅化集团	11.48	11.27
民和股份	14.81	11.04

图 2–5

在此必须明确一点，并不是振幅越大的股票，就是可以操作的好股票。很多即将见顶、主导资金寻求减仓的股票，往往会出现极大的振幅。利用大幅震荡，一是可以使主导资金借机减仓，二是能够吸引市场资金的注意力，引发更多的资金前来逐利。

同样，振幅小的股票，虽然走势相对呆滞，但如果处于筑底阶段，非常有利于主导资金收集筹码。当主力建仓完毕，逐步进入震荡拉升阶段时，个股就会华丽转身，告别小振幅和呆滞的走势，成为升势凌厉、股性活跃的大振幅个股。

总之，大与小，强与弱，是处于不断变化之中的。从技术环境的角度分析和认识价格所处的不同阶段，才能够真正理解未来的价格趋向或趋势。

三、基本面信息提要

在数据栏（行情信息区）中，还包含着个股的基本面相关信息，比如总股本、流通股本、市盈率、净资产、每股收益等。

这些基本面相关信息，可以让投资者对目标个股背后上市公司的基本情况有一个简要的了解。

例如，通过查看总股本和流通股本，可以知道目标个股是否有限售股份等。如图 2–6 所示，该股总股本 5.28 亿股，流通股本也是 5.28 亿股，可以发现该股并无限售股份。

PE 即市盈率，是用来评估股价水平是否合理的指标之一，由股价除以年度每股盈余得出。图 2–6 中，该股为珠宝零售业，该股市盈率为 54.8 倍，高于行业平均值。从该指标来看，至少说明该股并无明显的估值优势。

利用市盈率或每股收益、每股净资产等财务指标，可以海选业绩优良的个股，作为潜力股追踪分析。

当然，如果要分析上市公司详尽的财务状况，交易者应阅读和分析年报、中报等财务报表。为避免受到报表作假的误导，最好对目标公司连续三四年的年报进行对比分析。

R002574 明牌珠宝			
卖五	8.82	84	
卖四	8.81	3580	
卖三	8.80	141	
卖二	8.79	338	
卖一	8.78	109	
买一	8.77	79	+10
买二	8.76	150	
买三	8.75	182	+50
买四	8.74	118	
买五	8.73	32	
现价	8.77	今开	8.83
涨跌	-0.05	最高	8.86
涨幅	-0.57%	最低	8.75
总量	25024	量比	1.74
外盘	10784	内盘	14239
资产	38.4亿	市值	46.3亿
换手	0.47%	股本	5.28亿
净资	5.85	流通	5.28亿
收益(一)	0.040	PE(动)	54.8

图 2-6

在交易软件上按 F10 键或 10+ 回车键，也可以查看目标个股的 10 大股东、每股收益、净利润增长率、净资产收益率等简化的财务指标数值。

第四章　盘口数据（二）

投资不仅仅是一种行为，更是一种带有哲学意味的东西。

——约翰·坎贝尔

一、综合排名

点击 81 或 83，可以在软件上看到沪市或深市的综合排名情况。点击 80，则可看到沪深两市总体的综合排名情况。图 2–7 为沪市综合排名。

综合排名

基本栏目　资金栏目　　综合排名 – 上证A股

今日涨幅排名			5分钟涨速排名			今日委比前排名		
N旭升	16.21	43.96	武进不锈	26.84	2.05	睿能科技	35.20	100.00
上海贝岭	11.52	10.03	明星电力	10.58	2.03	君禾股份	20.72	100.00
日盈电子	26.93	10.01	天地科技	4.96	1.22	百达精工	18.47	100.00
沧州大化	32.54	10.01	南钢股份	4.19	0.96	N旭升	16.21	100.00
百达精工	18.47	10.01	荣晟环保	66.15	0.88	日盈电子	26.93	100.00
睿能科技	35.20	10.00	中远海特	6.73	0.75	*ST一重	3.20	100.00
今日跌幅排名			5分钟跌速排名			今日委比后排名		
国药股份	31.62	-9.97	中央商场	7.61	-1.04	景旺电子	46.37	-89.57
金石资源	22.73	-9.94	易德龙	25.46	-0.93	济川药业	36.85	-92.08
江化微	74.78	-9.73	*ST海润	1.42	0.00	鲁信创投	17.68	-82.91
我乐家居	23.95	-9.00	*ST锐电	1.49	0.00	天地科技	4.96	-84.03
永悦科技	20.05	-8.86	广晟有色	49.50	-0.64	荣泰健康	129.70	-78.65
志邦股份	43.40	-8.73	厦门钨业	26.10	-0.72	合诚股份	40.99	-81.79
今日量比排名			今日振幅排名			今日总金额排名		
三孚股份	29.43	359.14	N旭升	16.21	23.98	方大炭素	19.18	39.2亿
迪生力	17.15	68.84	迪生力	17.15	16.03	中国平安	51.37	25.9亿
东方证券	14.63	7.00	八一钢铁	14.20	11.85	洛阳钼业	6.51	20.4亿
太极集团	14.56	6.74	白银有色	9.88	11.28	中国建筑	9.70	19.9亿
明星电力	10.58	5.46	山西焦化	8.05	11.21	白银有色	9.88	18.4亿
国药股份	31.62	5.35	上海临港	23.16	11.17	北方稀土	13.28	17.8亿

图 2–7

综合排名的内容非常丰富，对于习惯短线交易的人来说，这是不可忽视的分析市场、捕捉强势个股的窗口。

下面着重讲解一下综合排名各栏的分析重点，其中振幅排名前文已经提及，量比、委比的内容后文将会详细讲解，此处不再赘述。

1. 今日涨幅、跌幅排名

综合排名中的今日涨幅、跌幅排名，是当日即时交易中涨幅最大和跌幅最大的个股排名情况。如图 2–8 所示。

今日涨幅排名		
安阳钢铁	4.02	10.14
中航高科	11.29	10.04
航天电子	9.00	10.02
中航黑豹	31.52	10.02
设计总院	20.00	10.01
航天通信	14.84	10.01
今日跌幅排名		
迪贝电气	31.01	-10.01
宝泰隆	9.89	-10.01
金能科技	24.35	-8.90
拓普集团	27.89	-8.77
上柴股份	13.18	-8.66
方大炭素	31.74	-7.06

图 2–8

分析图 2–8 中的今日涨幅、跌幅排名，能够直观地了解某一交易时段市场个股的强弱分布情况。

例如，对比今日涨幅排名中涨停板个股的数量和跌停板个股的数量，也就是观察当日表现最好的股票是否比表现最差的股票多，可以对当日市场强弱程度做出一个大致的判断。

涨停板家数多，说明市场处于强势。随着交易时间的推移，如果涨停板个股数量仍在不断增加，就说明市场趋势呈现单边上扬的局面。随着交易时间的推移，如果涨停板家数逐渐减少，或者跌停板家数增加，则说明市场走势正在发生逆转。

如果当日跌停板个股多，涨停板个股少，则说明市场处于弱势之中。

今日涨幅、跌幅排名，能够让交易者在极短的时间内了解到强弱个股的分布，可及时对自己的交易策略做出调整。

2. 5 分钟涨速、跌速排名

5 分钟涨速、跌速排名，是指市场上 5 分钟内涨速或跌速最快的个股排名。如图 2–9 所示。

5 分钟涨速、跌速排名，也可以在软件中将其改为 1 分钟或 3 分钟涨速、跌速排名。

对于短线交易者来说，5 分钟涨速、跌速排名可以说是件利器。运用这个排名，可以在极短的时间内发现市场上活跃的股票或出现异动的股票。

5分钟涨速排名		
汇纳科技	52.00	2.58
龙大肉食	20.38	2.10
威帝股份	14.00	1.38
鼎信通讯	31.75	1.37
搜于特	7.40	1.23
大湖股份	7.47	1.22
5分钟跌速排名		
沃森生物	12.36	-1.51
人人乐	13.13	-0.98
贵人鸟	23.88	-0.91
英维克	24.70	-0.84
天润乳业	45.01	-0.84
钱江摩托	16.73	-0.83

图 2–9

利用 5 分钟涨速、跌速排名，还可以第一时间发现热点板块的异动。如果数只同一板块个股同时或先后出现在涨速、跌速排名中，则说明该板块正受到市场资金青睐，或遭到市场资金打压。

一些长时间走势低迷的个股，偶尔出现在 5 分钟涨速排名中并不为奇，但是若连续几个交易日中都出现在涨速排名中，则可能正被资金关照，交易者可积极追踪观察。

一些热门大涨后的个股，连续多日闪现在 5 分钟跌速排名中，虽然当日其整体跌幅并不大，但应警惕主力资金可能正在寻求减仓。

3. 今日总金额排名

分析今日总金额排名，可以知道即时交易金额最大的股票是哪些，收盘后全天交易金额最大的股票是哪些，盘中即时交易金额最大的股票在收盘后是否有变化，交易金额较大的股票是处于上涨还是下跌的态势中。

通过上述观察，可以分析出当日资金攻击的方向和热门个股是哪些。但也有例外，那就是总金额排名高的个股并非都是上涨的。如图2–10所示，今日总金额排名第一的格力电器当日涨幅6.3%，而排名第二的科大讯飞，当日涨幅为–7.75%。排名靠前的两只股票，一只大涨，一只大跌。

总金额排名高，并不一定就是可以买入的股票，还需要分析其技术环境，比如价格是在高位还是相对低点，近期是否经过大幅炒作，这些都是需要重点考虑的因素。但总金额排名高的个股，有一点可以确定，就是资金进出极其活跃，而且多空双方对于当前的价格分歧较大，正处于激烈的交锋中。

今日总金额排名		
格力电器	41.53	58.1亿
科大讯飞	39.87	52.4亿
平安银行	10.25	38.4亿
美的集团	42.95	29.2亿
海康威视	30.61	20.8亿
东旭光电	11.36	20.3亿

图2–10

不要把成交量和成交金额弄混淆。在谈及大盘成交时，习惯说成交金额，比如某天成交多少亿元。而说到个股时，习惯说成交量（成交量以手为单位，1手=100股），或者换手率。

充分利用综合排名的多项功能分析市场走势，能够更清晰地看到市场的真实面目，从而使交易之路走得更顺畅。

二、涨幅排名

涨幅排名是指当日沪深市场中所有股票的涨跌幅排名。在大多数软件中，交易者按下 61 或 63 数字键，就可以看到沪深两市的涨跌幅排名，或者按下 60 键，可以看到沪深总体的涨跌幅排名。这个排名能够较为直观地反映当日整体行情的强弱程度以及某些板块的异动表现。

涨幅排名和综合排名的今日涨幅、跌幅排名有重复，但能更全面、完整地看到市场上所有个股的涨跌情况。

实战中，可从以下几个方面来分析涨幅排名。

第一，查看涨幅排名靠前的个股是否具有热点板块特征。如果存在明显的热点板块特征，应及时评估其对行情的影响，并关注其中的领涨个股。在行情运行到一些特殊时期时，热点板块的涨跌对于整体行情趋势有极大的影响力。如图 2–11 所示。

	代码	名称	现价	涨幅%	涨跌	换手%	量比	现量	总量	买价	卖价	最低	最高	今开	昨收	市盈(动)	流通股(亿)	总股本(亿)	细分行业
1	300672	N国科微	12.21	43.99	3.73	0.04	0.00	5	98	12.21	--	10.18	12.21	10.18	8.48	--	0.28	1.12	半导体
2	603595	N东尼	18.73	43.97	5.72	0.04	0.00	10	95	18.73	--	18.73	18.73	18.73	13.01	20.14	0.25	1.00	元器件
3	300093	金刚玻璃	14.80	10.04	1.35	4.83	3.23	15	93660	14.80	--	13.90	14.80	13.90	13.45	1729.87	1.94	2.16	玻璃
4	002582	好想你	13.71	10.03	1.25	16.78	4.09	760	342901	13.71	--	12.17	13.71	12.42	12.46	29.70	2.04	5.16	食品
5	002350	北京科锐	15.14	10.03	1.38	10.52	2.21	2124	389003	15.14	--	13.52	15.14	13.66	13.76	--	3.70	3.87	电气设备
6	002575	群兴玩具	8.89	10.02	0.81	2.82	4.61	26	165897	8.89	--	7.78	8.89	8.08	8.08	--	5.89	5.89	文教休闲
7	300673	佩蒂股份	35.39	10.01	3.22	0.02	0.00	5	38	35.39	--	35.39	35.39	35.39	32.17	52.00	0.20	0.80	饲料
8	002809	红墙股份	41.99	10.01	3.82	18.34	1.35	128	55029	41.99	--	37.34	41.99	37.81	38.17	71.46	0.30	1.20	化工原料
9	603757	大元泵业	35.51	10.01	3.23	0.03	0.00	10	63	35.51	--	35.51	35.51	35.51	32.28	23.99	0.21	0.84	专用机械
10	603617	君禾股份	25.07	10.00	2.28	0.40	4.12	3	989	25.07	--	25.07	25.07	25.07	22.79	26.21	0.25	1.00	专用机械
11	600326	西藏天路	10.56	10.00	0.96	19.01	2.89	16	164.5万	10.56	--	9.69	10.56	9.80	9.60	54.97	8.65	8.65	建筑施工
12	300374	恒通科技	28.71	10.00	2.61	13.55	1.15	423	159089	28.71	--	25.68	28.71	25.93	26.10	251.65	1.17	1.95	其他建材
13	002827	高争民爆	27.17	10.00	2.47	14.51	4.03	195	66732	27.17	--	24.72	27.17	24.72	24.70	107.46	0.46	1.84	化工原料
14	000916	华北高速	10.45	10.00	0.95	10.18	1.06	507	111.0万	10.45	--	9.51	10.45	9.62	9.50	46.18	10.90	10.90	路桥
15	002879	长缆科技	34.55	10.00	3.14	0.07	0.00	5	248	34.55	--	34.55	34.55	34.55	31.41	51.10	0.35	1.38	电气设备
16	002884	凌霄泵业	46.11	10.00	4.19	0.04	0.00	3	72	46.11	--	46.11	46.11	46.11	41.92	23.59	0.19	0.77	专用机械
17	603933	睿能科技	42.59	9.99	3.87	0.61	0.00	2	1566	42.59	--	42.59	42.59	42.59	38.72	26.74	0.26	1.03	纺织机械
18	300671	富满电子	18.82	9.99	1.71	0.05	0.00	4	128	18.82	--	18.82	18.82	18.82	17.11	57.25	0.25	1.01	半导体
19	002709	天赐材料	47.56	9.99	4.32	8.41	1.71	693	150618	47.56	--	43.45	47.56	43.45	43.24	60.43	1.79	3.25	化工原料
20	603331	百达精工	22.35	9.99	2.03	0.32	0.00	10	1027	22.35	--	22.35	22.35	22.35	20.32	36.51	0.32	1.27	专用机械
21	300667	必创科技	43.16	9.99	3.92	46.65	1.07	3	79311	43.16	--	39.44	43.16	39.44	39.24	260.92	0.17	0.68	电器仪表
22	002407	多氟多	25.00	9.99	2.27	12.62	1.69	4424	671520	25.00	--	22.80	25.00	22.80	22.73	56.83	5.32	6.28	化工原料
23	603305	旭升股份	19.61	9.98	1.78	0.01	0.00	10	48	19.61	--	19.61	19.61	19.61	17.83	35.57	0.42	4.01	汽车配件
24	600773	西藏城投	12.69	9.97	1.15	6.86	2.92	30	500019	12.69	--	11.48	12.69	11.58	11.54	166.99	7.29	7.29	区域地产
25	300670	大烨智能	30.55	9.66	2.69	56.93	640.46	1119	153711	30.54	30.55	28.28	30.60	29.90	27.86	246.98	0.27	1.08	电气设备
26	300619	金银河	52.29	9.16	4.39	25.30	1.19	1218	47261	52.18	52.29	46.53	52.69	48.35	47.90	268.22	0.19	0.75	专用机械
27	600749	西藏旅游	18.78	8.93	1.54	2.82	4.12	23	53374	18.77	18.78	17.13	18.96	17.18	17.24	--	1.89	1.89	旅游景点
28	000752	西藏发展	14.51	8.77	1.17	7.20	3.05	9899	189866	14.51	14.52	13.19	14.54	13.27	13.34	262.43	2.64	2.64	啤酒
29	300477	合纵科技	22.00	8.64	1.75	8.67	1.35	4913	105303	21.99	22.00	19.86	22.28	19.86	20.25	--	1.21	2.80	电气设备
30	000498	山东路桥	7.84	8.44	0.61	13.74	6.04	2274	486787	7.84	7.85	7.51	7.95	7.51	7.23	81.85	3.54	11.20	建筑施工
31	000762	西藏矿业	16.37	8.41	1.27	7.96	1.54	11195	378810	16.37	16.38	15.10	16.48	15.15	15.10	--	4.76	5.21	小金属
32	300488	恒锋工具	35.29	8.19	2.67	8.40	6.25	352	21002	35.28	35.29	32.51	35.87	32.65	32.62	68.02	0.25	1.04	机械基件
33	002859	洁美科技	82.01	7.88	5.99	11.04	1.05	625	25702	82.01	82.02	75.44	82.78	76.00	76.02	82.27	0.23	1.02	元器件
34	600791	京能置业	10.04	7.84	0.73	11.91	3.20	33	538710	10.03	10.04	9.16	10.19	9.30	9.31	180.69	4.52	4.53	全国地产
35	300395	菲利华	16.03	7.58	1.13	4.14	2.54	2728	86524	16.03	16.04	14.76	16.14	14.95	14.90	77.80	2.09	2.95	玻璃
36	002466	天齐锂业	61.82	7.51	4.32	4.20	1.23	11029	414208	61.82	61.83	58.15	61.85	58.15	57.50	37.87	9.86	9.94	小金属

图 2–11

交易者需要注意一点，热点板块并不简单等于热门板块。在未被市场充分认可之前，热点板块对市场行情的影响力有限，算不上真正的热门板块。热点板块只有被市场认可之后，才能成为热门板块，发挥出对行情的影响力。

第二，分析涨幅排名靠前的是大盘股还是小盘股，以确定当日行情的性质。市场存在“二八”跷跷板效应，当大盘权重股启动时，小盘个股往往偃旗息鼓。当大盘权重股下跌时，有时候小盘股会转而活跃，有时候则整体市场一起下跌。区别大盘股和小盘股比较简单，看其总股本或流通股本大小就可以了。

第三，强势股数量分析。早盘看涨幅榜排在第一的股票涨幅能达到多少。如果其涨幅不超过 4%，则说明市场走势极为疲弱，资金活跃度不足，不太适宜短线追击。

第四，分析涨跌幅排行榜中涨跌停股票家数，预测大盘当天走势的强弱程度，确定当天是否适合进行追涨交易。这种分析方法适合极端行情，其特点是能够及时发现行情转折的迹象。

比如，某日涨停板家数为 20，跌停板家数为 0，下跌幅度超过 –7% 的个股寥寥无几，那么当时大盘行情即便处于跌势中，也很难出现暴跌，反而是转跌为升的概率较大。

三、分时成交明细

在软件数据栏（行情信息区）的下方，是个股的分时成交明细。分时成交明细也称为成交回报。

在分时成交明细栏里，可以看到每一笔的成交情况。如图 2–12 所示，在 11.09 这 1 分钟内，股价在 10.59 元、10.60 元、10.61 元上都有成交，但在 10.59 元上成交最密集。

交易者在键盘上键入 01 后回车，就可以看到个股自开盘到最新即时交易的分时成交明细情况。如图 2–13 所示。

盘口分时图核心技术

分时成交明细可对照买卖挂单情况，以及具体价格关口的压制与支撑，综合分析股价未来走势，力求从资金成交细节中发现主导资金的意图。分时成交明细的具体应用，后文还有涉及，此处不再深入探讨。

R 002431 棕榈股份

卖五	10.66	133	+133
卖四	10.65	756	
卖三	10.64	357	
卖二	10.63	397	
卖一	10.62↑	145	
买一	10.61↑	12	+12
买二	10.60	133	+7
买三	10.59	287	
买四	10.58	1230	
买五	10.57	429	

现价	10.61	今开	10.67
涨跌	0.01	最高	10.74
涨幅	0.09%	最低	10.55
振幅	1.79%	量比	0.66
总量	100126	总额	1.07亿
外盘	41848	内盘	58277
换手	1.07%	股本	14.9亿
净资	3.06	流通	9.40亿
收益(一)	-0.040	PE(动)	—

净流入额	-2040万	-19%
大宗流入	-1798万	-17%

分时成交明细

11:08	10.58	18	2
11:08	10.58	71	6
11:08	10.58	3	1
11:08	10.59	6	1
11:08	10.58	119	1
11:08	10.58	14	2
11:08	10.59	120	6
11:08	10.58	20	2
11:08	10.58	3	1
11:08	10.59	25	2
11:08	10.58	1	1
11:08	10.58	13	1
11:08	10.59	254	5
11:09	10.59	92	3
11:09	10.59	164	3
11:09	10.59	613	6
11:09	10.59	100	2
11:09	10.59	23	3
11:09	10.59	5	1
11:09	10.60	20	1
11:09	10.59	371	24
11:09	10.61	63	4
11:09	10.61	10	1
11:09	10.61	1	1
11:09	10.61	49	5
11:10	10.61	1	1
11:10	10.61	7	3
11:10	10.61	1	2

图 2-12

002431 棕榈股份　分时成交明细　Up/PageUp:前翻 Down/PageDown:后翻

时间	价格	成交		时间	价格	成交		时间	价格	成交		时间	价格	成交	
09:25	10.67	1837	43	09:33	10.73	84	11	09:35	10.69	30	4	09:38	10.72	23	5
09:30	10.66	535	57	09:33	10.73	121	5	09:35	10.69	10	1	09:38	10.72	8	2
09:30	10.66	190	23	09:33	10.71	32	5	09:35	10.70	66	6	09:38	10.72	122	10
09:30	10.66	22	5	09:33	10.73	70	7	09:35	10.69	75	8	09:38	10.72	84	11
09:30	10.66	10	1	09:33	10.72	383	14	09:35	10.70	15	6	09:38	10.71	123	24
09:30	10.66	3	1	09:33	10.73	273	29	09:35	10.69	234	6	09:38	10.73	117	17
09:30	10.67	283	12	09:33	10.72	115	12	09:35	10.69	22	3	09:38	10.72	20	2
09:30	10.66	44	1	09:33	10.72	33	8	09:35	10.70	24	3	09:38	10.72	20	3
09:30	10.66	23	2	09:33	10.73	220	17	09:35	10.69	465	22	09:38	10.73	62	4
09:30	10.67	27	4	09:33	10.70	149	11	09:36	10.70	68	4	09:38	10.72	88	8
09:30	10.67	1	1	09:33	10.71	139	11	09:36	10.70	12	2	09:38	10.72	92	6
09:30	10.67	25	3	09:33	10.72	102	6	09:36	10.70	105	3	09:38	10.72	290	7
09:30	10.66	18	2	09:33	10.72	157	7	09:36	10.70	5	1	09:38	10.72	276	11
09:30	10.67	41	4	09:33	10.71	89	8	09:36	10.70	205	18	09:38	10.72	371	9
09:30	10.66	127	9	09:33	10.70	72	10	09:36	10.70	248	16	09:38	10.72	70	8
09:31	10.66	50	3	09:33	10.70	48	7	09:36	10.71	120	7	09:38	10.72	41	7
09:31	10.66	50	2	09:33	10.71	232	7	09:36	10.70	56	4	09:38	10.72	78	6
09:31	10.66	10	1	09:33	10.71	83	9	09:36	10.70	54	9	09:39	10.72	47	4
09:31	10.65	64	8	09:33	10.70	32	2	09:36	10.70	51	5	09:39	10.72	30	2
09:31	10.65	35	4	09:33	10.70	617	8	09:36	10.70	5	1	09:39	10.72	244	20
09:31	10.66	55	8	09:34	10.71	170	16	09:36	10.70	111	7	09:39	10.72	9	2
09:31	10.66	26	5	09:34	10.70	336	13	09:36	10.70	36	5	09:39	10.72	300	7
09:31	10.64	83	9	09:34	10.70	149	22	09:36	10.70	67	8	09:39	10.72	35	5
09:31	10.66	10	2	09:34	10.70	310	8	09:36	10.70	121	6	09:39	10.72	42	4
09:31	10.64	131	7	09:34	10.69	69	7	09:36	10.69	290	10	09:39	10.72	150	8
09:31	10.66	20	4	09:34	10.70	4	3	09:36	10.70	237	5	09:39	10.72	57	3
09:31	10.66	24	2	09:34	10.69	189	16	09:36	10.70	61	1	09:39	10.72	11	2
09:31	10.64	43	6	09:34	10.70	101	9	09:36	10.70	80	5	09:39	10.72	38	1
09:31	10.64	28	3	09:34	10.69	143	7	09:36	10.70	37	8	09:39	10.72	150	8
09:31	10.63	14	1	09:34	10.69	135	6	09:37	10.70	62	5	09:39	10.72	12	4
09:31	10.64	217	7	09:34	10.70	80	10	09:37	10.70	7	2	09:39	10.72	21	5
09:32	10.64	160	4	09:34	10.69	103	5	09:37	10.70	84	8	09:39	10.72	31	2
09:32	10.64	151	13	09:34	10.70	7	2	09:37	10.70	137	12	09:39	10.72	74	5
09:32	10.64	48	7	09:34	10.69	62	6	09:37	10.71	59	4	09:39	10.72	18	3
09:32	10.65	264	5	09:34	10.69	57	6	09:37	10.70	155	14	09:39	10.72	8	2
09:32	10.66	2	1	09:34	10.70	38	4	09:37	10.70	54	2	09:39	10.72	22	3
09:32	10.66	14	2	09:34	10.70	51	5	09:37	10.70	130	5	09:39	10.72	195	13
09:32	10.66	134	15	09:34	10.69	17	5	09:37	10.71	141	8	09:40	10.71	275	16
09:32	10.65	202	8	09:34	10.70	6	3	09:37	10.70	61	6	09:40	10.71	56	4
09:32	10.67	37	7	09:34	10.69	130	14	09:37	10.70	4	1	09:40	10.71	9	2
09:32	10.66	109	6	09:35	10.69	33	3	09:37	10.71	473	15	09:40	10.70	57	6
09:32	10.67	381	18	09:35	10.69	62	5	09:37	10.71	11	3	09:40	10.71	15	3
09:32	10.67	1	1	09:35	10.69	53	2	09:37	10.71	16	3	09:40	10.70	334	15
09:32	10.67	10	2	09:35	10.69	75	8	09:37	10.72	71	6	09:40	10.71	81	10
09:32	10.68	206	9	09:35	10.68	203	6	09:37	10.71	96	10	09:40	10.70	169	17
09:32	10.68	53	3	09:35	10.70	85	6	09:37	10.71	21	4	09:40	10.70	1	1
09:32	10.69	53	5	09:35	10.69	7	2	09:37	10.71	27	3	09:40	10.70	60	3
09:32	10.70	1638	34	09:35	10.69	33	5	09:38	10.71	87	7	09:40	10.70	129	4
09:32	10.71	77	3	09:35	10.69	50	3	09:38	10.71	17	6	09:40	10.69	79	6
09:32	10.72	39	6	09:35	10.69	12	2	09:38	10.72	28	2	09:40	10.70	11	2

上证3208.95 -9.21 -0.29% 859.0亿 深证10425.0 -41.15 -0.39% 1058亿 中小6900.80 -5.14 -0.07% 416.6亿 沪深3680.40 -6.52 -0.18% 616.1亿 创业1757.60 -21.26 -1.20% 280.3亿 杭州包杭748

图 2–13

第五章　量比和换手率

优秀的投机家们总是在等待，等待市场证实他们的判断。要记住，在市场本身的表现证实你的看法之前，不要完全相信你的判断。

——杰西·利弗莫尔

一、什么是量比

量比是指开市后每分钟的平均成交量与过去 5 个交易日每分钟平均成交量之比。量比是以成交量为衡量对象的指标，是解读盘面、解读股价不可或缺的一项数据。

量比在解读盘面中最为突出的作用，就是能够及时发现哪些个股在成交量上出现了突变或异动。

成交量突变，意味着交投活跃度增加。虽然成交量突变并不必然有获利的机会，但量能的变化总会额外告诉我们一些关于价格的线索。

量比的计算公式为：量比＝现成交总手/[过去5日平均每分钟成交量×当日累计开市时间（分）]。

量比分析的基本法则有以下几条。

第一，当量比小于1时，说明现在的成交比不上过去 5 日的平均水平，多数时候价格处于微幅上下震荡中。如价格大幅上涨，则意味着盘口压力极小，后市出现增量时还有高点。反之，则意味着价格大幅下跌，说明多空双方对下跌没有太大的争执，后市还将继续下跌。

第二，当量比大于 1 时，说明当日每分钟的平均成交量大于过去 5 日的平均数值，交易量比过去 5 日稍强。这种情况实战中最为常见，表明市场处于相对平衡的市道。

第三，当量比在 1.5 ~ 2.5 之间时，则为温和放量，表明现在的价格运行趋势仍将维持。

第四，当量比在 2.5 ~ 5 之间时，则为明显放量，表明价格趋势得到明显强化。

第五，当量比在 5 ~ 10 之间时，则为剧烈放量，表明价格长期处于低位，这时应该关注入场的信号。价格在高位时，则要关注回落的信号。下跌趋势中个股反弹时，量比时常也会达到 5 ~ 10 这一数值，但之后就会结束反弹，重新回归下跌趋势。

第六，当量比达到 10 或 20 以上时，价格高位运行趋向可能会随时发生逆转。

被资金狂热炒作的个股，其量比指标数值可能会非常惊人。图 2–14 是某日量比排名前 3 位个股的量比指标数值，这种量比数值已经失去基本分析意义，代表的是资金“击鼓传花”的一种游戏。

今日量比排名		
百达精工	24.84	368.77
睿能科技	51.54	303.02
君禾股份	28.56	138.80
星光农机	20.19	9.16
金种子酒	8.43	6.83
长园集团	14.52	5.78

图 2–14

图 2–15 是三孚股份的日线图。该股在 A 点打开连续涨停，当日量比达到 359 倍。

图 2–16 是三孚股份当日的分时走势，通过分时走势可以看到，A 点股价以涨停开盘后，不久即被打开，量能大幅增加。量能大幅增加，说明有大量筹码兑现离场，同时也说明有大量资金蜂拥买入。

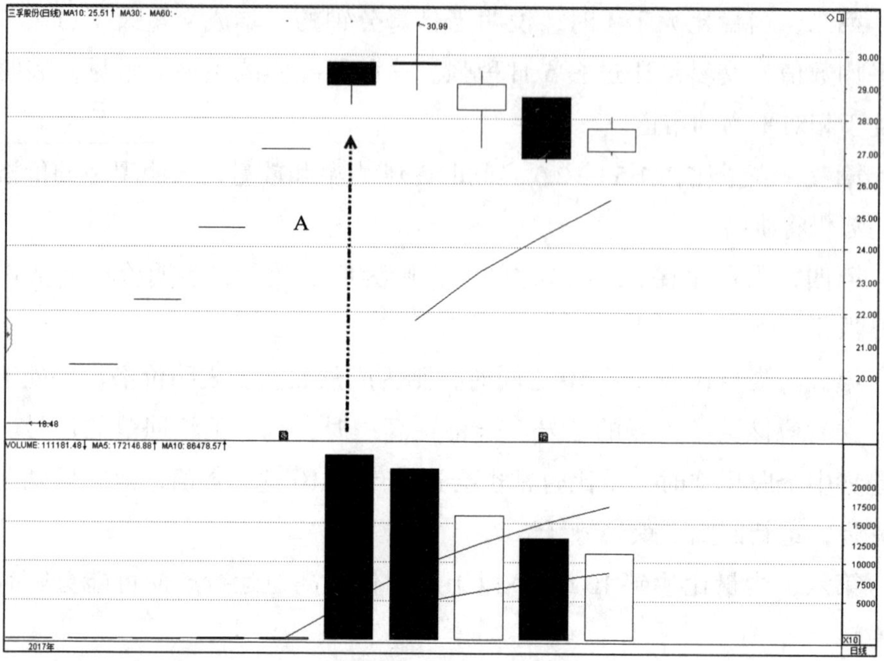
三孚股份(日线) MA10: 25.51 MA30: - MA60: -
30.99
18.48
A
VOLUME: 111181.48 MA5: 172146.88 MA10: 86478.57
2017年

图 2-15

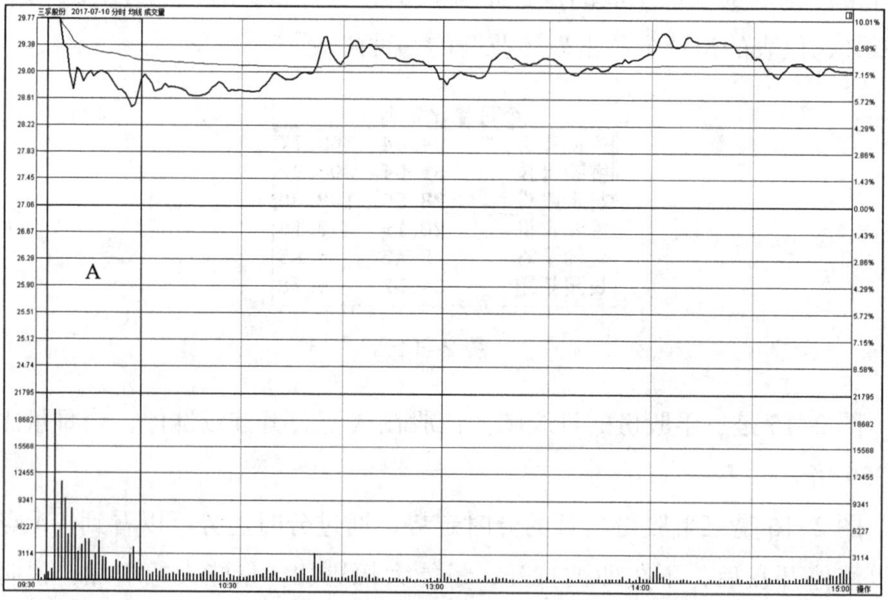
三孚股份 2017-07-10 分时 均线 成交量
A
09:30
10:30
13:00
14:00
15:00

图 2-16

图 2–16 中，该股主要的跌幅出现在 A 点，即早盘的前 30 分钟，量能也最为集中。之后的时间段中股价有所回升，但量能未能再现早盘的集中程度。

单独分析某一技术细节时，很容易进入“死循环”并导致“无解”的结论。避免发生这种“死循环”，就需要技术环境分析。

根据该股所处市场阶段等技术环境中的多个因素进行分析，当时市场习惯于热炒开盘新股，即上市后第一次打开涨停板的新股。不少个股打开涨停后，会被资金再次大幅拉高。这种曾经发生过的案例，会给市场资金带来无限的想象空间。直到这种惯性思维被无数失败的案例打破，市场资金才会重新变得小心翼翼。

这就是图 2–16 中该股早盘涨停板打开后，市场资金出现蜂拥买入的原因之一。图 2–16 中并未再次出现量能集中，表明目前入场的资金很可能只是一帮乌合之众，尽管总量不小，但缺乏主导或领袖，难以形成合力。

图 2–15 中 A 点之后，股价略有上冲便开始回落的走势，也契合了这种判断。

通过以上案例可以发现，量比过度激增是一种极端情况，大多数都是资金“击鼓传花”的游戏。当然，当“鼓声”未止时，“花”还会继续传下去，参与者只能希望自己接到的别是最后一棒。

二、量比实战应用

1. 价格上涨，量比保持较低数值

价格开始反弹时，如果量比仍旧保持在 1 倍以下，说明当前资金主动交易的意愿较小。这与其说是资金主动性买入带来的上涨，不如说是更多的人不愿意卖出造成的上涨。对于量比低迷时股价的微弱上涨，交易者不要抱有太多的幻想。

2. 价格上涨，量比出现突发性增长

当价格处于大幅下跌之后，或者低位蓄势已久，量比大增预示着价格

重获资金的青睐，发力上涨的可能性较大。如果价格处于一波短期反弹或次级反弹的相对高位区域，这个时候量比突增，极有可能就是反弹行情结束的信号。

3. 价格下跌，量比低迷或增长

价格下跌，量比低迷，这种情况说明对于当前的下跌，市场各方并无太大的争议，价格缺乏吸引力，下跌仍将继续。经过大幅下跌之后，价格略作盘整再次下跌时，如果量比开始激增，这是价格下跌加速的特征，交易者可以适当关注。在恐慌性抛盘告一段落之后，价格将迎来一次极佳的反弹或反转行情。

一般来说，下跌途中量比激增的个股，正在孕育一定的交易机会，但是这个机会同时也埋藏着一定的风险。这是因为介入时点较难把握，过早介入，可能会遭受价格继续下跌带来的亏损，过晚介入，又很容易落入主力的多头陷阱。

比较有把握的做法是，等待这类个股的量比恢复到一个相对稳定的数值，不再激增也不再继续萎缩，并且整体强于之前的低迷期间，在此前提下，当量比再次随着价格的上升放大时，就可适量介入。

三、换手率的实战含义

换手率是指一定时间内市场中股票转手买卖的频率，是反映个股流通性强弱的指标之一。其计算公式为：换手率 = 某一时期内的成交量 / 发行总股数 ×100%（成交量 / 流通总股数 ×100%）。

换手率是成交量的一种分析方式。成交量是指多空双方在某个时间单位内对某项交易成交的数量，计算单位为股和手。1 手等于 100 股。

成交量和换手率都是反映量能变化的指标，但在实际应用中，二者的作用还是有所不同的，成交量更有利于对个股行情作趋势性的研判，而换手率的优势在于对个股活跃程度的分析。

换手率可以看成是成交量的细节分析和个性化分析，不同股本个股的换手率，蕴含的技术意义有较大的区别。

图 2-17 中为权重蓝筹股，流通股本为 2696 亿股。图中 A 点该股升至股价高位，当时的换手率为 1.1%，这个换手率已经处于历史高值区域，此后股价发生重大转折。

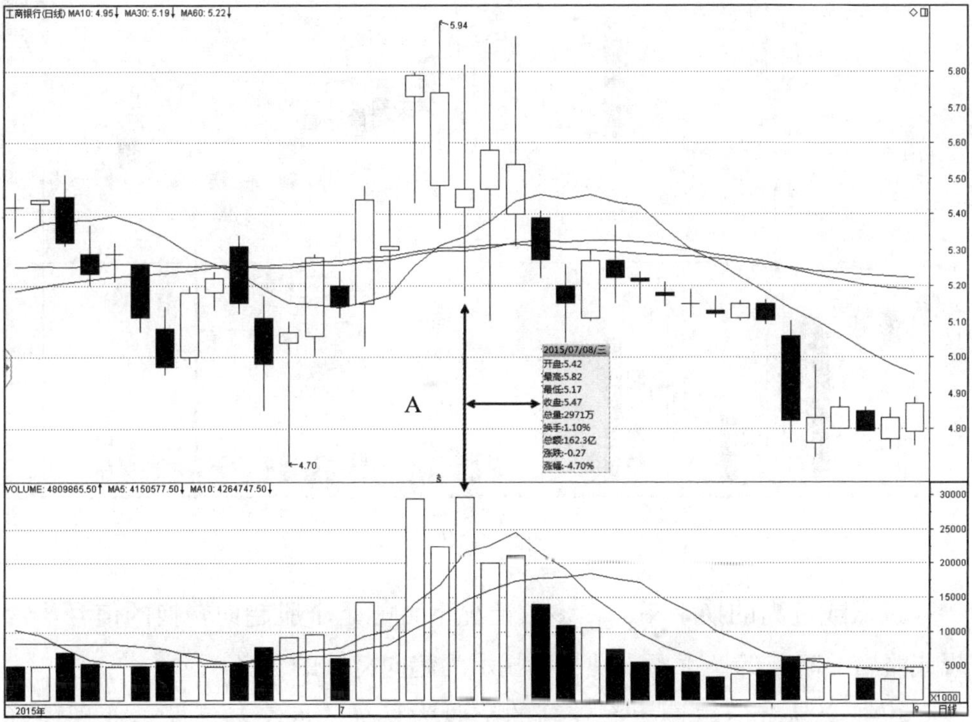

图 2-17

图 2-18 所示的股票，在 A 点高位的换手率为 22.36%。经过下跌后，该股盘整阶段的最低换手率为 1.14%。该股流通股本为 2.2 亿股。

通过上述两只股票换手率的对比可以看到，相近的换手率，在股本较小的股票上，股价往往表现得极其孱弱。而在股本较大的股票上，这个换手率却代表着股价高度活跃的交易情况。

实战中，应关注换手率过高和过低这两种极端表现。当然，换手率的高和低因个股股本的不同而有不同，要把握其认定尺度。

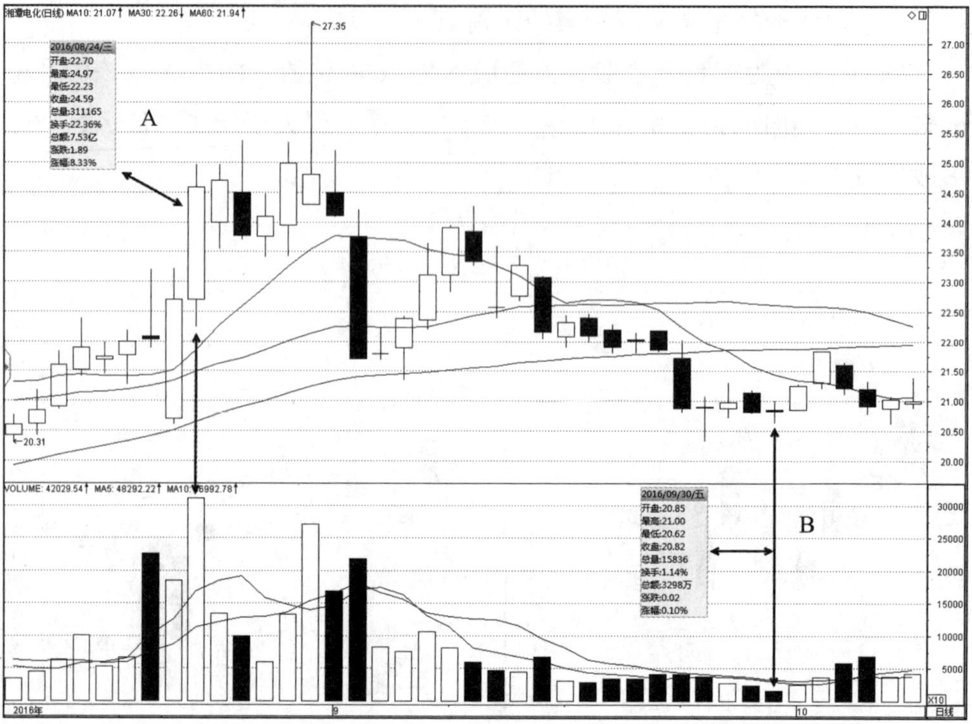

图 2-18

过低或过高的换手率，在多数情况下可能是个股趋向转换的信号。常规或略增、略减的换手率，一般都显示为趋向持续的含义。

短线交易者应以换手率较高的个股为目标，即交易活跃、变现性好的个股。只有这些个股才有可能出现幅度较大的差价，短线交易者才有机可乘。

但是，过高的换手率和前面讲过的量比指标一样，大部分都是资金“击鼓传花”的游戏，不是绝对不可以参与，而是需要参与者在量价分析上具有敏锐的嗅觉，能够及时发现价格的风险因素是否正在大面积扩散。

如图 2-19 所示，A 点该股当日换手率达到 61.41%。从图中可以看到，自连续涨停板开板之后，该股成交量一直处于极高的水平。粗略估计该股开板后 5 个交易日的换手率，至少达到 300% 以上。也就是说，该股所有不受限制的流通股本，在短短的 5 天内至少交易了 3 次以上，这就是资金的“击鼓传花”游戏。

图 2–19 中 A 点之后，量能不断下降，股价也逐步走低，短时间内股价就出现了较大幅度的下跌。在游戏中接下最后一棒的人，只能止损或者继续顽抗。

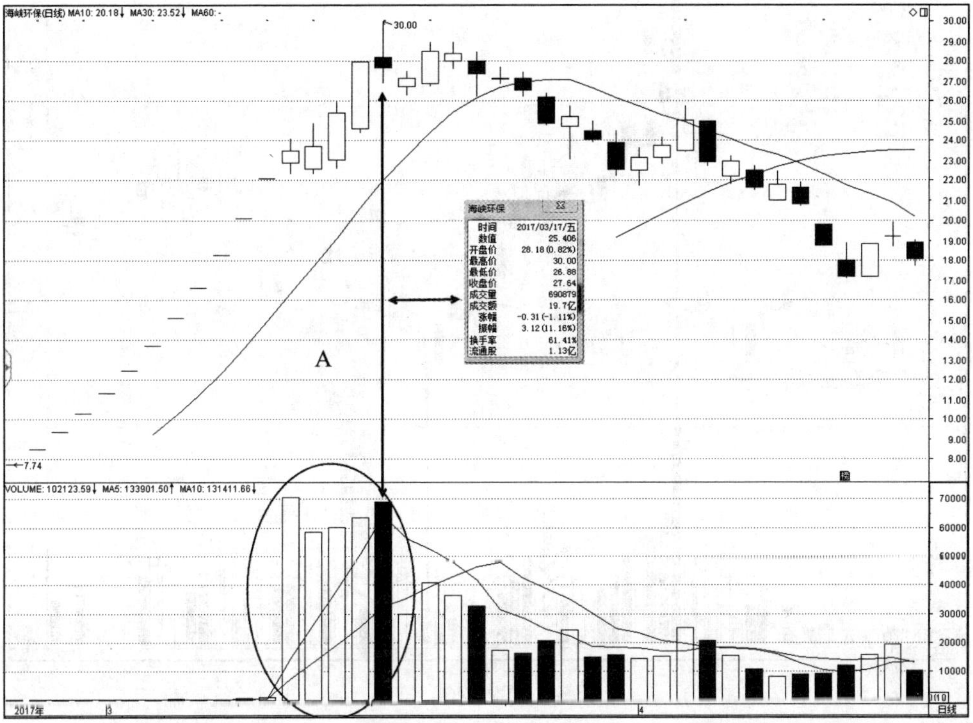

图 2–19

过高的换手率不可能持续，相应的价格趋向也会随之变化。过低的换手率却有可能长期存在，反映的是价格低迷、交易冷清的状况。

冷门股长期低迷的换手率，也是和价格低迷对应存在的。这种长期低迷的换手率不是本节要探讨的内容，本节讨论的对象是阶段性换手率过低的类型。

如图 2–20 所示，A 点该股股价高开低走，当天换手率达 22.59%，随后股价回落调整。股价经过大幅下跌后，量能不断萎缩，至 B 点时，当日换手仅为 2.57%。

B 点的换手率仅为 A 点换手率的 1/10，可谓大幅萎缩。这种情况通常说明盘中大规模减仓已经不复存在，更有可能只是散仓的恐慌性抛盘。

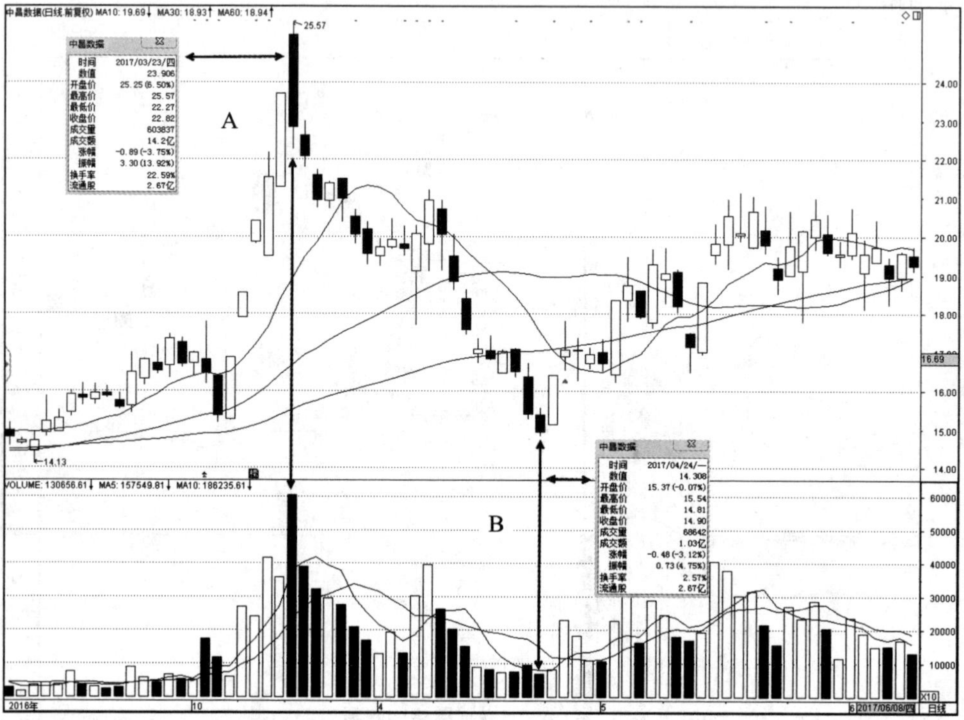

图 2-20

这种情况就是阶段性换手率过低的类型，至少意味着股价可能已经接近反弹的节点。

实战中，需要注意类似图 2-20 中 B 点的缩量。如果之后股价反弹，换手率却不能持续放大，则股价上涨可能仅是短线反弹，后市继续震荡下跌的概率非常大。

如图 2-21 所示，A 点出现换手率过低情况后，股价出现反弹，但量能不能持续放大，于是股价重返下跌。B 点再次反弹，换手率仍旧难以持续放大，此时反弹的短期属性也就很明显了。

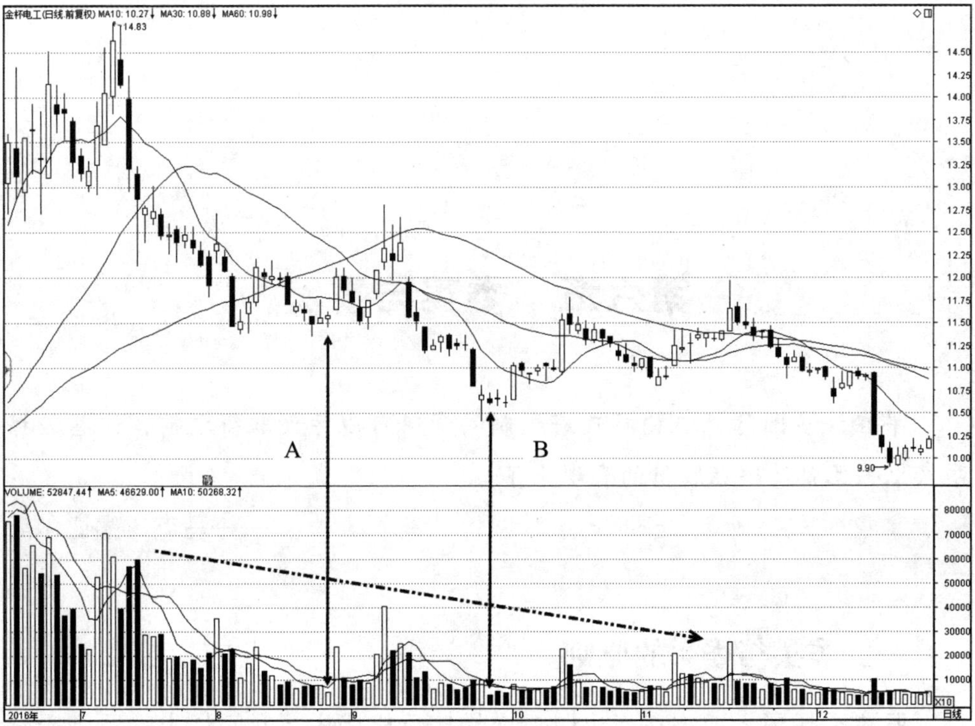
金杯电工(日线 前复权) MA10: 10.27 MA30: 10.88 MA60: 10.98
14.83
A
B
9.90
VOLUME: 52847.44 MA5: 46629.00 MA10: 50268.32
2016年
7
8
9
10
11
12
日线

图 2-21

第六章　委买与委卖

早在许多国际性机构或政府编制的资料可以方便取得之前，这些数据事实上早已都反映在股价的表现中了。

——马克·墨比尔斯

一、委买与委卖的原则

股票委托买入或委托卖出时，交易按价格优先、时间优先的原则撮合成交。

1. 时间优先原则

买卖方向相同，价格相同的委托，先申报者优先于后申报者。交易顺序按交易主机接受到的申报时间确定。

2. 价格优先原则

较高价格的买入申报，优先于较低价格买入申报成交。较低价格的卖出申报，优先于较高价格卖出申报成交。

在这两个优先原则中，价格优先于时间。也就是说，交易者如果想尽快成交的话，在买入报价上至少要高于卖一，在卖出报价上至少要低于买一。

如图 2–22 所示，交易者如果想尽快买入的话，报价时应高于 15.35 元的卖一价格。想尽快卖出时，报价时应低于 15.34 元的买一价格。

000831 五矿稀土		
委比	46.22% 委差	4789
卖五	15.39	122
卖四	15.38	93
卖三	15.37	217
卖二	15.36	449
卖一	15.35	1905
买一	15.34	5595
买二	15.33	248
买三	15.32	358
买四	15.31	581
买五	15.30	793

图 2–22

应用价格优先原则时，交易者应注意委托的价格不能超过当日涨跌停板的价格，否则即为废单。

在时间优先原则上，现在大部分券商都有隔夜委托，即券商交易系统当日清算后，即可接收次日的交易委托。

次日 9:15，券商报盘系统将隔夜委托和当日开市前的委托按时间顺序发送到交易所的交易系统进行集中竞价。9:25 产生当天的开盘价。如委托已经成交，系统会将成交数据发回相应的券商。

9:30 以后进入连续竞价交易，委托由券商报盘系统按顺序发往交易所的交易主机，交易所交易系统按照价格优先、时间优先的原则进行撮合成交，并将成交结果实时发回券商的交易系统。

券商交易系统只是冻结交易者委托的资金或股份，晚上清算时才能完成资金或股份的实际增加或扣除。

从以上表述可以得知，应用时间优先原则时，要在券商每晚结算完后下单，这样操作可能在成交排序中较靠前。每家券商每天结算的完成时间并不确定，这就需要交易者向相关券商咨询。

通常来说，价格优先、时间优先原则在常规交易中并不是非常重要。但在特别时期，例如发生股灾时，需要抢先在股价跌停前出货，或抢买开板新股，时间优先原则的重要作用就会凸显出来。

在特别时期，交易者可以事先咨询券商当日的清算时间，即使得不到确定的回答，实战中还可以尝试性地提前下单。即选择 1 分钟下一单，直到券商结算完后下单成功为止，争取在券商内部排名靠前。

券商还有一种特别服务，即独立交易单元，也被称为“VIP 通道”。这是券商向交易所申请后提供给客户的一种服务，目的是让客户拥有专属的交易通道，不用与大多数交易客户挤着排队成交，从而拥有更快的交易速度。不过，这种“VIP 通道”需要交易者具备一定的资金实力，并能及时缴纳相关使用费用。

二、委比与委差

在行情软件数据栏（行情信息区）股票简称的下方，有委比和委差这一对指标（很多软件可以选择设置是否显示委比和委差指标）。

委比是衡量某一时段买卖盘相对强度的指标。其计算公式为：

委比=（委买手数−委卖手数）/（委买手数+委卖手数）×100%

当委比值为正值并且委比值较大时，说明目前买盘强劲。当委比值为负值并且负值较大时，说明目前抛盘汹涌。如果委比值从 −100% 向 +100% 变化，说明买盘正在逐步增强，卖盘正在逐步减弱。反之，如果委比值从 +100% 向 −100% 变化，则说明买盘逐步减弱，卖盘逐步增强。

委比指标的变化，代表了多空双方的此消彼长，从这一指标能看出目前股价的多空倾向。委比指标不是静止的，而是随时发生变化的，所以应动态观察和分析委比指标。

委差即委买委卖的差值。委差为正，说明价格可能上升。反之，说明价格下降的可能性较大。在参考个股委差值的同时，需要结合其他技术指标辅助判断，单一指标容易被主力骗线蛊惑。

图 2-23 中，该股的委比和委差值皆为正值，但该股却下跌了 4%，股价表现和指标似乎相悖。出现这种现象的原因在于：第一，委比和委差是动态指标，其数值是即时变化的，仅反映最新的多空委买委卖情况；第二，虽然股价下跌 4%，但目前价位愿意挂单买入的人明显多于愿意

卖出的。

委比和委差指标，仅是一个反映即时价位上多空强度的指标，并不能起到趋向或趋势分析的作用。这个指标不可单独作为交易的依据，只能为其他技术分析提供一个盘口数据参考。

300531 优博讯			
委比	85.04%	委差	2490
卖五	16.72		23
卖四	16.71		1
卖三	16.70		74
卖二	16.69		9
卖一	16.68		112
买一	16.67		1884
买二	16.66		31
买三	16.65		152
买四	16.64		112
买五	16.63		530
现价	16.67	今开	17.32
涨跌	-0.77	最高	17.66
涨幅	-4.42%	最低	16.40
总量	50848	量比	1.27
外盘	23756	内盘	27091

图 2-23

三、买卖盘挂单的看点

买卖盘挂单，是主导资金运作股价的重要方式之一。

通过交易软件可以看到盘口买卖盘，大多是买单 5 档，卖单 5 档。一些软件还提供 10 档买卖盘挂单信息。

无论是 5 档还是 10 档买卖盘挂单，其实分析起来效果并无太大区别。太多档的挂单信息，有时反而会给交易者带来干扰。实战中，前 3 档买卖盘挂单信息大多数时候是观测的焦点。

1. 上空与下空

买卖盘挂单，是观测主导资金意图的重要窗口。K 线图上，有时很难判断是否有主力运作，或主力运作处于何种阶段。但在挂单上，却能够轻易发现主力的踪迹。

如图2-24所示，该股卖盘5档挂单都是十位数(即几千股，1手=100股)，而下方的买盘挂单却都是百位数，买盘和卖盘挂单数差距可以说非常之大。

这种挂单称为上空，即上方的卖盘挂单明显小于下方的买盘挂单，且买卖盘挂单都非常整齐。

600242 中昌数据		
卖五	17.79	31
卖四	17.78	24
卖三	17.77	25
卖二	17.76	17
卖一	17.75	83
买一	17.74	134
买二	17.73	116
买三	17.72	115
买四	17.71	105
买五	17.70	119

图2-24

上空给交易者的第一感觉是——卖盘很小，买盘很大，似乎股价很快就会向上发起冲击。但在实战中，出现上空时，却很少出现向上扫空卖盘挂单的情况（很少并不代表绝对没有），而最常见的是股价在卖一和买一之间来回波动。

即使卖一的挂单被打掉，也会很快有新的挂单出现。而买一的挂单也会不断地消耗。想象中股价可能会快速上冲，但这种情况却迟迟未出现。

上空形态不会总是持续不变的，反而是变化的方式非常多。比如，突如其来的大卖单直接将下方买一的挂单打掉，甚至直接将买一、买二、买三等位置的挂单全部打掉。这种情况下，挂单的形势会出现很大的变化，极大可能是上空形态就此消失，卖盘上开始出现较大的挂单。

主导资金通过上空形态想要达到何种目的，需要结合个股不同的技术环境进行分析。

例如，某主导资金旨在阶段性减掉部分仓位，于是撤掉卖盘挂单形成上空，再用大买单扫掉两三个价位的散户卖单，造成股价大单成交、迅速上涨的假象，用以吸引市场跟风资金。当市场资金闻风而动，追高进仓后，却发现股价开始裹足不前，大买单不再继续扫货，随后股价又跌至之前起涨的位置。

如图 2–25 中 A 点所示，股价瞬间大幅上涨 4% 左右，量能也随之大增。但很快股价就从高点逐波回落，回落的低点几乎就在起涨点不远的价位上。

一切似乎都没改变，股价还在延续全天震荡的格局。此时，只有追高瞬间被套 4% 的人，才会产生欲哭无泪的感受。

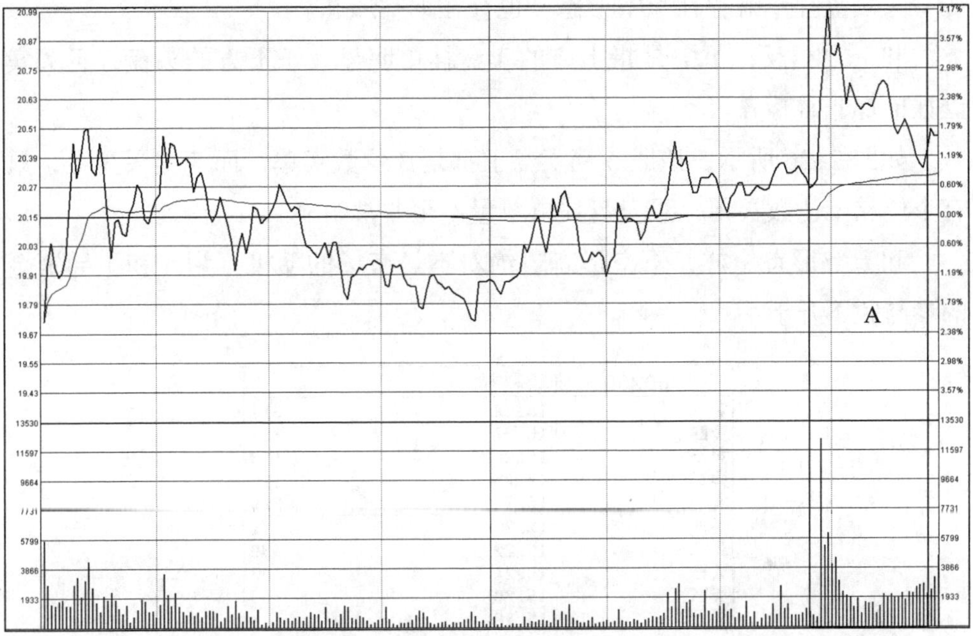

图 2–25

上空形态下，如果走出图 2–25 中 A 点的走势，那么主导资金至少阶段性减仓的意图就已经很明显了。当然，上空形态也并非都是主导资金的减仓手法，某些情况下，也会成为主导资金测试上方抛压、引诱大卖单打压的手段，以便为之后的拉升扫清障碍。

例如，在上空形态下，下方的买一或买二突然被大卖单打掉。虽然买一或买二的挂单很快又被挂上，但立即又被打掉，或挂单明显少于以前。也就是说，上空的形态遭到了破坏，已经不复存在。这时候，一些持有大单的市场资金就会失去耐心，开始行动。主导资金通过类似对倒的手段，完全可以将这些不稳定的大单清洗出来。

上空形态多数情况下都是一种等待形态。大家可以反问一下，买盘那么多大买单，卖盘挂单却寥寥无几，主力为什么宁愿挂在下面等待，也不主动去成交？原因也许有很多，但答案可能只有一个——主力并不急于拉升股价，至少现在不想投入资金增加仓位。

买卖盘挂单既存在上空形态，也存在下空形态。

和上空相反，下空是指上方的卖盘挂单明显大于下方的买盘，且买卖盘挂单都非常整齐。

如图 2-26 所示，该股 5 档卖盘上都是 3 位数卖单，而 5 档买盘上，只有个位和十位数买单，买卖盘挂单数量差距非常明显。

和上空形态一样，下空形态也绝对不是市场的随机行为，和主导资金的参与脱不开干系。

002609 捷顺科技		
卖五	15.28	317
卖四	15.27	132
卖三	15.26	128
卖二	15.25	118
卖一	15.24	219
买一	15.23	1
买二	15.22	39
买三	15.21	43
买四	15.20	53
买五	15.18	9

图 2-26

这种挂单既然不是市场的随机行为，那么主力这样挂单意欲何为呢？

下空给交易者的第一感觉是——买盘很小，卖盘很大，股价很可能承受不住上方的压力。主力采用这种挂单方式，就是要让市场产生类似的想法。

这种想法有时候并没有什么不对，但如果出现下空形态并没有大单抛出来打破这种形态的话，这种情况说明什么？说明市场并没有太多的大抛单，或者即使有，也不愿意这时抛出。

实战中，分时图一波上涨走势后出现下空挂单形态，股价多半会进入横向盘整。主导资金加挂卖盘的目的，一般来说有以下几种可能。

其一，测试或引诱大抛盘出现。

其二，逼迫或恐吓其他筹码低价减仓。

其三，诱使资金进场接盘。

前两种情况技术意义很接近，技术环境上，主导资金运作的个股处于做多趋向中，主导资金这样做的目的就是清洗浮筹，减少后期拉升阻力。主导资金完成相关操作后，股价会出现一定幅度的拉升。

第三种情况相对特殊，首先技术环境上，主导资金有减掉仓位的打算，而外部市场环境相对平稳或狂热，市场资金有追逐走势良好个股的倾向或习惯。在这种情况下，主导资金营造下空形态，会吸引短线实力资金的关注。如果这些资金认可个股各方面的条件，则会展开对个股的攻击，主导资金正好借此减仓。

下空出现在分时图中一波急速拉升时，也可以给市场资金以“主力资金全力拉升”的错觉，很可能吸引到资金追高。

就某一日某一时间段的下空形态来说，新资金进场攻击，会使下空形态就此消失，虽然当日股价并不见得就会上涨很多，但是成交量却会放得很大。接下来的一段时间里，个股走势会偏向于大幅震荡。

没有实战经验的交易者，看到卖盘挂着大单，便以为主力要出货。见到买盘上出现大买单，便以为主力在买入。这样导致的盘面效果不是恐慌性抛售就是冲动性买入，但实际结果往往与散户的预期相差甚大。

上空或下空的挂单形态，可以确认有主导资金参与。市场资金不可能做出如此有组织、如此整齐的挂单形态。这就是上空和下空两种形态告诉交易者的唯一确定性信息。

2. 跳价挂单

有时候观察买卖盘挂单时，会发现卖盘或买盘挂单在价位上并不是连续的，中间会出现一些断档，这种挂单称为跳价挂单。

如图 2–27 所示，上方卖盘的卖三和卖四即 29.63 元和 29.65 元，缺少了 29.64 元的价位。下方的买盘挂单在买三和买四即 29.58 元和 29.55 元，缺少了 29.56 元、29.57 元两个价位。其实买盘挂单上，买五和买四之间还缺少了 29.54 元的价位。

300327 中颖电子		
卖五	29.66	13
卖四	29.65	30
卖三	29.63	20
卖二	29.62	17
卖一	29.61	5
买一	29.60	89
买二	29.59	153
买三	29.58	6
买四	29.55	6
买五	29.53	15

图 2-27

在平时的交易中，大家不会太在意这些价位上的断档，而且在热门的交易品种上，也很难出现这种断档。

跳价挂单比较常见于交易相对冷清的个股或者主力高度控盘的个股上。

所谓高度控盘，是指主力控制相对较大数量的流通筹码，对于个股走势具有高度掌控能力。

交易相对冷清的个股，在挂单价位上出现断档比较好理解。高度控盘个股有主力关照，为何也会出现断档？

当一只个股的流通筹码大部分被主力锁定后，除非主力主动作为，否则盘面上就会呈现相对冷清的局面，这一点和无主导资金操作的冷门股很相似。

高控盘个股不会一直处于主力策动下的火热拉升中，也会有回落调整期。这些个股处于调整期或启动初期阶段时，买卖盘上有时就会出现跳价挂单。

有时候，操盘手不可能在运作一只股票时面面俱到，滴水不漏，也会有跳价挂单的情况出现。当然，也有某些跳价挂单可能是主力故意让散户看到的。

总之，在分析一只股票时，从技术环境的趋势分析中，可以轻松辨别个股是冷门股还是主力高控盘股票。

当一只高控盘个股在挂单上出现跳价现象时，可能会出现以下几种走势。

其一，股价之前上涨，卖盘出现跳价挂单后，股价却止步不前，成交量仍在放大，这时候要留意主力是否在减仓。这种情况下，主力可以以主动成交的方式直接出货。

其二，股价之前下跌，卖盘出现跳价挂单后，股价渐渐止跌，之后回升的概率较大。

其三，股价之前上涨，买盘出现跳价挂单后，股价开始转弱回跌，随后则可能进入调整走势。

其四，股价之前下跌，买盘出现跳价挂单后，股价急跌然后迅速回升，则结束调整的概率较大。

以上只是列举几种典型的可能走势，并不完备也难以完备，因为实战变化是无穷的。

3. 异常撤单

买卖盘挂单分析，不仅分析买卖单的情况，也包括分析撤单的情况。

撤单是指在某个价位上挂出买单或卖单，在成交前主动取消买卖指令。

常常看到在卖一或买一上出现大单，但这些大单不会纹丝不动地挂在那里，除去成交的部分外，这些大单时常被主动撤掉，然后再度挂上，或者在几个临近价位上来回变动，但总的手数相差不大。这种现象大多是主导资金行为，而非市场随机行为。

根据价格优先、时间优先的原则，买一或卖一的挂单将根据报价的时间先后顺序成交。如果主导资金把自己排在前面的单子撤掉，那么先成交的毫无疑问是市场单子，主力这样做的目的是什么呢？

如果主导资金反复撤掉的是买一、买二的大单，说明主力并不想真正买入，挂大买单的目的是为了吸引更多的买盘挂单或主动性买入。这时不管主力是不是想大规模减仓，至少知道主力已经不想增加仓位了。缺少主力主动性买入，意味着股价不会继续大幅上涨，交易者即使不卖出，也不宜再增大仓位。

如果主导资金反复撤的是卖一、卖二的大单，说明主力并不想真正卖出，挂大卖单的目的是为了威逼失去信心的持仓者尽快离场。

在实战交易中，撤单的情况比比皆是。交易者需要注意的是，通过分析主力撤单情况和原因来判断主力运作股价所处的阶段。知己知彼，才能做到有的放矢。

处于建仓吸筹阶段的主力资金，想在底部尽量多地吸纳筹码，就必须在盘面上营造恐怖气氛，用来吓退想买入或持仓的投资者。

在股价已经跌无可跌的情况下，卖盘上仍旧经常挂出大量的卖单，似乎有很多筹码在排队等待出货，可以说明主力资金正在吸筹。如图 2-28 所示，卖盘每一档挂单都在几万股，而买盘挂单明显要小得多。

卖五	17.20	419
卖四	17.19	125
卖三	17.18	197
卖二	17.17	138
卖一	17.16	323
买一	17.15	83
买二	17.13	31
买三	17.12	6
买四	17.11	52
买五	17.10	109

图 2-28

类似图 2-28 中这些大卖单，会给盯盘的短线交易者带来巨大的压迫感。一旦股价有个风吹草动，很多人就会不计代价地抛出手中的筹码。

仔细观察卖盘上挂出的大卖单，就会发现这些大卖单时常会全部或部分主动撤掉，主力这样做的目的是想让那些排在后面的市场散单成交，同时也可以防止其他大机构趁机打劫。

处于清仓出货阶段的主力资金，想要在高位成功出货，必须在盘面上烘托出一切都好的氛围，来诱导市场资金追高买入。通常在股价涨幅巨大的情况下，买盘上依然会挂出大量买单，似乎大批资金正准备蜂拥入场。

买盘上的那些大买单也在时刻变动，主导资金撤掉一部分挂单，让市场买单先成交，然后再度挂上买单，等市场买单跟风进入，之后再度撤单。同时，为防止市场上大抛单趁机卖出，主力也会适时撤掉一些大买单。

例如，某主力当天有一个阶段性的减仓计划，盘中交易时间，主力在买一上挂单2000手，这时市场买单挂出500手，买一上挂单这时是2500手。主力随后撤掉2000手买单，随之再挂出2000手买单，买一还是保持2500手买单，买单数量并无变化，但市场挂出的500手买单已经排在前面，必然先于主导资金的买单成交。

频繁运用类似挂单再撤单的手法，主力可以轻松减掉需要减持的仓位，并且通过买盘不断有大买单出现的假象来稳定市场情绪，避免引发恐慌盘大批出逃。

这里所举的例子只是异常挂单中的一个简单情形，通过这个例子，旨在使交易者举一反三，在实战中学会读懂和分析盘口。

四、什么是隐性买卖盘

在实战中，如果交易者发现分时成交明细中出现一些成交大单，而买一或卖一上的挂单却没有明显的变化，那么说明可能存在隐性买卖盘。

隐性买卖盘通常是指一些不想被市场注意到、依照价格优先原则成交的主导资金成交数据。

在行情火爆的时候，有很多散户资金主动追买，其买入价往往高挂数个价位，大多立即就会成交，所以不会显示在买盘挂单的行列。同样，在行情暴跌时，也会出现类似的情景，这类市场资金主动追高或杀跌的挂单交易，并不属于这里所说的隐性买卖盘范畴。

隐性买卖盘，是指未出现在盘口几档的买卖挂单中，而是仅仅在分时成交明细中可以看到的主力成交数据。隐性买卖盘的实质是主力不想让市场觉察自己的交易行为。

隐性买卖盘形式多变，那些并不是集中出现的隐性买卖盘，或者主导资金化整为零的隐性买卖盘，实战中较难辨别。经常盯盘和有经验的交易者，能从价格微弱的、违反常规的变化中感觉出来。

例如图 2–29 中，某股当天高开低走，午盘跌破昨日收盘线，一切迹象都显示股价即将向下突破。但最后的半小时该股并未下跌，而是在昨日收盘线上下盘整。

图 2–29

从该股最后半小时的走势中，有经验的交易者能够感觉到股价受到一股潜在力量的支撑，但盘口挂单并没有明显的变化。当日的分时成交明细中，这个时间段也没有大单出现。出现这种情况，原因在于主导资金并不愿意过早暴露自己的意图，而以小单即隐性买卖盘的形式悄悄地维护股价。

图 2–30 为该股次日的走势。类似案例中提及的这种形式的隐形买卖盘，相对来说具有较大的分析难度，交易者需要具有丰富的看盘经验，才可能发现主力的异动。

还有一种隐性买卖盘较为常见，也是较容易发现的形式，即突发性密集大单。

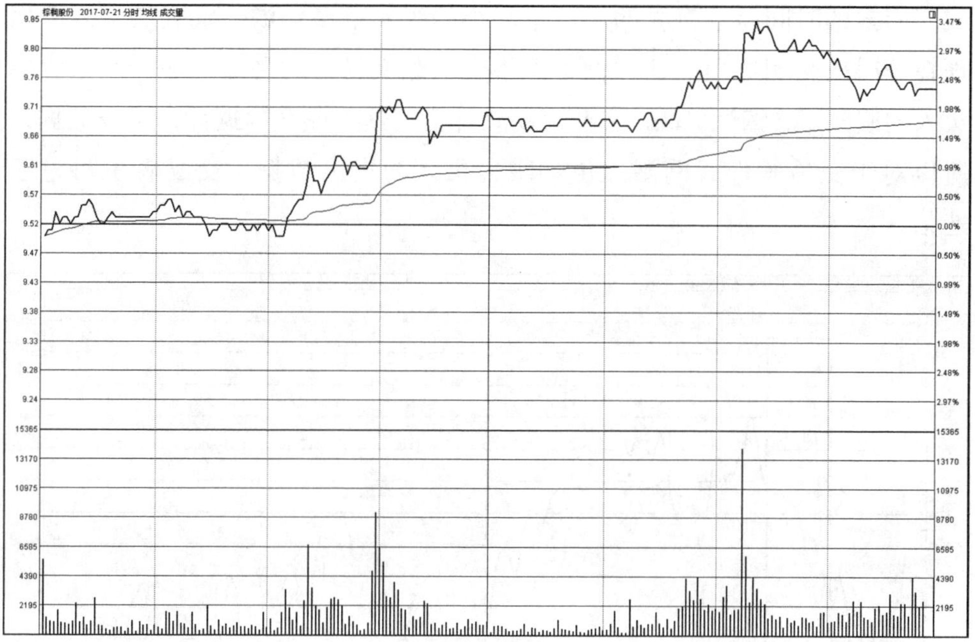

图 2-30

主导资金出于运作股价的需要，往往会利用突发性大单造成股价飙涨或急速下跌的走势，诱惑或恐吓交易者跟风，以便趁机达到减仓或震仓等目的。这种隐性买卖盘不会在买卖盘挂单中出现，而是以主动成交的方式攻击股价。

如图 2-31 所示，该股早盘低开后，股价受到突发性大单攻击，瞬间大幅上升。这种突发性大单最吸人眼球，更为短线追高者青睐，不过突发性大单往往不能持续。

实战中，一旦股价失去大量买单的支撑后便会逐波回落，这种走势也极有可能只是主力资金的一次诱多行为。

在盘口中甄别出隐性买卖盘，对于交易者的操作有极其重要的参考作用。比如，某主力想通过对倒来拉高股价、制造量价配合良好的假象，有时就会采用隐性买卖盘的方式控盘。

主力拉高股价后出货时，为避免引起市场交易者的恐慌，可能会利用成交回报的时间差，将大的卖出单和小的买入单撮合成一笔大的买入单出现在分时成交明细里。这样做不但不会引起交易者的恐慌，还会制造大单买入的假象，欺骗性极高。一些交易软件会将这些成交数据计入买方数据，所以对于交易软件或网站提供的主力买入与卖出数据，交易者不可过于迷信。

图 2-31

甄别隐性买卖盘最简单的方法就是，当分时成交明细里出现连续性的成交大单时，观察股价变化的方向是否具有持续性。如果连续出现大买单，股价却原地踏步或开始下跌，就应该明白这是主导资金在利用隐性买卖盘借机减仓。

如图 2-32 所示，该股午后开盘略微震荡后，股价出现大幅拉升，至 A 点尾盘时再次冲高，成交大单极为密集，但股价却未能稳定在高点，而是向下回落。A点的成交大单，很明显是主导资金阶段性减仓所致。该股当日形成的这个高点，也成为后期短期反弹的阻力位。

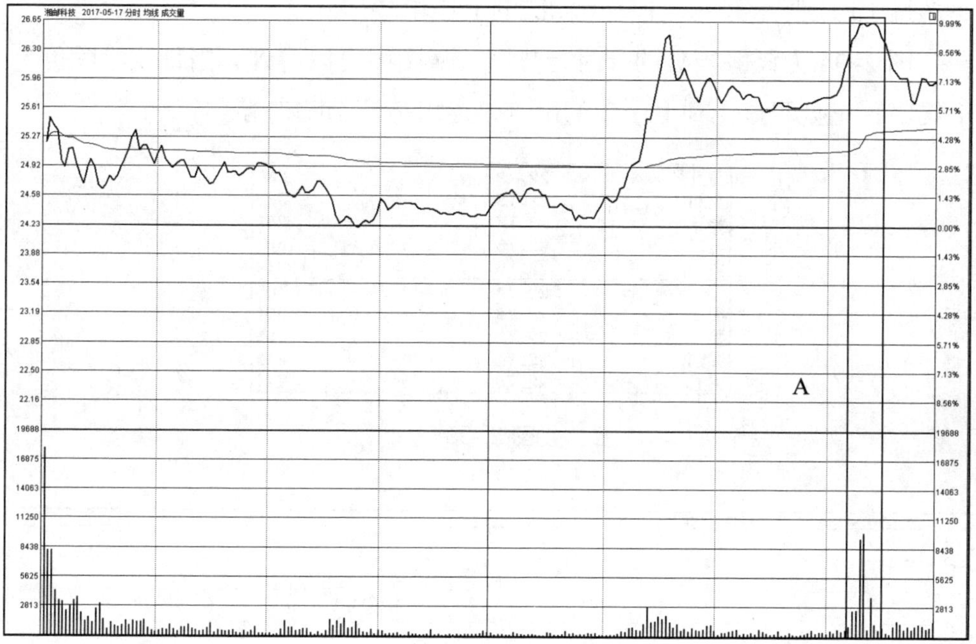

图2–32

五、什么是上压单、下托单

卖盘上明显较大的挂单称为上压单，买盘上明显较大的挂单称下托单。

出现上压单或下托单，大多是主导资金的行为，市场随机出现的可能性较小。上压单或下托单包含了主导资金当下的运作意图，读懂其挂单玄机，有利于更好地把握价格的波动。

1. 上压单

上压单出现在不同的股价运行阶段，分别具有不同的含义，这也是技术环境分析的内涵所在。

个股卖盘上出现上压单，则会迟滞股价上涨的速度。如果股价想继续上涨，就必须放量吃掉上方的大卖单，或者这笔大卖单被主动撤掉。如果上压单没有被撤掉或者没被迅速打掉，股价大多会出现回落调整。

如图 2–33 所示，卖一上挂着近 200 万股大卖单，而买盘每一档挂单都不超过 10 万股，卖一就是一个标准的上压单。

图 2–34 为该股当日的分时走势图。从图中可以看到，当日该股股价上下震荡，尾盘明显受到上压单的影响，走出一波杀跌走势。

卖五	22.79	280
卖四	22.78	380
卖三	22.77	241
卖二	22.76	1608
卖一	22.75	19974
买一	22.74	105
买二	22.73	591
买三	22.72	55
买四	22.71	213
买五	22.70	741

图 2–33

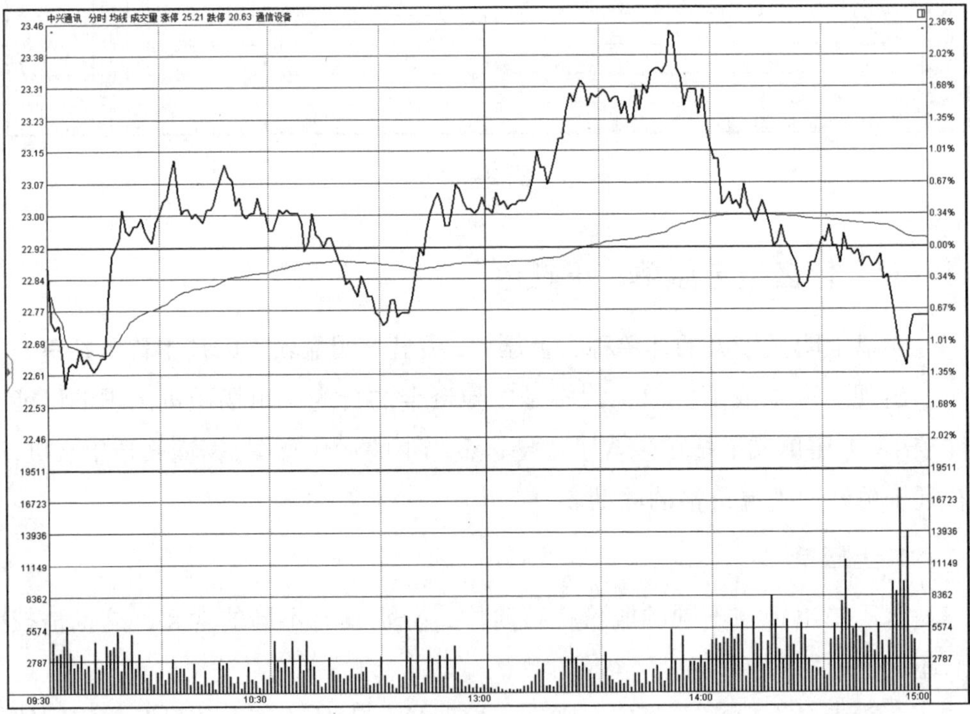

图 2–34

个股股价长期处于低位时，出现上压单大多源于主力压盘吸筹的需要。个股股价处于高位时，则主力阶段性减仓的可能性较大。

个股处于盘整阶段时，情况较为复杂，需要具体情况具体分析，某些个股主力可能意在减仓，有些则可能是正常的震荡洗盘。

出现过大的上压单（如图 2-33 所示）或者下托单，可以肯定有主导资金参与，对此不必心有疑虑，交易者需要做的是分析和判断主力挂单的意图。

如图 2-33 中，数量过大的上压单，势必给市场带来抛压极大的感觉，这种感觉明显不利于主导资金出货。在这种情况下，即使主力的最终目的确实是出货，这里也不会是股价“一泻千里”的下跌启动点。

也许有人会说：“会不会是其他持仓者恐慌性挂单或出于其他目的集中挂单？”

实际上，这种可能性可以小到忽略不计。

有过实战经验的交易者都知道，恐慌性的抛盘几乎都是采用主动成交的形式抛售。从图 2-33 中的上压单数量来看，如果是恐慌性抛盘的话，那么该股股价至少会出现瞬间重挫，但在图 2-34 所示的分时走势中，并未出现这种情况。这种有节制的、具有恐吓性的挂单，只能是主导资金为达到某种目的使用的一种手法。

并不是具有这种形态和含义的挂单，就必然意味着主导资金并不想谋划出货，这一点必须明确！主力再三使出某种恐吓性手段之后，市场会认为主力不过是在震荡洗盘，这时反而就到了主导资金真正出货或阶段性减仓的时候了。

2. 下托单

当价格处于刚刚启动拉升阶段时，买盘出现下托单，这往往是主力为了吸筹或保证拉升的延续性，避免大单砸盘影响拉升效果主动挂出来的。这种情况下，说明主导资金并不怕增加筹码，手里具有较为充裕的资金，后市股价涨势可待。

在大幅上升之后，股价处于高位时，买盘出现下托单，但股价表现却呆滞不涨，则要警惕可能来临的下跌。这种情况下的下托单，极有可能是主导资金为了吸引市场资金入场采取的一种骗术。

如果个股在盘整阶段出现了下托单，股价却不涨反跌，则后市继续震荡的可能性较大。这种情况下的下托单，既有主力震荡吸筹的可能性，也有主力借机减仓的可能性，具体情况要根据技术环境来分析判断。

如图 2-35 所示，该股处于震荡盘整过程中，某交易日尾盘时，买一出现明显的大单，而买盘其余各档挂单都较小，这时买一挂单就是一个标准的下托单。卖盘上，卖一、卖二挂单较小，之后各档挂单稍大。

卖五	17.75	165
卖四	17.74	123
卖三	17.73	139
卖二	17.72	99
卖一	17.71	33
买一	17.70	5062
买二	17.69	21
买三	17.68	6
买四	17.67	131
买五	17.66	41

图 2-35

案例中这种下托单，可以肯定有主导资金参与。市场资金不太可能不约而同地把买单挂在买一上，因为下方买盘的挂单不多，不急于买入的散户，完全可以将买单挂在下方等待。急于买入的散户，不会挂在买一的挂单后面等待成交，大多会采用主动成交的方式直接在卖一、卖二上交易。

想象一下，图 2-35 中，如果卖一、卖二的挂单和卖三等以上各档卖盘挂单相似，那么盘口上是不是给人以大兵压境的印象，此时市场资金可能就会保持谨慎，减少交易。

鉴于该股是尾盘出现下托单，而卖盘的卖一、卖二挂单小于卖三等以上各档挂单，分析主导资金的意图可能是让活跃和激进的市场资金尽可能在卖一、卖二上成交。

买盘各挡的挂单中，买一的挂单数量显得尤其大，这会让等待买入者失去排队等候的耐心，所以主导资金借助买一的大挂单进行异常撤单的可能性也不大。

综上所述，主导资金在买一挂大单的目的更像是为了维护尾盘收盘价，同时借机减掉部分筹码。

图 2-36 为该股当日的分时走势图，早盘收盘前，股价有过一波冲高，午盘后出现回落。至尾盘时股价又一次回升，但上涨幅度较小，涨势较弱。从成交量上可以看出，尾盘还出现过较大的成交单，这说明主力采用下托单的手法，在尾盘时减掉了一定的仓位。

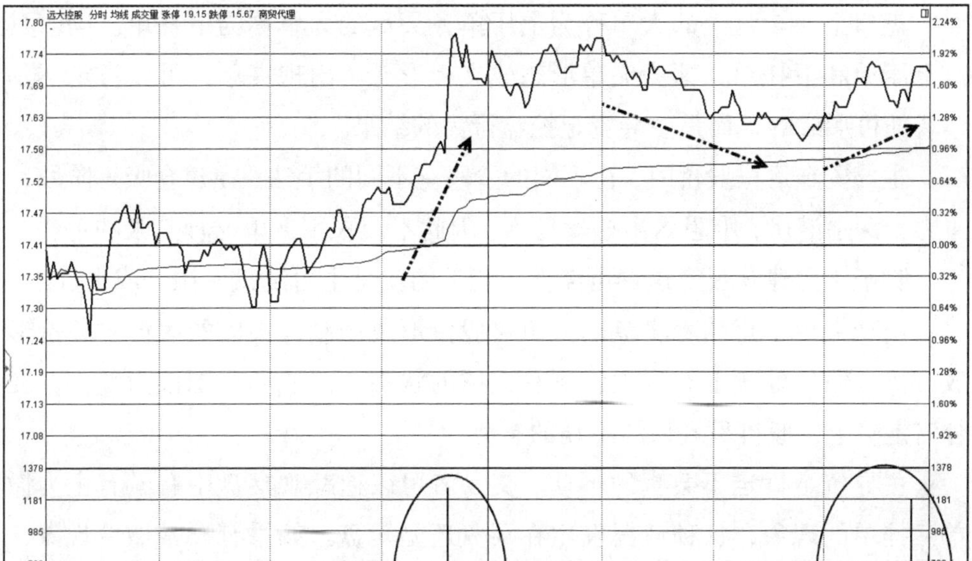

图 2-36

六、什么是夹单

夹单是指买卖盘的几档挂单上存在比较大的买单和卖单，但只有卖一或买一上挂单较小，这个较小的挂单似乎被上下的大单夹住了。如图 2-37 所示。

卖五	8.88	905
卖四	8.87	340
卖三	8.86	969
卖二	8.85	1899
卖一	8.84	1236
买一	8.83	22
买二	8.82	1148
买三	8.81	2768
买四	8.80	1954
买五	8.79	764

图 2–37

盘口上，卖盘上的大单称为上压单，买盘的大单称为下托单。同时具有上压单和下托单，即为夹单形态或夹板形态。出现夹单，可以肯定不是市场随机形成的，而是主导资金控盘行为的结果。

主导资金运作股价时，在不同的阶段有不同的手法。在建仓吸筹阶段，主力会深水潜伏，唯恐露出蛛丝马迹，因此不会采用夹单这种惹眼的手法。

除了主力建仓吸筹这种可能性，剩下的就是主力洗盘、拉升或出货。

出现夹单，意味着卖盘的大单对股价形成压制，买盘的大单对股价形成支撑。股价处于上有压力，下有支撑的状态，但波动范围极为狭小，在分时走势上，股价呈现呆滞不动的态势。

主导资金肯定不会真的不动。交易者可以追踪观察盘中有没有主力撤单又挂单的现象，这种情况发生在买盘还是卖盘。如果有异常撤单现象，依据相应的撤单方向，可以初步预估主导资金的短期意图。

如果盘中并没有发现主导资金明显的异常撤单行为，就要注意观察盘中会不会有突发性的密集大单出现。

突发性密集大单会瞬间打掉上压单或者下托单，夹单消失。出现这种现象，说明主力开始打破这种盘面上的平衡，股价选择运行方向的时候到了。

实战中还有一种挂单形式称为“夹板”，是指买一和卖一同时出现大单，形成对峙的局面。这是一种多空相持的形态，多数情况下是主导资金在布局，引诱交易者参与，以达到自己诱多或诱空的目的。

第七章　竞价与开盘

你永远不要犯同样的错误，因为还有好多其他错误你完全可以尝试。

——伯妮斯·科恩

一、开盘竞价规则

每个交易日正式进入交易时间之前，都会有一个集合竞价的过程。这个过程并不是食之无味、弃之可惜的“鸡肋”，其中也有许多玄机需要逐一了解。

集合竞价是指在规定时间内接受的买卖申报一次性集中撮合成交的竞价方式。集合竞价期间，未成交的买卖申报自动进入连续竞价。证券竞价交易按价格优先、时间优先的原则撮合成交。

竞价过程一般是这样的。

每个交易日的9:15–9:25，是集合竞价时间。如图2–38所示。

每个交易日的9:15–9:20，可以挂单也可以撤单。某些主导资金会在9:15–9:20期间虚挂大买单来抬高竞价，同时吸引市场资金的注意，然后在9:20之前突然把买单撤掉，让那些来不及撤单的市场资金在此期间被迫成交。

每个交易日的9:20–9:25，只接收申报，不能撤销申报。想撤单的话，必须在9:20之前完成，否则就只能等到9:30开盘之后了。

图 2–38

集合竞价按照“价格优先、时间优先”的原则撮合交易。如果想在集合竞价阶段成交，那么最好在接近 9:25 时，迅速申报一个比即时报价有价格优先权的价位，以确保成交。

对目标个股集合竞价期间的挂单数据，交易者需谨慎、细致地分析，从中也许能够发现主力当日的一些操作意图。

每个交易日的 9:25 之后，集合竞价结束，个股开盘情况都已显示出来。这时离 9:30 开盘还有 5 分钟的等待时间，在这短短的 5 分钟时间里，交易者应重点关注以下几点。

1. 挂单

集合竞价结束后，如果几档买卖盘挂单数量都很稀少，说明该股可能缺少资金关注，市场交易热度不高。当然，高控盘个股除外。

集合竞价结束后，如果几档买卖盘挂单数量都很多，说明该股可能受到资金的关注，市场交易热情较高。

挂卖单多，说明市场大多希望沽空该股。反之，挂买单多，说明市场资金希望买入该股。实战中，有些主导资金会通过集合竞价阶段的挂单来迷惑市场，交易开始后可能会反向操作。

2. 低开或高开

集合竞价结束后，大多数个股的当日开盘价就会显示出来。开盘价比昨日收盘价高，即为高开。开盘价比昨日收盘价低，即为低开。

高开，说明多方稍占上风。低开，说明空方暂时领先。开盘后，多空双方还会有一番较量，最终确定当日行情走势由哪一方主导。关于开盘的详细内容，下文继续讲解。

3. 第一笔成交数据

集合竞价结束后，个股会出现当天的第一笔成交数据，个别交易极度冷清的股票，可能集合竞价期间无成交。

集合竞价无成交数据的个股，说明可能是没有资金关注的冷门股或主力蛰伏的个股。如图 2–39 所示，该股开盘没有第一笔成交数据，也就看不到开盘价。只能等到 9:30 连续竞价有了第一笔成交，才会出现开盘价。

卖五	8.12	20	
卖四	8.11	4	
卖三	8.06	20	
卖二	8.05	22	
卖一	8.00	163	
买一	7.93	30	
买二	7.91	57	
买三	7.90	171	
买四	7.88	63	
买五	7.87	30	
现价		今开	
涨跌	0.00	最高	
涨幅	0.00%	最低	
昨收	7.95	均价	7.95
总量	0	量比	0.00
外盘	0	内盘	0

图 2–39

第一笔成交数据较大的股票，说明资金关注度较高，很可能成为当天交易的热门股票。不过进入连续竞价交易时段后，多数会出现异动情况。第一笔成交数据较小的股票，说明市场资金不关注，或主力未主动参与。

分析第一笔成交数据，有利于对准备买入和已经持有的股票做出前瞻性判断，然后再结合其他的预测性指标，大致可以对目标股票做出买入、卖出、等待等不同的决策。

二、事件驱动型开盘

前面讲过，集合竞价结束（9:25）之后，大多数个股的当日开盘价就会显示出来。

开盘的方式无外乎高开、低开或者平开，但同样是高开或者低开的个股，在之后的交易中会表现迥异。原因在于，集合竞价中促成开盘价的资金及其目的并不完全相同，进入连续竞价交易时间后，个股股价的运行轨迹也必然会发生较大的差异。

从这个角度来分析，开盘可以分为事件驱动型、主力驱动型、市场随机型 3 种。下面先讲事件驱动型开盘。

事件驱动型开盘，是指由于受到利好、利空消息或者政策的影响，市场资金在集合竞价阶段就积极竞买或竞卖，使得股价高于或低于前一交易日收盘价开盘。

1. 高开

个股受到利好消息或政策影响开盘高开，这种类型的高开有两个分析点，一是利好的性质是不是实质性的，或是否符合市场炒作的热点。二是在个股的技术环境上，股价所处的阶段是否适合顺势拉升。

上述分析点对于高开之后的个股股价走势具有极大的影响。

（1）高开高走

利好消息或政策对于个股有重大、实质性的影响。比如，某上市公司发布公告，旗下主要产品销售价格提升、产量大幅提高。有些利好消息虽然不是实质性的，但符合当前市场炒作热点，也会受到资金的追捧。

如图 2-40 所示，该股当日发布业绩预增公告，开盘高开超过 4%，之后又逐波上升，直至封住涨停板。

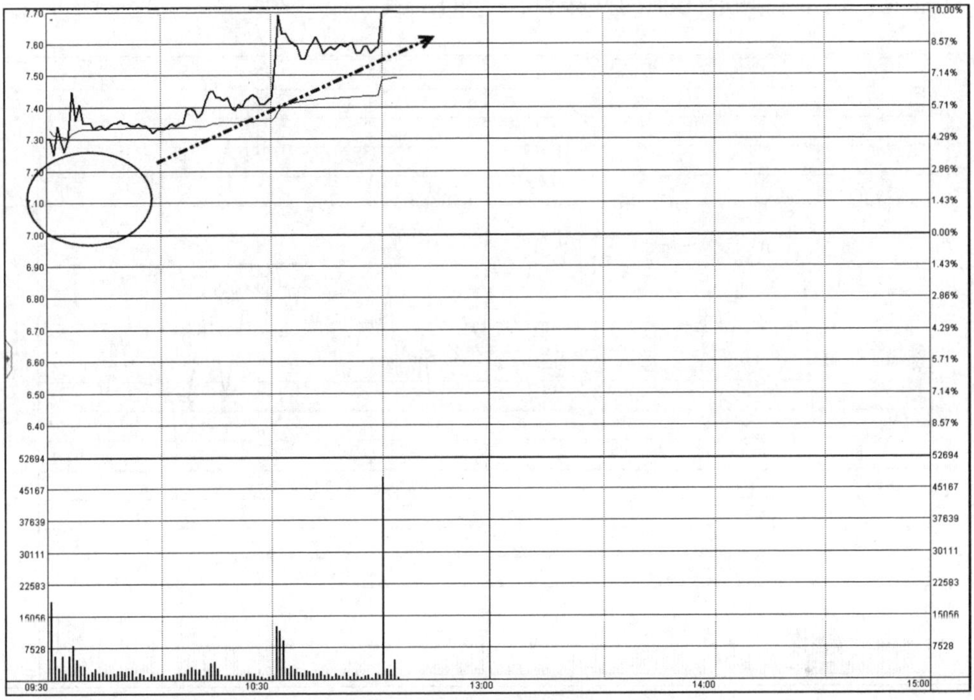

图 2-40

上述提及的一些利好因素，都可能使高开的个股出现高开高走的走势。但最终能够决定股价走势的，无疑是主导资金的态度。

从技术环境角度来看，个股处于不同的阶段，主导资金运作股价时会采取不同的操作策略。利好消息或政策的出现，与主力的控盘思路或股价所处阶段并不相悖时，股价上涨就会顺风顺水，否则的话，高开低走或震荡几乎不可避免。

（2）高开低走

实战中交易者会发现，有时某股发布了实质性利好，但并未给股价带来相应的涨幅，反而出现了下跌。这种情况是因为股价并不处于顺势拉升的阶段。

如图 2–41 所示，该股当日公告称，上调主营产品销售价格，但当日股价高开后便一路走低。此后的交易日，该股又继续下跌了较大的幅度。也就是说，这个利好成为主力阶段性减仓的工具。

图 2–41

当主力刚完成一波拉升，已经进入降低仓位、提高市场资金介入成本的阶段时，突然遇到政策性或其他意料之外的利好消息，这时主力可能会借这个利好加快减仓，完成自己降低仓位的目标，同时提高介入者的持仓成本。当股价跌落到一定程度之后，再从低位慢慢接回筹码。

例如，某些个股主导资金建仓还不充分，或未完成相关的震荡，并不想股价过早起涨来打乱操盘计划，那么当股价遇利好向上涨升时，主导资金就会反向打压，这就是有些个股逢利好不涨反跌的原因之一。

（3）高开震荡

事件驱动型开盘高开之后的走势，还包括股价高开后震荡的走势。

如图 2–42 所示，该股当天公告称收入增长，但股价高开后不久便出现迅速回落，一度跌至昨日收盘线下方，之后才再度拉起。大部分交易时间里，股价都在当天的高位震荡，尾盘又一次出现回落。虽然该股最终收盘仍旧微涨，但全天大幅震荡的格局也会令交易者备感煎熬。

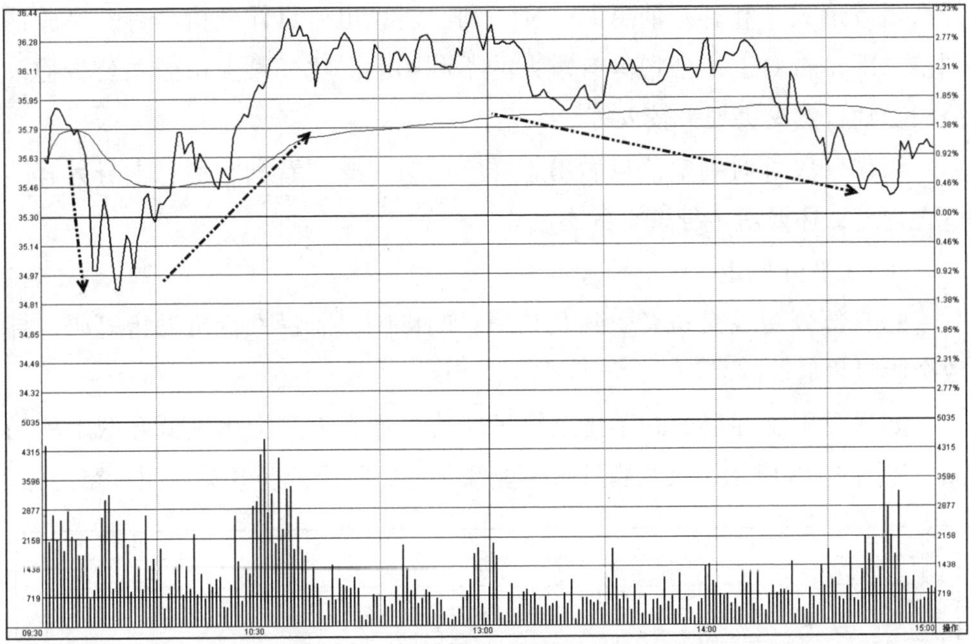

图 2–42

股价高开后震荡，也是一种常见的走势。在不同的技术环境中，主导资金出于洗盘或减仓等目的，往往会让股价高开后维持震荡的走势。分析盘口股价走势的含义，关键在于分析技术环境。清楚了个股所处的阶段，主导资金的意图也就相对容易辨别了。

以上谈到的股价高开后不同的走势，主要看开盘后的交易过程中资金是否能够持续流入并推动股价稳定上升。一旦做多资金后继无力，或有主导资金减仓动作或故意打压股价，往往会形成高开低走或震荡的走势。

2. 低开

事件驱动型开盘既有高开也有低开，突发性利空消息或事件，往往会带来次日股价低开。

低开后走势也具有不同的形式，既有低开低走，也有低开后震荡和低开高走等形式。和利好消息的一样，利空消息也可具体分析是否是实质性利空，即是否对上市公司具有重大的不利影响。比如某上市公司公告称，公司受到自然灾害损失较大等。

当然，股价对利空消息做出怎样的反应，既要看利空消息本身具有的危害程度，还要看主导资金的态度。

（1）低开低走

总有部分短线交易者受到利空消息的影响，恐慌性低价抛售筹码，导致个股股价低开。

如果盘中主导资金并不主动维护股价，那么大多会出现低开低走的局面。如图 2–43 所示，该股当日公告业绩预亏，股价低开开盘后便一路走低。

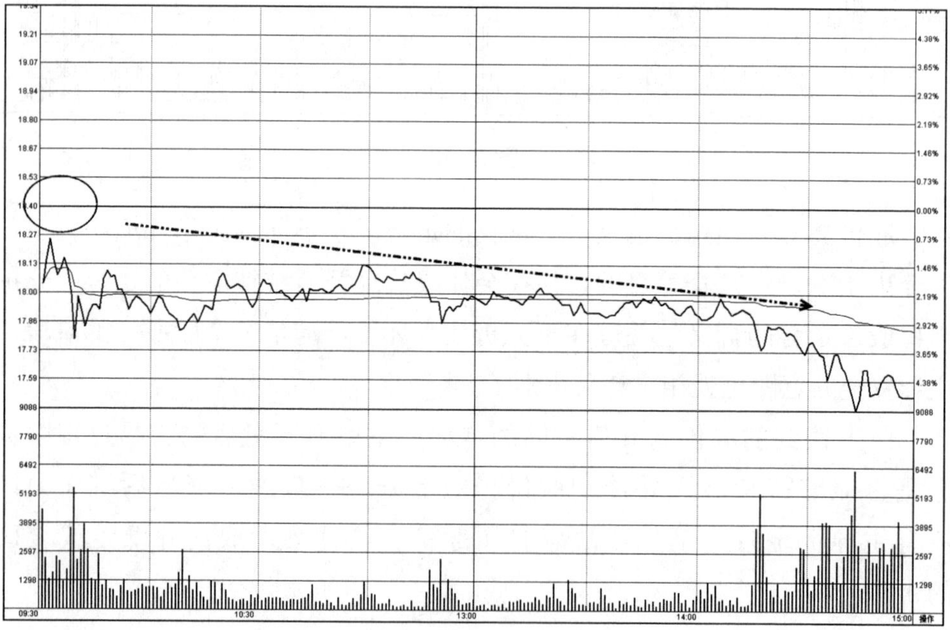

图 2–43

对于这种类型的个股，利空消息发布后，主导资金并未积极参与护盘，可能后市仍有一定的跌幅，交易者应保持谨慎，不要轻易抄底抢反弹。

（2）低开震荡

对比低开低走，低开震荡也是股价遭遇利空时的一种走势表现。只不过低开震荡不像低开低走那样，市场全天都被利空因素所困扰，甚至是放大利空消息的影响。低开震荡在技术意义上表现为市场消化了一定程度的利空，但仍未能摆脱利空因素的影响。

如图 2–44 所示，该股公告称遭受自然灾害，经济损失达数千万元。股价低开开盘后震荡走低，尾盘虽有所回升，但全天交易呈低开震荡的走势。

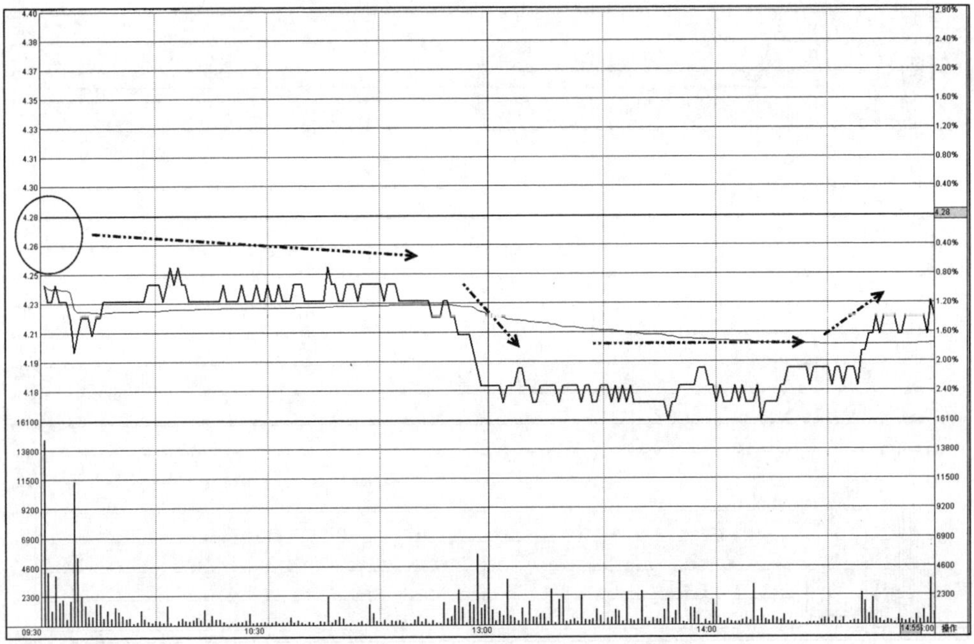

图 2–44

这种走势多出现在主力出手适度维护股价的情况中，但由于某种原因，股价未能止跌回升。或者个股经过长期大幅下跌后，本身下跌动能并不强烈。

（3）低开高走

低开高走是事件驱动型开盘中低开的最强表现形式。低开高走主要有以下几个方面的原因。

其一，主力全力维护股价。

其二，该股属于资金疯狂追逐的热门目标股。

其三，消息和事件对个股无实质性的利空影响。

如图 2–45 所示，该股当日公告称可能被实施退市风险警示，但股价低开后，瞬间便被资金疯狂拉高，随后封住了涨停板。

该股之所以有如此表现，原因在于当时市场热炒“雄安”概念，而此股又是其中的热门品种。案例中个股低开高走，就属于被资金疯狂追逐的类型。

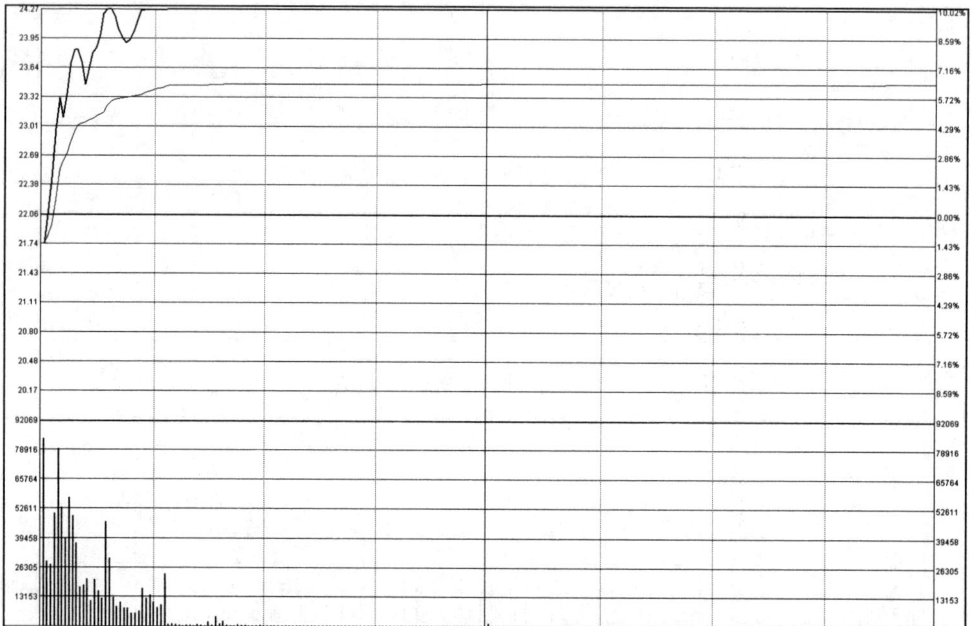

图 2–45

事件驱动型开盘，虽然表面上是由利空或利好因素主导，但不能忽略主导资金的影响力。在非常规情况下，甚至有上市公司实际控制人与主导资金内外勾结，人为操控“增持”股份、“高送转”等利好（或利空）信息的发布时间，然后双方共同出资，由主导资金操作多个证券账户，利用资金优势，采用频繁对倒成交、盘中拉抬股价、快速封涨停等异常交易手法操纵股价，牟取不正当利益。

某些上市公司的实际控制人为顺利减持股份，大额套现，有可能专门组织操盘团队，通过资管计划、“空壳”公司或他人证券账户，采用连续买卖、自买自卖等异常交易手法，制造该公司股价交投活跃的假象，吸引做市商和交易者参与交易，借机减持股份。

上述内容并非笔者杜撰，也并非近年才有的现象，而是多年来股票市场难以治愈的顽疾。

三、主力驱动型开盘

相对事件驱动型开盘来说，大多数个股开盘并没有受到利空或利好消息的影响，但其中有些个股的开盘价由主导资金主动控制，并影响到开盘后当天的市场走势。

事件驱动型开盘很容易辨别，以当天相关个股有无消息为标志。主力驱动型开盘则不那么容易辨别，需要通过集合竞价和开盘挂单，以及开盘后的交易情况综合判定。

1. 高开

主力主动参与竞价买入，促使个股开盘高开。高开之后，仍需根据主导资金的参与程度来确认当天交易中的走势。

（1）高开高走

个股高开后继续上涨，即为高开高走。在主力驱动型开盘的情况下，高开高走至少在当日的分时走势上表明主导资金正在积极做多。

如图 2–46 所示，该股开盘高开后，股价一路震荡上涨。还有些较为强势的个股，高开后可能直接、急速上涨并封住涨停板，如图 2–40 所示个股。

说到高开高走，可能有人会想到“量价齐升”这个词。多数情况下，股价稳定上涨需要资金的持续维护，此时股价和成交量就会出现同步上升的形态。但有一点必须明确，“量价齐升”并不是股价上涨的必然条件。

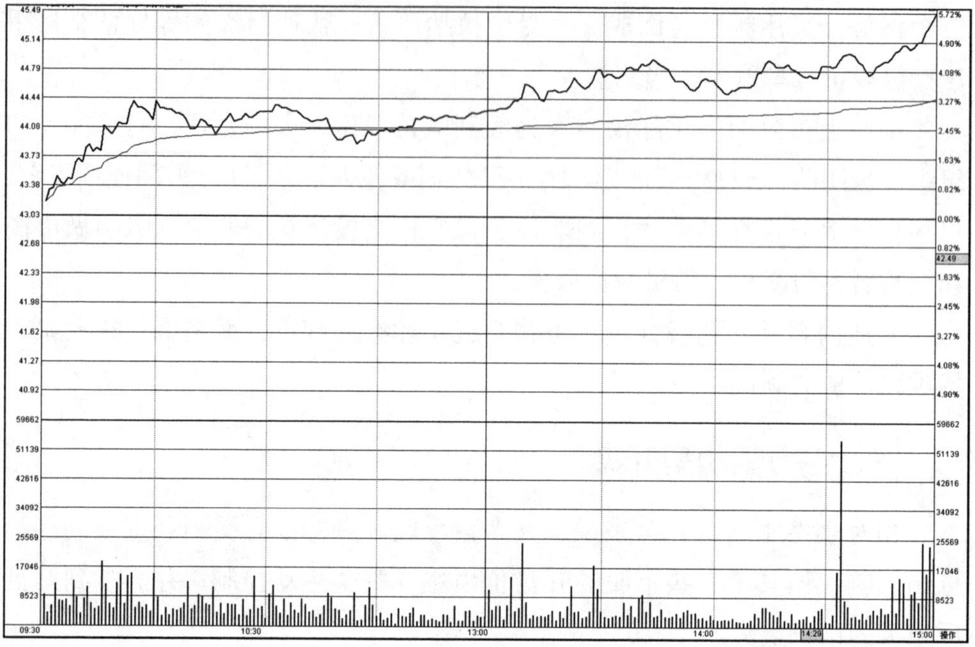

图 2-46

有经验的交易者会发现，某些个股没有出现“量价齐升”的形态，股价也照样走势强劲。某些具有“量价齐升”形态的个股，盘中却可能出现突然跳水的走势。

实战中，真正高开高走的个股，并不需要有多么招眼的量能。除非主导资金需要市场各路资金进场，这个时候量能就会成为吸引市场眼球的手段，也必然会明显大于正常状态下的量能。如果没有这类需求，那么在升势过程中，量能将一直保持正常、稳定的状态。

（2）高开震荡

和高开高走相似的走势，是高开后的股价震荡走势。与高开高走不同，高开震荡主要是指股价高开后即在最高点之下震荡，或高开后展开横向盘整。

高开震荡走势，必须分析个股所处的技术环境或股价所处的阶段。在这种走势中，既有主力高位诱多出货的可能，也有正常盘整清理浮筹的可能。

如图 2–47 所示，该股高开开盘后，股价直奔涨停板。但好景不长，涨停板很快就被打开，之后股价在当天相对高位展开震荡。

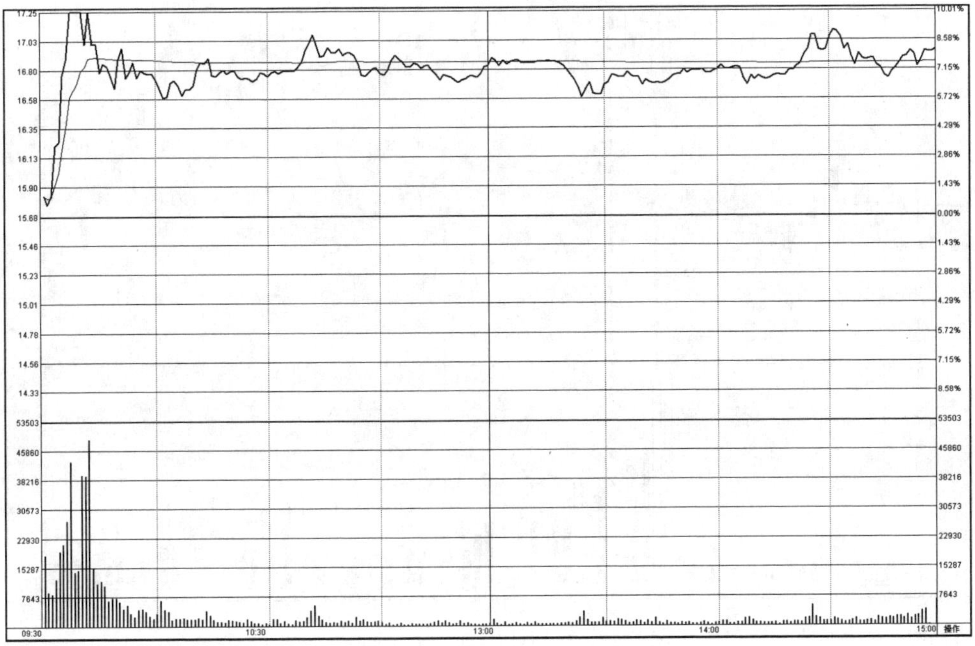

图 2–47

想要比较准确地判断该股当天这个高开震荡的技术意义，那么就需要从技术环境上来完整分析。

图 2–48 中 A 点，即为图 2–47 中当日分时走势形成的 K 线和成交量形态。

从图 2–48 中可以看到，A 点之前的 B 点已经出现过量能突增的情况，但当天股价收出一根带较长上影的 K 线，说明 B 点已有资金借助股价冲高时流出。

实战中，出现 B 点这种情况时，并不一定意味着股价不会进一步走高，也并不确定主导资金正在进行阶段性减仓。在股价上涨过程中，遭遇解套筹码仓皇出逃或各路资金原因不明的减仓行为，都可能出现高开之后的震荡走势。

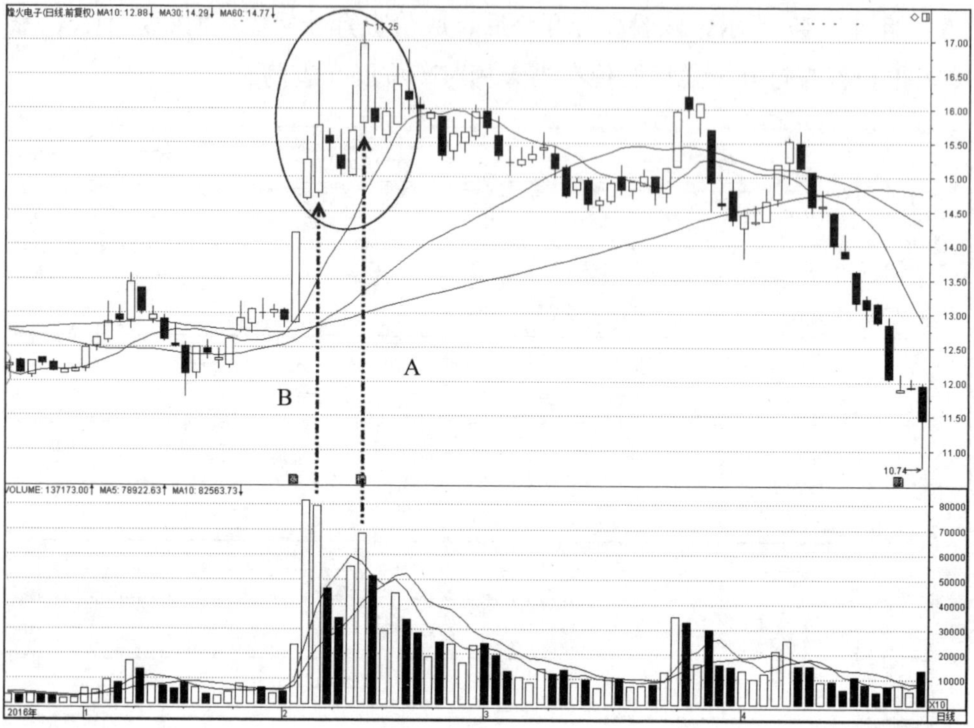

图 2–48

但是 B 点之后出现 A 点的分时走势，就不再是一种正常情况，基本上可以确认有主导资金在“搞怪”。

为什么这么说呢?

设想 B 点不是主力减仓，来看看 A 点的走势。如图 2–47 所示，当天高开后冲击涨停板时成交量巨大，之后股价在高点之下横向震荡，震荡期间成交量明显小于早市开盘的半小时。

此时可以问下自己，图 2–47 中早市开盘半小时的巨量成交是谁在买，又是谁在卖?

如果是主导资金大量买入，那么股价就不可能打破涨停板后在高位震荡，除非主导资金遇到势均力敌的对手盘。真是这样的话，那么这波拉高必然会走出失败形态。

如果主导资金并不是真正地买入，而是通过对倒拉升、做大成交量，借机减掉部分仓位，那么打破涨停板后在高位震荡就显得非常合情合理。

高明的操盘者在减掉仓位的同时，还可以确保股价不出现明显的回落。

总之，图 2-47 中的分时走势，绝不是一个正常的高开震荡和清理浮筹形态。

发现了图 2-48 中 A 点不正常的量价表现，反推 B 点，很容易理解盘中的含义。

技术环境分析，可以让大家相对完整地理解股价运行的潜在意义。技术环境分析的具体内容，将在最后一篇中详述。

（3）高开低走

股价高开后，略经震荡便下跌或直接下跌，即为高开低走。

高开低走在技术上是一种股价弱势的表现，至于出现这种走势的原因，不同的技术环境下有不同原因。

例如，连续大幅上涨之后的高开低走，可能是主导资金阶段性出货的开始。连续大幅下跌后的高开低走，可能是反弹前的最后一跌。在下跌或上涨中途出现高开低走，则有可能是主导资金的震仓行为。

如图 2-49 所示，该股当日高开后略经震荡，便跌破昨日收盘线，之后股价更是一路下跌。

如图 2-50 所示，分析该股所处的技术环境，可以发现该股刚经过一个时间较长的下跌过程。A 点当日高开低走，下跌幅度达到 6% 以上，K 线图上形成一根极具恐吓色彩的大阴线。对于抄底做多的交易者来说，这根 K 线的杀伤力足以让所有的希望化为泡影。

最恐惧时，出逃往往不是好的选择。实战中，多日下跌后出现一个明显加重恐慌的杀跌走势，说明短期反弹已经离你很近了。

2. 低开

主力驱动型开盘低开，是指主力主动参与集合竞价，导致开盘低开。低开和高开一样，开盘后股价方向会有多个选择。

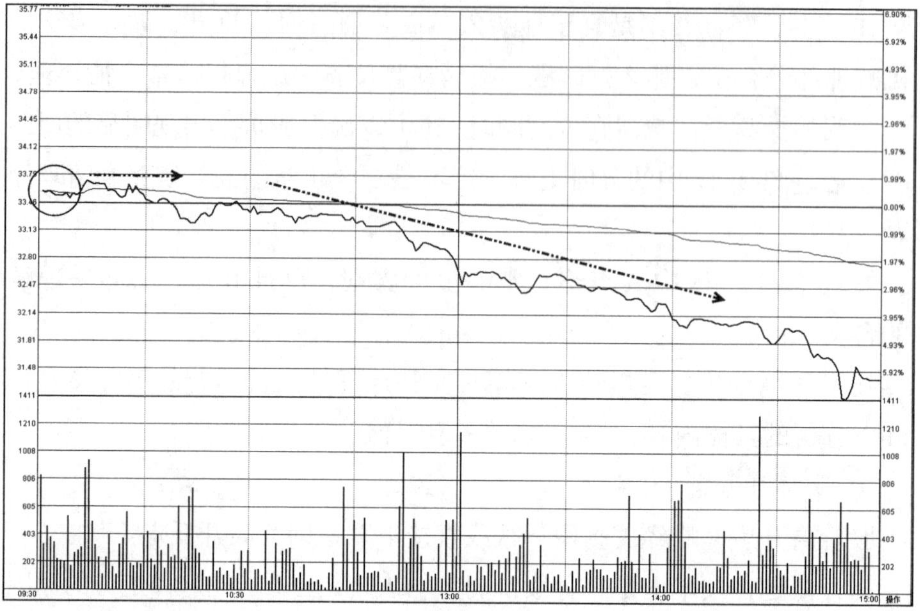

图 2-49

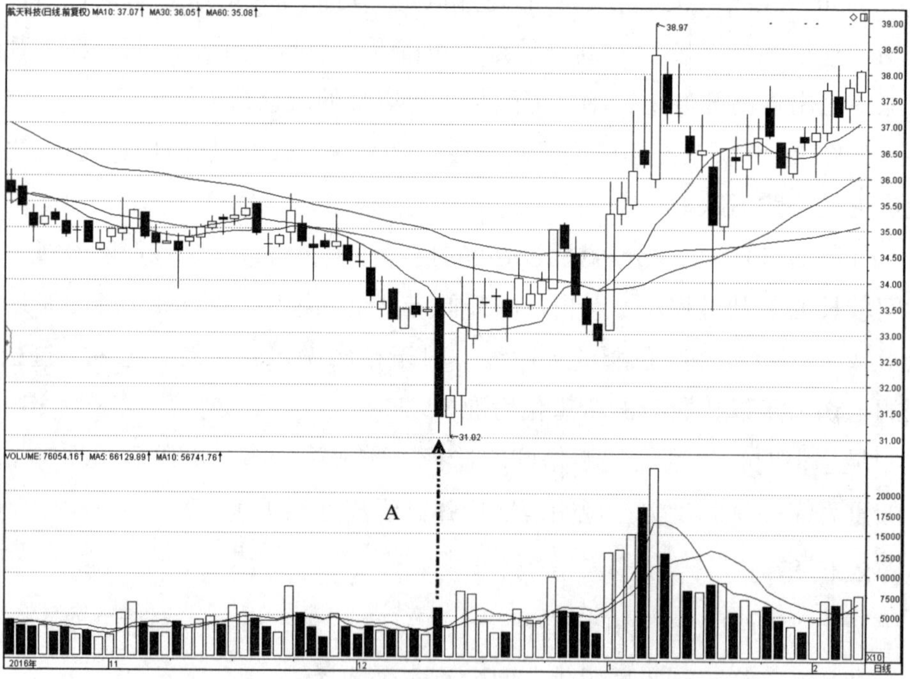
航天科技(日线,前复权) MA10: 37.07↑ MA30: 36.05↑ MA60: 35.08↑
38.97
31.02
VOLUME: 76054.16↑ MA5: 66129.89↑ MA10: 56741.76↑
A

图 2-50

（1）低开低走

在主导资金的影响下，股价低开并持续下跌。出现这种走势，既有锁定被套筹码或逼迫跟风杀跌的可能，也有主力虚晃一枪，故意制造市场恐慌的可能。

将某一种分时走势形态定义为股价运行定式，但并不分析个股所处的技术环境，这是一种不负责任的做法。但若想将某一种分时走势的技术意义毫无遗漏地一一道来，也是难以实现的，因为实战中的变化难以穷尽。

正如低开低走，不同的技术环境中分别具有不同的含义。不能武断地认为，低开低走就是一种推动股价持续下跌的形态。实际走势也告诉我们，情况并不全都是这样的。

虽然笔者不可能穷尽所有变化的市场含义，但会选择具有代表性的走势予以讲解，以使大家从中学到一种分析和判断方法，从而为做出正确的投资选择提供条件。

如图 2–51 所示，该股处于下跌初期阶段，当日低开后，股价便一路下跌。整个交易时段，现价线大多数时候远离均价线和昨日收盘线，显示空头主导股价运行态势。这种情况下，任何抄底抢反弹的做法都不是一个好的选择。

个股经过一段时间的大幅下跌后，如果某日出现幅度较大的低开低走，有可能引发反弹。上涨途中某日出现的低开低走，有可能只是主力的一次洗盘行为。

有的初学者因为经验不足，对于“大幅下跌”的尺度感到难以把握。短线交易中，当个股连续一个波次的下跌达到 20% ~ 30% 时，就可以认定为达到“大幅下跌”的标准。

当然，经历过股灾的朋友可能会说：“我就是在下跌达到 20% ~ 30% 时买的，然后大幅被套！”技术环境不一样，选择的尺度也必然不同。股灾或受到实质性利空影响的个股，都不是常规状态。连续一字跌停的个股，若以常规状态来分析研判并进行操作，其结果当然会很“另类”。

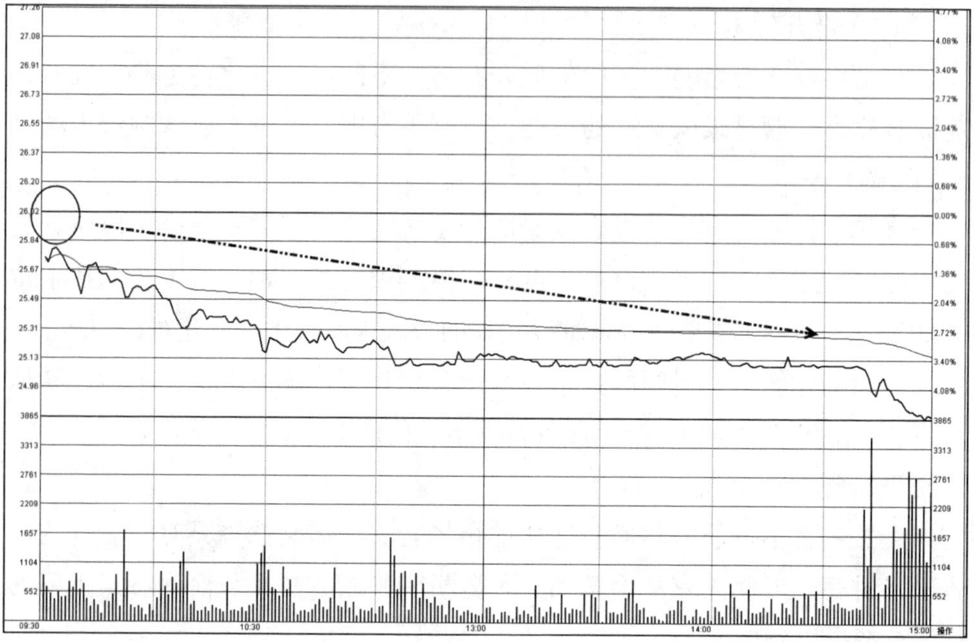

图 2–51

那么什么是常规状态？

搞明白这个概念，对于交易者的操作会大有裨益。技术环境上的常规状态，是指目标个股的走势、量能与大盘和大部分个股（主要是同板块）大致相同，不存在趋势上的相逆态势，同时要求市场整体并不处于某种极端状态之中。

（2）低开震荡

低开震荡是指开盘低开后股价反复震荡。这种走势虽然整体下跌幅度并不太大，但对于交易者来说颇为煎熬。股价忽上忽下，交易者无论是准备卖出还是买入，都很难选择。心态不稳定的交易者，极易陷入忽而懊悔，忽而兴奋，前一分钟想卖，后一分钟又想买的思想纠结中。

如图 2–52 所示，该股开盘低开下行，午盘后股价却震荡上行，全天形成一个震荡走势。跌势时卖出的交易者，到午盘回升时必然后悔不迭。

低开震荡的形式多样，并非只有案例中这一种。对于类似低开震荡的个股，无论是准备卖出还是买入，都不可跟随股价的波动进行选择。对于低开震荡的个股，可细心分析股价是否有得到支撑或受到压制的迹象，尤其是在一些重要的技术点位上，分时走势往往最先显示股价得到支撑或受到压制的细节。

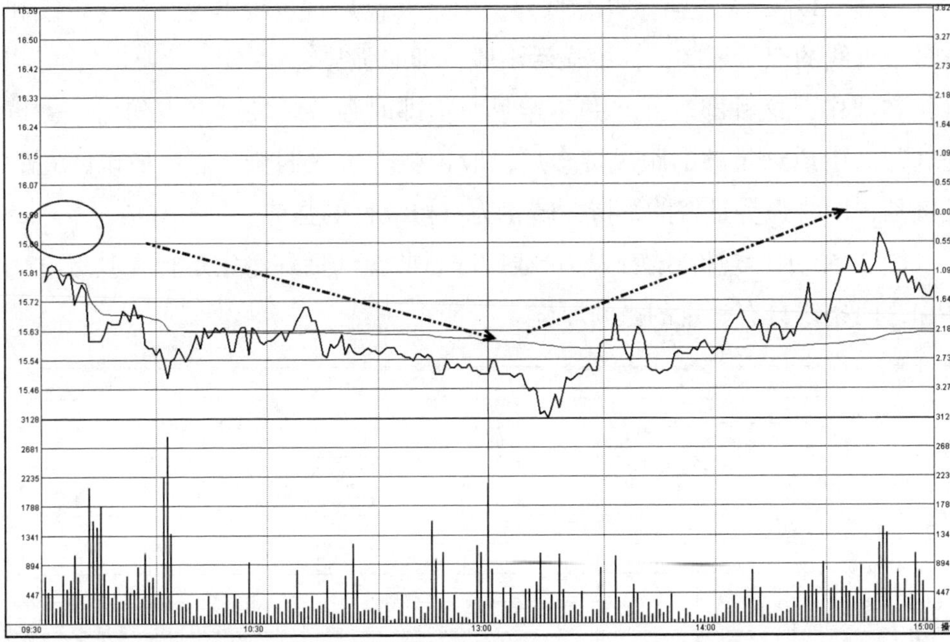

图 2–52

（3）低开高走

低开高走是较为强势的股价转势形式。在主力驱动型开盘的情况下，低开高走至少在股价层面代表着转强。

在早盘交易中，人们并不知道股票全天会走成何种形态。如图 2–53 所示，该股开盘低开后，股价很快就被拉起。

进入市场就会发现，如果当日股价低开，虽然很快被拉起，但并不知道收盘后会形成低开高走的走势。有时候盘中会形成低开震荡，甚至低开震荡后继续低走。

那么早盘时该如何分析判断可能出现的走势呢？

其一，技术环境分析不可或缺。

其二，盘中分时走势分析也不容忽视。

这一点第一篇的内容中已经提及，在此不妨温故知新，同时提供另外一种分析思路。

图 2–53 中，A 点虽然开盘低开，但是开盘后现价线迅速突破均价线和昨日收盘线的双重压制，盘中显示出股价即时强势。

实战中，这种即时强势并不罕见，但即时强势往往“来也匆匆，去也匆匆”。引诱到足够的跟风资金后，股价就会进入弱势状态。所以问题的关键是，即时强势是否能维持并转化为有持续性的强势。

图 2–53 中，现价线突破均价线和昨日收盘线后，稳定运行在其上方，并和这两条线具有一定的空间厚度。

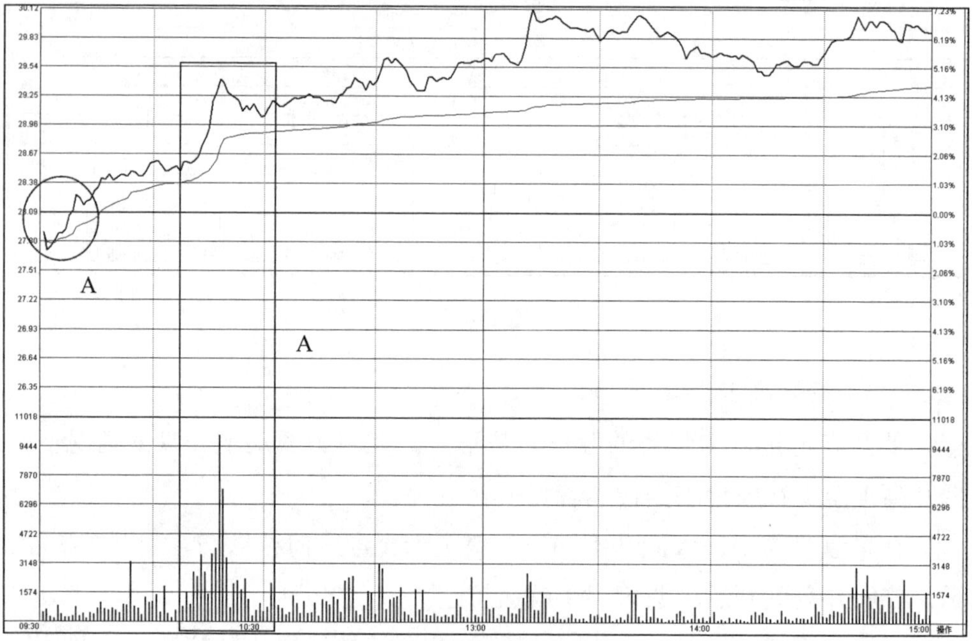

图 2–53

笔者在《均线核心技术》一书中提到过均线厚度空间的概念，这个概念也适用于此处的分析，有兴趣的朋友可以参考。

厚度空间对于股价具有相应的支撑，当股价保持在厚度空间上方运行时，支撑就是一种强势状态。图 2–53 中 A 点过后，现价线与均价线、收盘线形成了稳定的厚度空间，这就说明开盘后的即时强势具有一定的持续性。

图中 B 点，现价线放量上冲，这个上冲既是考验支撑，也在测试放量之后有多少抛盘流出。B 点之后，现价线依然和均价线保持着完美的厚度空间，这充分显示出了主导资金的真正意图。

通过对图 2–53 中早盘 A 点、B 点的分析，交易者对该股当天的走势和之后可能出现的强势，就有了基本的了解。再结合技术环境分析，可以相对准确地测算出目标个股的运行趋向。

即时强势不能持续，弱势也不能持续，这种“转强或转弱”不能持续的情况，交易者一定要多加留心，毕竟在尔虞我诈的博弈中，“谎言”是处处存在的。

如图 2–54 中 A 点所示，同样是低开后上冲现价线和昨日收盘线，但该股的即时强势难以持续，最后形成低开低走的局面。

图 2–54

上述各种高开或低开模式，有时在实战中是相互混杂的。图 2-54 中，就混杂了低开高走、低开震荡、低开低走等形式。这里提醒大家一点：形式并不重要，重要的是借助形式读懂其背后的技术含义。

四、市场随机型开盘

市场随机型开盘，是指没有主导资金参与的一种市场自然开盘形式。

这种类型的开盘，一般开盘时几档买卖盘挂单极为稀疏，有的甚至难以出现开盘价，更不会有大单成交数据，多为市场上零散资金参与。

必须说明，市场随机型开盘并不意味着个股必然没有主导资金隐身其中，多数情况下，主导资金只是并未主动或被动参与。

这种开盘形式，如果主力不在盘中参与的话，则会形成门庭冷落的局面，股价很难有较好的表现。

图 2-55 中，该股开盘高开后全天震荡，但震荡幅度几乎就在 1% 的空间内。对于这种类型的个股，仅从分时走势上来看，如果不是无主力，就是主力仍旧处于潜伏状态，不愿过早暴露形踪。

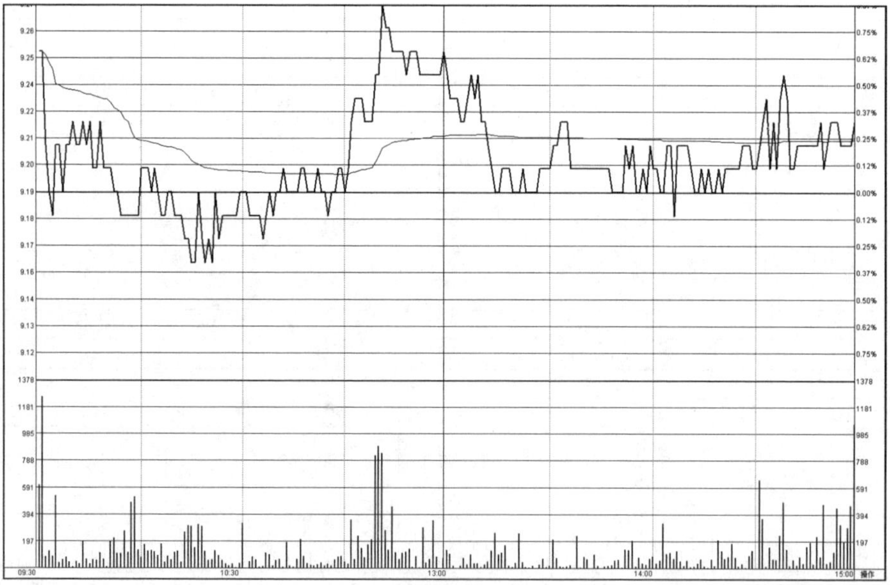

图 2-55

图2–56中，该股开盘低开后维持震荡，全天的震荡幅度也就在1%左右。

市场随机型开盘的个股，无论是高开还是低开，在其打破这个格局之前，都不存在分析的意义，尤其是在分时走势上。无主力参与或主力参与程度较低的市场随机型开盘个股，无方向感的开盘显示其走势弱势明显，至少在主力开始“刷”存在感之前，不是短线关注的对象。

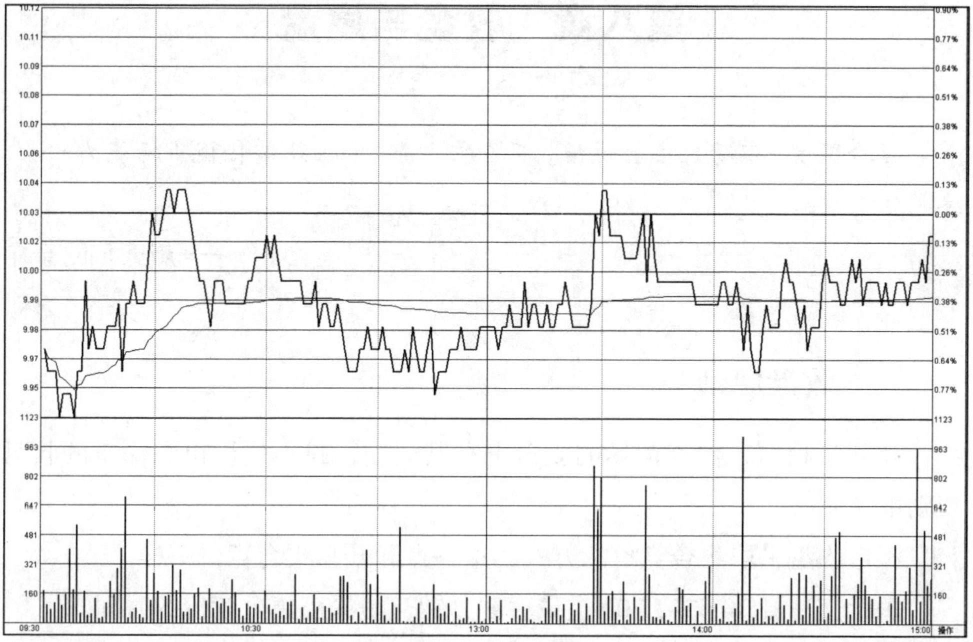

图 2–56

还有一种开盘形式也很常见，即平开。

平开是指开盘价格和昨日收盘价格一样。平开说明市场资金对目前的大势或者个股行情持观望态度。这种没有方向感的开盘，大多是市场随机开盘的结果，主力出于各种原因未主动参与。

值得注意的是，开盘平开不等于主力盘中不参与运作。有时候一笔大成交单突然出现，会搅动一池春水，使股价开始蠢蠢欲动。

对于这种类型的个股，应结合技术环境分析，再加上盘中观察分时走势异动，提前确定自己是做低吸还是追涨。

第八章　收盘与尾盘

经验显示，市场自己会说话。市场永远是对的，凡是轻视市场能力的人，终究会吃亏的。

——威廉·欧奈尔

一、收盘规则

和开盘相似，沪深市场的收盘也有其规则，只不过沪市和深市的收盘规则不同而已。

深市收盘采取集合竞价的方式，这一点和开盘集合竞价一样。

每个交易日 14:57–15:00 这最后 3 分钟，是深市集合竞价的时间。

深市收盘价会在最后 3 分钟的集合竞价后产生。集合竞价不能产生收盘价的，以当日该证券最后一笔交易前 1 分钟所有交易的成交量加权平均价（含最后一笔交易）为收盘价。当日无成交的，以前收盘价为当日收盘价。

沪市收盘没有集合竞价的过程，收盘价为当日该证券最后一笔交易前 1 分钟所有交易的成交量加权平均价（含最后一笔交易）。当日无成交的，以前收盘价为当日收盘价。

二、尾盘急拉

所谓尾盘，通常是指每个交易日进入到 14:00 或 14:30 以后的时间段。尾盘的表现直接影响到接下来的收盘价，所以尾盘也具有主力驱动型、消息驱动型、市场随机型等特征。本节讲述的类型，多是由主力驱动型或消息驱动型引发，市场随机型引发的可能性非常小。

弱市中，有经验的短线交易者，都喜欢 14:30 以后再入场交易。有的时候，甚至需要等到当天交易的最后几分钟，才在自己一直盯盘的股票上下单交易。

在尾盘这个时间段，大盘以及大部分个股已经基本确定当天的大体走势，交易似乎已进入“垃圾时间”。某些有所图谋的主导资金，往往会在这个时间段启动“秒杀眼球”的行动。

对尾盘异动的股票，需要注意以下事项。

其一，弱市不追尾盘急升股。

其二，弱市不抢急跌股的反弹。

其三，尾盘交易戒急躁、戒从众、戒幻想、戒贪婪。

尾盘个股异动主要包括 3 种形式，即尾盘急拉、尾盘暴跌、尾盘折返。

下面先讲尾盘急拉形态。

尾盘急拉，可以肯定是主力驱动或消息驱动的结果，但是尾盘急拉的技术含义却不尽相同。尾盘急拉，并不意味着下一个交易日股价必定会上涨。

1. 上涨造势

尾盘急拉和成交量增加，如果出现在非热门的股票上，那么在没有消息刺激的情况下，很可能是主力大幅拉升的前奏。这种股票的尾盘拉升幅度都相当惊人，甚至会出现从跌停到涨停的极端形式。

主力选择尾盘急拉这种方式，有以下几方面的考虑。

其一，利于短时间内迅速脱离启动低位，做高次日的开盘价。

其二，勾起市场资金的好奇心，吸引尾盘和次日跟风盘参与助涨。

其三，尾市拉升既节约成本，又能起到良好的造势效果。

如图 2–57 所示，该股当日低开后一路下跌，最大跌幅超过 4%。下午 14:00 以后，股价突然放量急拉，并在 14:30 封住涨停板。

该案例中，个股尾盘急拉直封涨停板的动作，为之后的持续上涨营造了极好的强势氛围。

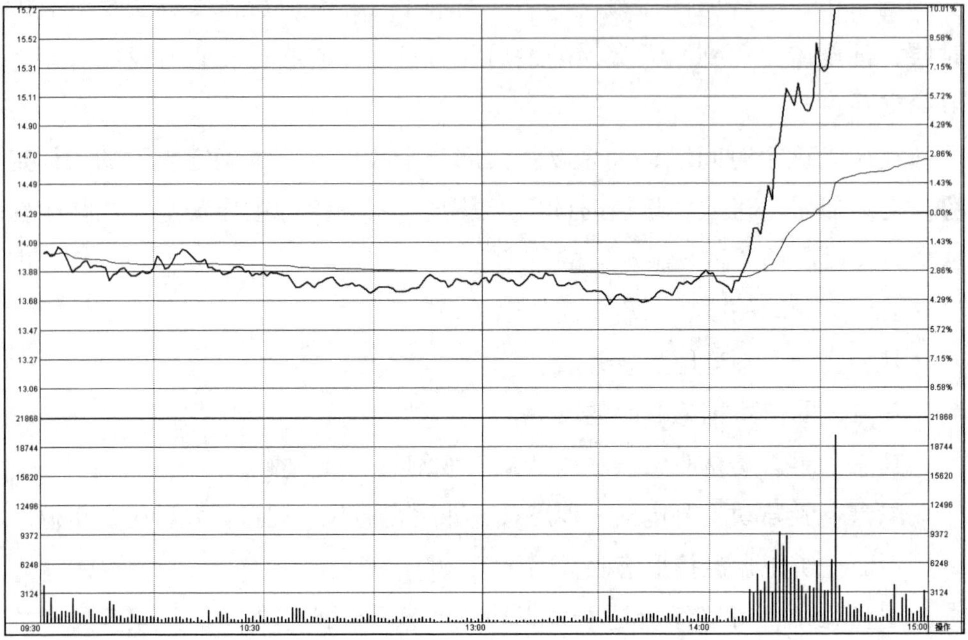

图 2–57

2. 护盘

熊市或个股大级别下跌过程中，在跌势最凶悍的阶段，主力的日子也不好过，他们往往会用尾市瞬间急拉的方式来护盘。这样的做法，一是能够节省护盘成本，二是可以利用股价大幅急升的强势吸引抄底资金，锁定部分仓位，或者寻找短线减仓机会。

如图 2–58 所示，该股当日低开后震荡下跌，在尾盘最后 3 分钟的集合竞价时间里，主力用大单收复当日跌幅，使收盘价定格在微涨的状态。

这种尾盘急拉是利用集合竞价时间来完成的，具有很大的掩护性，也具有突然性，使大多数交易者来不及做出反应。在这种情况下，无论是想卖出还是想买进，都只能等到下一个交易日才能实现。

案例中这种尾盘急拉，在市场整体处于下跌弱市时，是主力常见的护盘方式。

图 2-58

3. 减仓

某些个股尾盘急拉，其实是主力为市场资金营造的一场“春梦”。这种以诱多减仓为目的的急拉，主力通常以对倒的手法来做大成交量，从而吸引跟风资金抢筹。

如图 2-59 所示，该股大部分交易时间都处于震荡之中，尾盘突然放量急拉 5% 以上。

根据技术环境分析得知，该股处于下跌途中。图 2-59 中，当日急拉的量能超过之前的多个交易日，但因其是尾盘急拉放量，对倒的概率非常高。对于这种放量形式，交易者应保持警惕。

对倒是指主导资金的自买自卖行为。在急拉的情形下，“价格优先”是主要的撮合原则，因此主导资金在对倒的同时，不可避免地会买入市场的卖盘挂单。

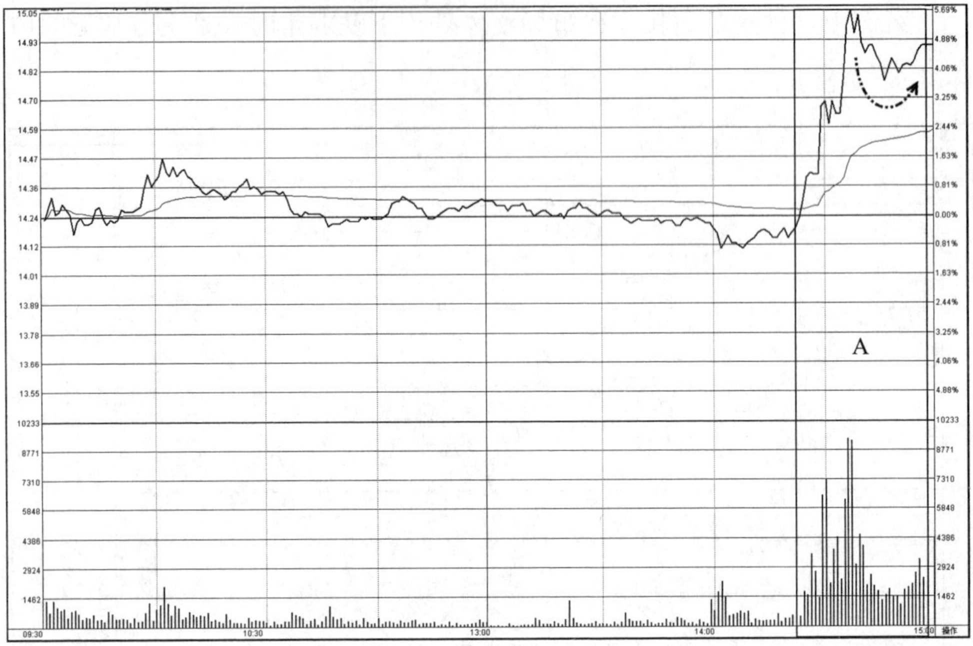

图 2-59

以减仓为目的的主导资金，在急拉过程中被动地接掉这些挂单后，必然会尽快返还市场，并夹带大量的自有筹码，以满足追高资金的需求。见图 2-59 中 A 点虚线标示处。

如果主导资金对倒急拉的意图在于减仓，那么当日急拉到一定价位后，就可以看到成交大单依然不断，但某一价位却很难被攻破。或者虽然攻破这一价位，但很快就会滑到这一价位之下。这个时候的量能虽比最大值有所减少，但比起急拉前仍是大幅增加，这是在对倒急拉过程中主力减仓带来的现象。如果这种现象持续过程中，交易者还想进场买股的话，至少短线会被套。

图 2-60 是图 2-59 中该股次日的分时走势。图 2-60 中，该股低开后再次出现放量急拉，但早盘的这个急拉维持时间极短，之后便迅速回落，当日形成震荡下跌的走势。

在图 2-59、图 2-60 中，连续两个交易日的走势，一个是尾盘急拉，一个是早盘急拉，二者在时间上具有连续性，显示了主导资金通过对倒急拉借机减仓的过程。

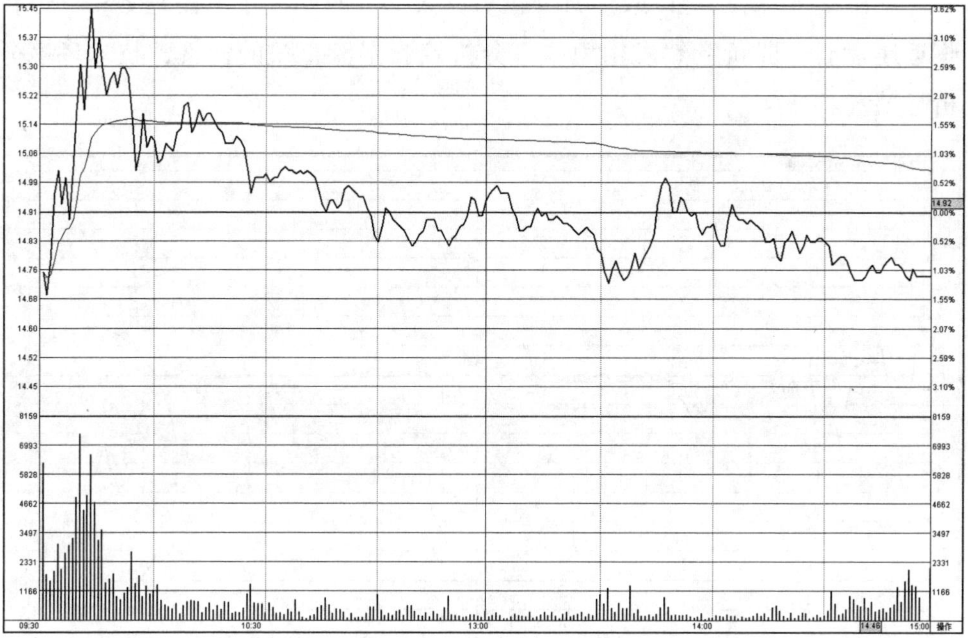

图 2-60

三、尾盘急跌

尾盘时间段内，既有急拉的形式出现，也有急跌的形式出现。尾盘急跌的具体原因林林总总，但多数是由主力驱动或消息驱动引发的，且二者分别具有不同的技术含义。

1. 洗盘

个股全天运行都很平稳，临近尾盘突然出现急速下跌的情况。如果加入技术环境分析的话，会因个股所处的技术环境不同，得出不一样的急跌结论。

如果股价处于长期或大幅下跌的低位，或上涨趋势正常运行期间，那么这种尾盘急跌多数是为了制造恐慌情绪，其目的是为了引发抛售。这种以洗盘为目的的尾盘急跌，既有单日下跌的情形，也有多日连阴下跌的情形。

如图 2-61 所示，该股当日开盘后，大部分时间处于震荡走势中。但在临近尾盘时，股价突然发生急跌。分析该股尾盘急跌的含义，技术环境分析是关键。

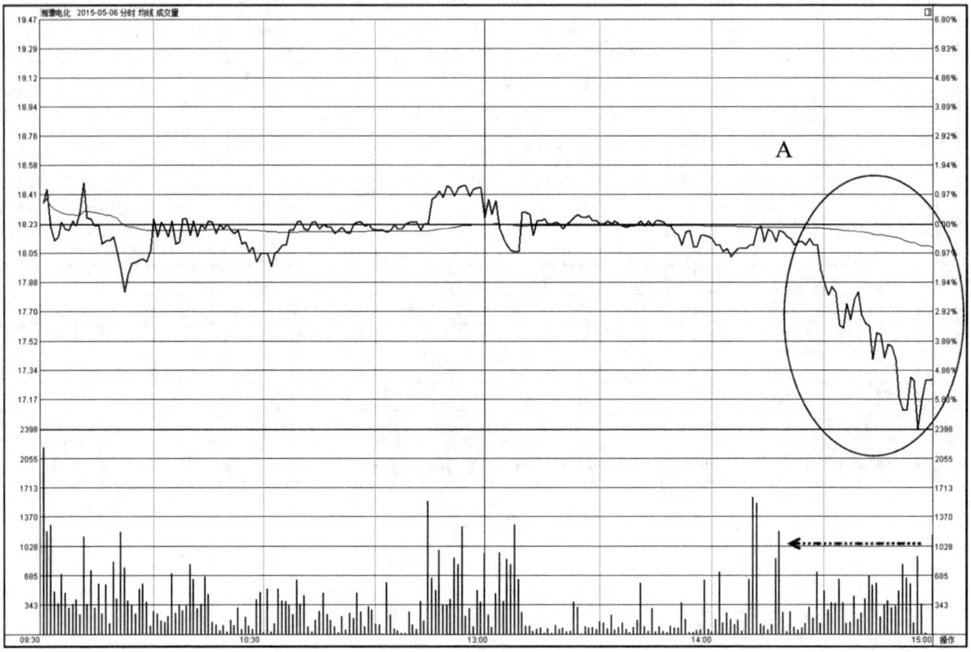

图 2-61

图 2-62 是该股 K 线走势图，图中 A 点即为图 2-61 当日分时走势收出的 K 线。从图 2-62 中可见，该股当时处于上涨趋势中，A 点只是涨势中的正常回调。

有的初学者可能不明白，为什么说图 2-62 中 A 点只是涨势中的一个正常回调？

其实读过《均线核心技术》的朋友都知道，图 2-62 中均线与 K 线整体形成“顺水行舟”形态，而 A 点及之前两根阴线，与均线形成了短期的“逆水行舟”形态。

“逆水行舟”意味着要耗费远远大于常态的能量，当这种超常的能量不能持续补给的话，行情就会停止前行甚至逆转。不过，通常情况下，“逆水行舟”这种形态持续的时间会比较短暂。

从技术环境分析发现，图 2-61 中，当日分时走势中的尾盘急跌，极有可能只是一次技术上的正常回落调整，也就是洗盘的过程。

其实在上涨趋势相对明朗的情况下，类似的尾盘急跌恰恰给了有足够耐心和技术分析能力较强的交易者一个极佳的介入时机。

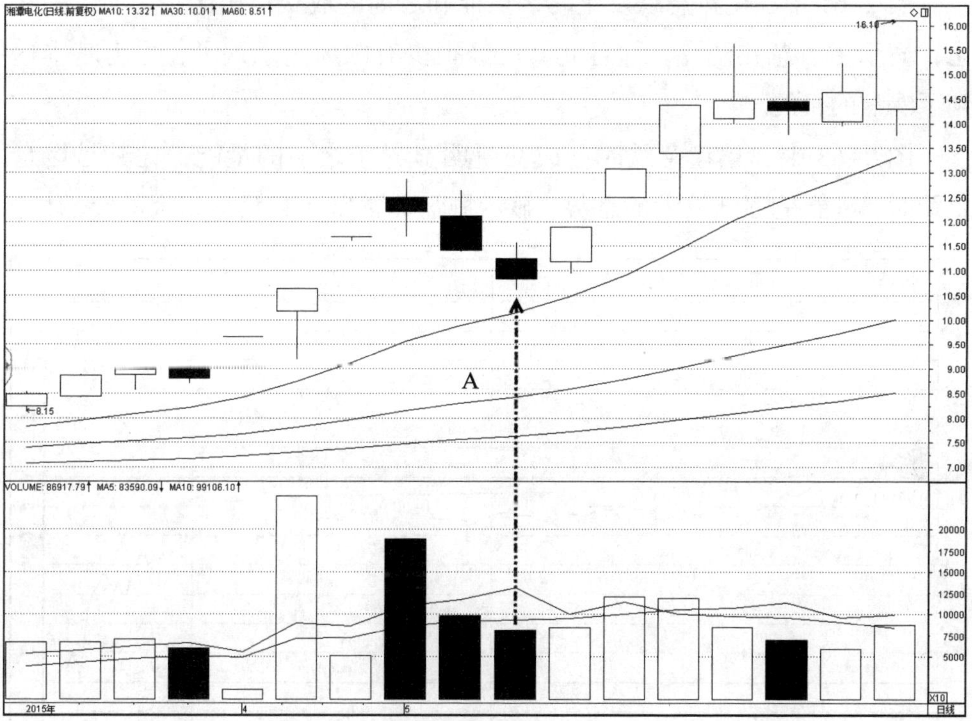

图 2-62

2. 减仓

在股价长期或大幅上涨的后期，行情震荡频繁，但整体趋势尚未出现明显转折，个股主力往往会借助尾盘暴跌减仓。此时大部分交易者仍然是涨势思维主导，对于个股尾盘的大跌不以为然，习惯性地认为每次大跌都是加仓买进的机会。

这种惯性思维不仅存在于牛市，也存在于连续长时间上涨或级别较大的中级反弹行情中。主力就利用大多数人的这种心理倾向，运用尾盘大跌的手法将获利筹码轻松地转移到尾盘追买的人手中。

如图 2–63 所示，该股当日大部分时间保持震荡下跌的走势，尾盘阶段股价突然急跌。将图 2–63 中尾盘急跌走势和图 2–61 中的尾盘急跌走势作一个比较，发现仅在成交量上就有相当大的差异。

图 2–61 中，尾盘急跌发生时，量能和之前的成交量相比并无太大的变化，显示主力意在洗盘，并且此时已经很少有跟风盘杀跌了，主力基本达到了洗盘的目的。

图 2–63 中，尾盘急跌时，成交量明显异于之前的量能，尤其是尾盘急跌时，量能呈逐渐放大的态势，显示抛盘非常坚决且具有很大的突然性。

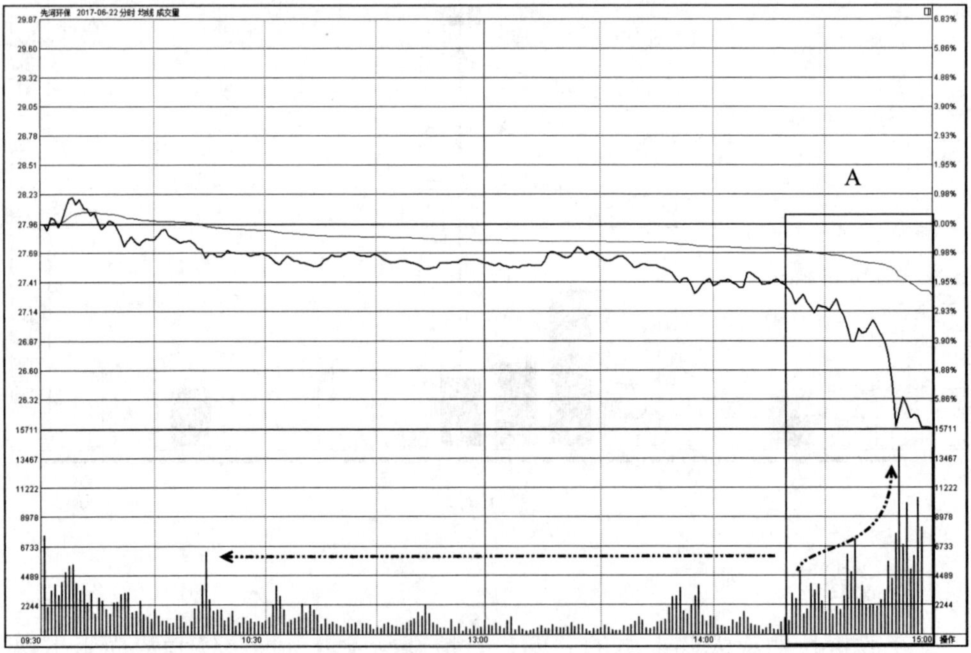

图 2–63

我们更愿意相信图 2–63 中尾盘的抛盘来自于该股的主导资金，至少也是在主导资金抛售引导下出现的集中性抛盘。

有时候主力的减仓行为并不在于仓位本身，而在于将股价打下一个台阶，也就是常说的“砸盘”。股价连续下跌后，会逐渐变得对市场资金具有吸引力，也就更利于主力减仓或进入到另一个崭新的“轮回”中。

主力行为林林总总，盘中技术含义分析，会在后续的《主力行为分析核心技术》一书中详细介绍。

主力选择“砸盘”，多会在一些重要的技术点位上，这样就会造成技术分析上的“破位”，也能够起到事半功倍的效果。

图 2–64 中的 C 点，即为图 2–63 中分时走势形成的 K 线。从图 2–64 中可以看到，该股在 A 点走出了包括连续一字线涨停在内的大幅涨升走势，在 B 点股价开始转势下跌。图中 C 点出现在下跌途中的弱势反弹阶段。

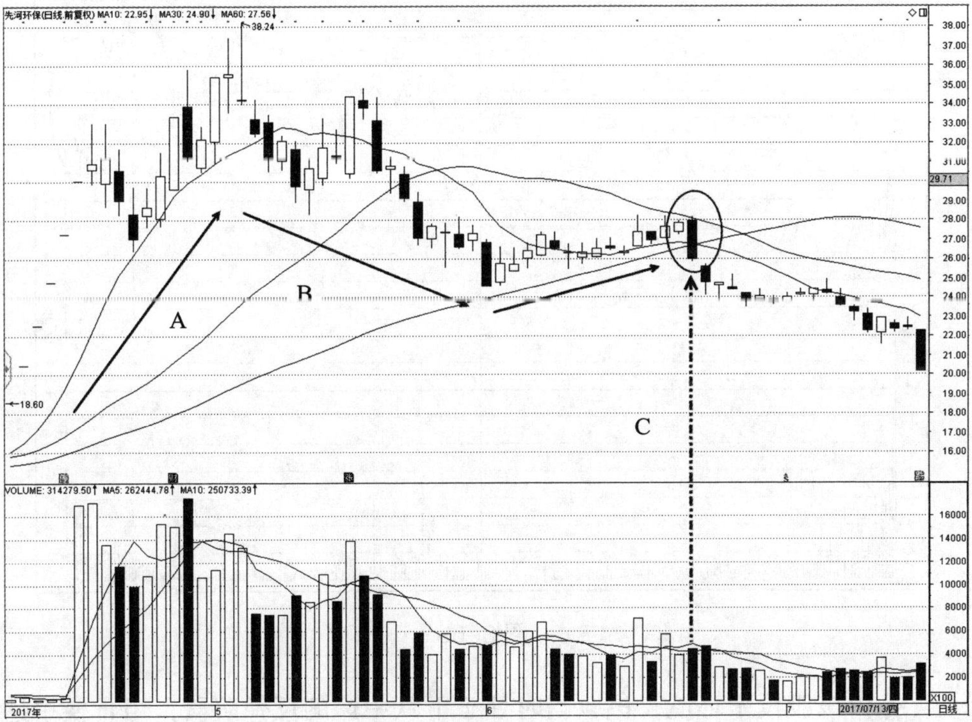

图 2–64

C 点的下跌打破了均线支撑和反弹形成的趋向，势必引发部分持仓者“逃亡”。在图 2-63 中的分时走势上，尾盘突然放量急跌带来的恐惧感，则远远大于下跌本身，毕竟大多数恐惧都源于未知和无知。

四、尾盘折返

尾盘的异动还有一种形式，即尾盘折返。

尾盘折返是指个股在尾盘出人意料地突然急升或急跌，势头很迅猛，但随后又迅速回落或上升，甚至可能回到启动的位置。

尾盘折返在一些个股上可能是主力的试盘动作，也有可能是主力减仓或利益输送行为。出现尾盘折返，至少能够说明该股有主力正在运作。

如图 2-65 所示，该股当日震荡上涨，至尾盘时股价突然急升，随即又急跌回落，甚至跌到午盘震荡低点以下。

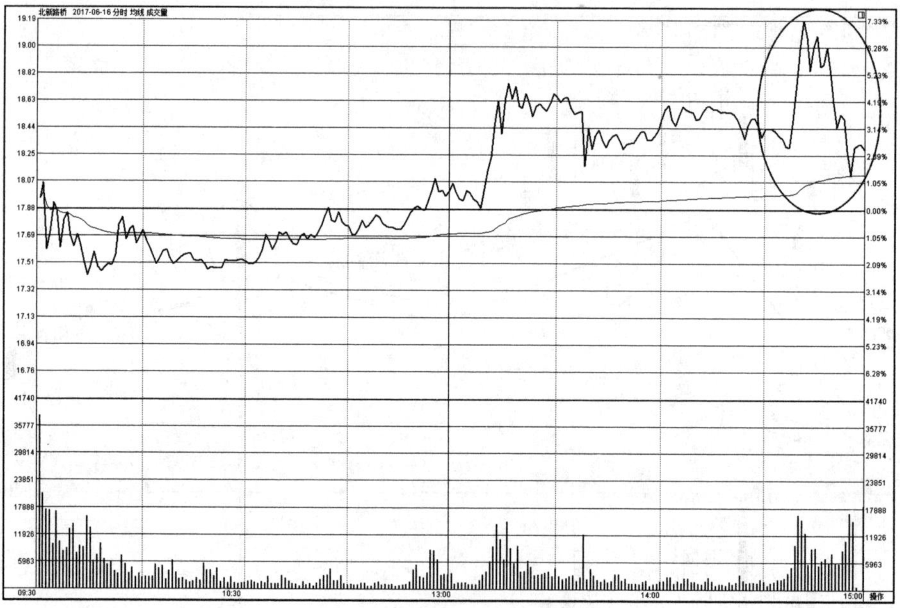

图 2-65

分析该股技术环境，该股当时处于下跌中途的反弹阶段，当日换手达到 17% 以上，接近股价最高点的换手率。该股尾盘的折返走势，非常符合主力急拉诱多后减仓的行为特征。

在某些个股上，尾盘折返可能是主力拉升之前测试上方压力的行为，或者洗掉持仓并不坚定的交易者而做出的试盘或洗盘行为，目的是为正式拉升减轻负担。

还有一种情况，是主力和某些利益关联方约定，盘中在某一价位上将筹码交易给关联方，随后进入拉升阶段，这就是所谓的“利益输送”行为。

尾盘折返的形式也是多样化的，不限于案例展示的形式。

如图 2–66 所示，该股当日大部分时间呈震荡走势，尾盘时股价向下跌落，但很快就放量回升，不但收复失地，还创出当日新高。

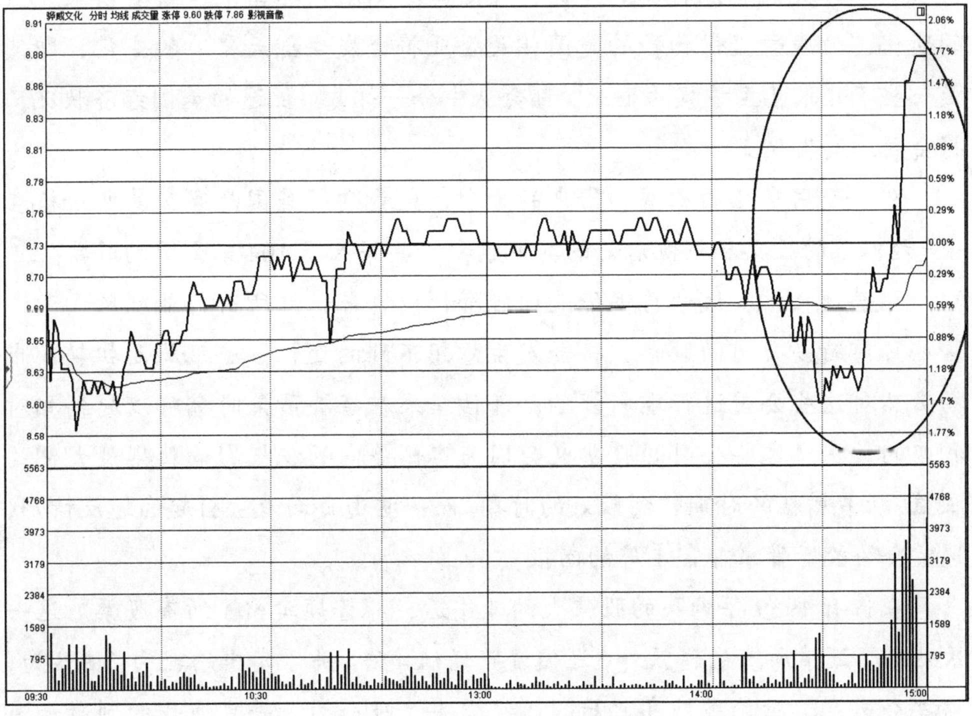

图 2–66

这种尾盘折返走势，仍旧需要交易者关注技术环境分析。不同环境下的个股，技术含义也各不相同。一些长期下跌的个股出现这种走势，意味着空方已经油尽灯枯，个股至少面临着一个短期反弹走势。

附录　交易的智慧与传奇

1939 年，第二次世界大战爆发。有关欧洲战事各种各样的说法，让人们普遍感到灾难迟早会降临。投资者被极度恐慌的情绪左右，纷纷开始抛售手中的股票。美国和欧洲一些国家的股市都发生了暴跌，美国经济复苏再次受到质疑。

在大多数人被恐慌笼罩的时候，邓普顿一直在关注事态的发展。他冷静地认为，美国迟早会被拖进这场战争。对于美国来说，战争并不像大多数人想象的那样可怕和糟糕。他通过分析以往历次战争对美国造成的影响，得出一个与大众想法相反的结论，即战争会刺激商品需求，随着供求关系的变化，为战争提供物资的美国相关企业将会发生翻天覆地的变化，即使是一些不起眼甚至亏损的企业，都会从中分一杯羹。低迷的美国经济状况，将会因此发生改变。

邓普顿用自己的积蓄和借来的资金，大量购买美国两家交易所价格在 1 美元以下的股票和被他看好的其他股票，共买入了 104 家公司的股票。

邓普顿相信，战争将促使美国经济得以复苏，让所有行业欣欣向荣，这些目前绩差公司的股票，将会发生意想不到的变化。一旦局面扭转，市场必然对这些公司进行重新评估，评估结果在经济萧条时期可以起到相对积极的作用。这些公司的股票也会因为舆论导向的积极影响获得最大化的收益，从最糟糕的时期转到最好的时期。而一些由负面看法引起的逆反情形，通常会给投资带来非常丰厚的回报。

在持有 1939 年购买的股票大约 4 年后，邓普顿卖出了所有股票。这一次他除了还清所有的借款外，还使资产增值 4 倍。关于卖出的理由，他认为，这些公司在其股价被炒高之后，已经失去了吸引力。一旦战争的刺激烟消云散，由于日益加剧的竞争以及成本升高等因素，它们很可能会重新回归到平庸的本来面目。

这次投资为邓普顿赢来了人生第一桶金，也为他日后建立自己的投资顾问公司打下了物质基础。

第三篇　盘口分时图升级与进阶

由于大多数人骨子里倾向于投机或赌博，受欲望、恐惧和贪婪左右，因此大多数时候，股票市场都是非理性的，容易有过激的股价波动。

——本杰明·格雷厄姆

第九章 支撑与压制分析

巨幅震荡的波动特性是所有股票市场的特征，即使是最成熟的市场也不例外。

——马克·墨比尔斯

一、分时支撑提示与盘口显示

关于分时走势的基本形态，前面相关章节中已经有所涉及，本节要谈的是分时走势中的技术细节，以及这些技术细节在实战中的意义。

本章讲述的主要内容是现价线、均价线、昨日收盘线（以下简称收盘线）之间的支撑与压制关系。

如果只是想知道当日股价的即时涨跌，那么是否掌握这种支撑与压制关系并不重要。如果想对股价有一个前瞻性的判断，那么支撑与压制关系就是必须了解和掌握的内容了。这种支撑与压制关系，对于理解分时走势，看懂盘口股价的内在含义具有重要作用。

所谓分时支撑，是指对于股价下跌能够起到止跌作用，对于股价上涨能够起到助涨作用。

如图 3–1 所示，A 点现价线（股价）处于收盘线之下，横向波动在均价线上下，这是一种弱势下的均价线支撑显示。实战中，这种弱势支撑不具有稳定性，股价的运行方向难以确定。

B 点现价线、均价线突破收盘线上行后回落，现价线缠绕均价线，盘整震荡在收盘线之上，这是一种相对平衡的收盘线支撑显示。

C 点股价急升后回落震荡，现价线和均价线保持着一定的厚度空间，显示股价得到现价线、收盘线的双重强势支撑。这种强势支撑在现价线和均价线之间没有较大乖离的前提下，能够起到一定的助涨作用。

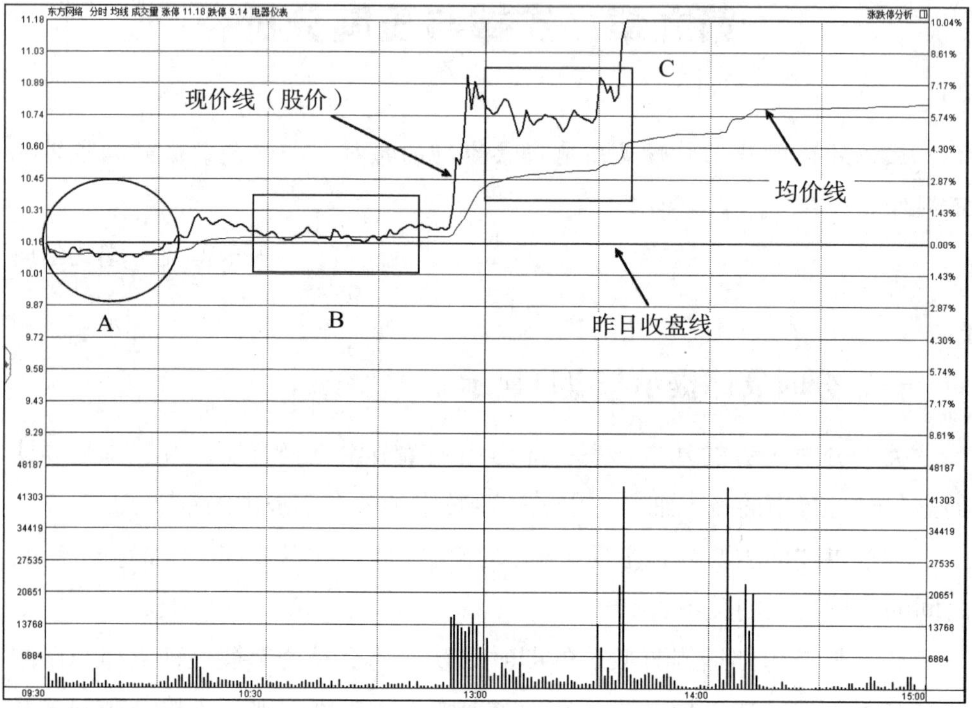

图 3–1

1. 收盘线支撑

实战中，收盘线的支撑力度决定当日股价处于上涨还是下跌态势。当现价线震荡在收盘线上下时，是一种相对平衡的收盘线支撑显示。

换句话说，现价线震荡在收盘线上下时，股价既可能选择上涨，也可能选择下跌。这个判断很像是废话，但是仅从分时走势孤立地分析，也只能得到类似的结论。

分时走势上收盘线的支撑力度，其实取决于技术环境分析结论。

当某股在技术环境上处于调整结束的当口，分时走势显示现价线震荡在收盘线上下时，就是股价启动上涨前确认支撑的动作。

当某股在技术环境上处于将要调整或调整过程中时，分时走势显示现价线震荡在收盘线上下，则是股价诱多或随机震荡的动作。

这个技术环境分析，在“K线图的印证”一节中有所涉及。至于判断调整结束与否，则要详见“技术环境分析”一章和《K线图核心技术》一书。

关于现价线震荡在收盘线上下的概念，如图3–2所示。从左图看，现价线围绕收盘线波动，这时股价会出现一会儿上涨、一会儿下跌的盘口显示。这种形式不必然意味着股价失去支撑，从技术的角度来说，更像是对于支撑有效性的测试过程。

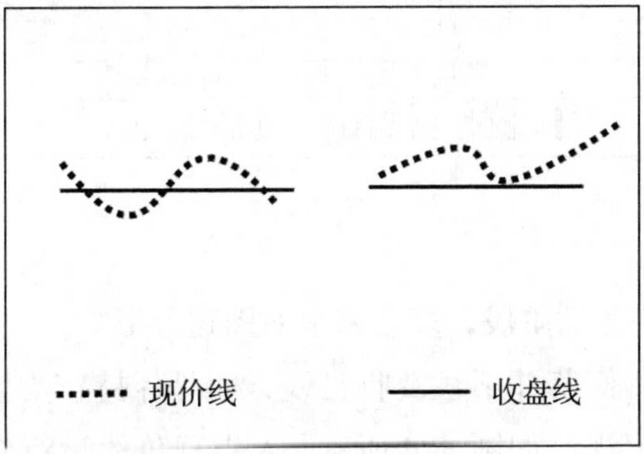

图3–2

如图3–3所示，A点现价线、均价线围绕收盘线上下波动。在这个过程中，股价盘口数据必然是一会儿显示上涨，一会儿显示下跌。这种走势对交易者会产生较大的迷惑性，部分不够坚定的持仓者也许会选择卖出，而持币者会延长等待进场的时间，甚至取消进场买入的计划。这种形式在技术上既完成了对收盘线支撑的测试，也利用微幅震荡进行了一定程度的洗盘。

如图3–2中右图所示，股价一直处在收盘线上方，回落触及收盘线便会上涨，这种形式的支撑，从分时走势上讲强度较为理想。很多个股在启

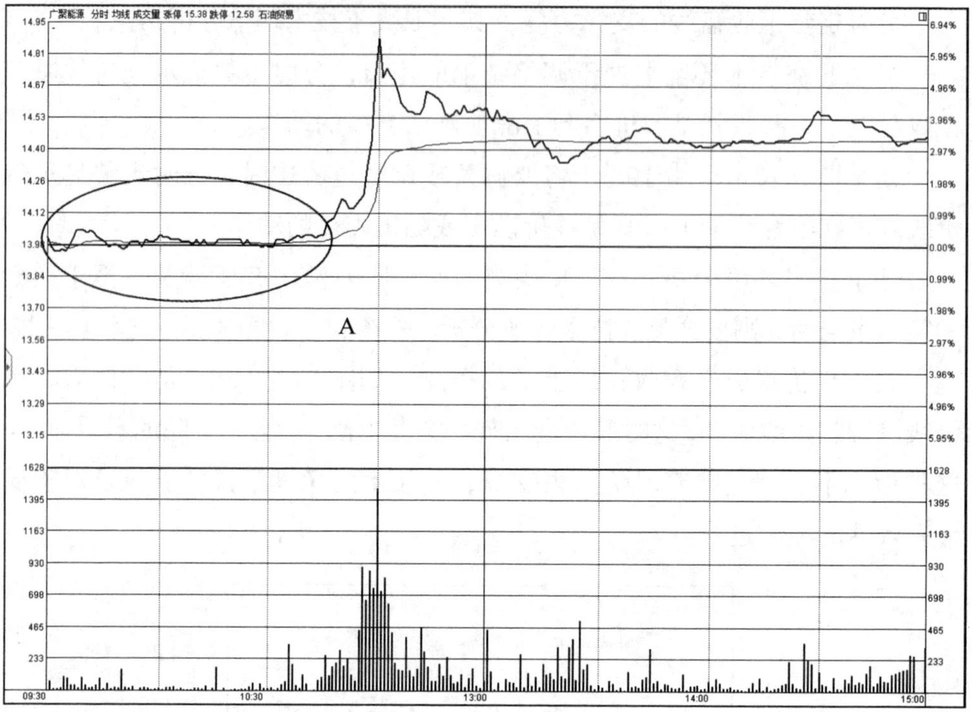

图 3-3

动上涨之前的强势测试阶段，多会采取右图这种形式。

有的个股股价回落并不触及收盘线，而是保持较为微小的空间，之后股价突然爆发性上涨。如图 3-4 所示，A 点现价线运行在收盘线上方，中间的波动低点都没有触及收盘线，显示收盘线具有较强的支撑，之后股价急速拉升。

收盘线支撑和技术环境分析的关系极为密切，因为牵扯到股价即时涨跌的显示问题。毕竟大多数交易者最关心的是股价的涨跌，主力资金往往会巧妙利用收盘线进行诱空或诱多，多数情况下效果都会很理想。

收盘线支撑分析，必须结合技术环境分析进行，否则得到的不是“废话”就是“谎言”。

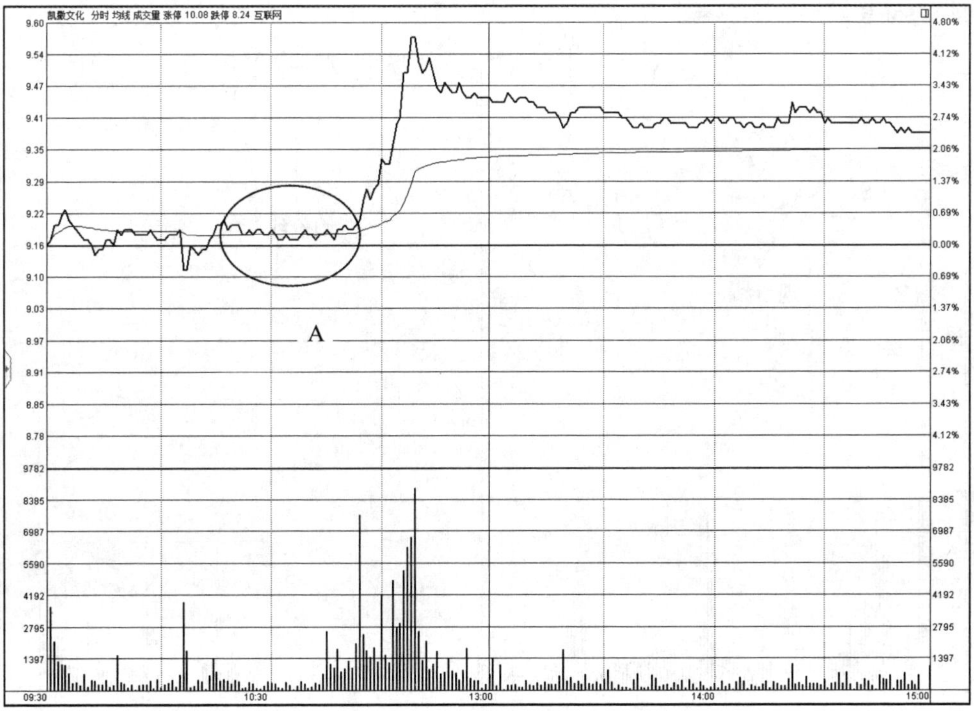

图 3-4

2. 均价线支撑

均价线的支撑远比收盘线的表现形式多，而且变化更为复杂。同时，均价线并不像收盘线那样是价位固定的一条直线，均价线的形态是随着股价的变化而变化的，所以均价线的支撑是即时的，也是分时走势中最能显示股价最新变化趋向的指标。

如图 3-5 所示，该股低开后迅速上涨，均价线跟随上升，之后在股价震荡中显示出较好的支撑力度。在 A 点位置，现价线和均价线之间形成较大的乖离，随后股价逐波回落，均价线则维持缓慢上行的态势。

这个案例中，A 点之前均价线的支撑力度非常强，具有助涨作用。A 点之后，现价线逐步回落，虽然并未触及均价线就开始回升，但因为时至尾盘阶段，此时均价线的支撑力度究竟如何，还缺少一个测试的过程。

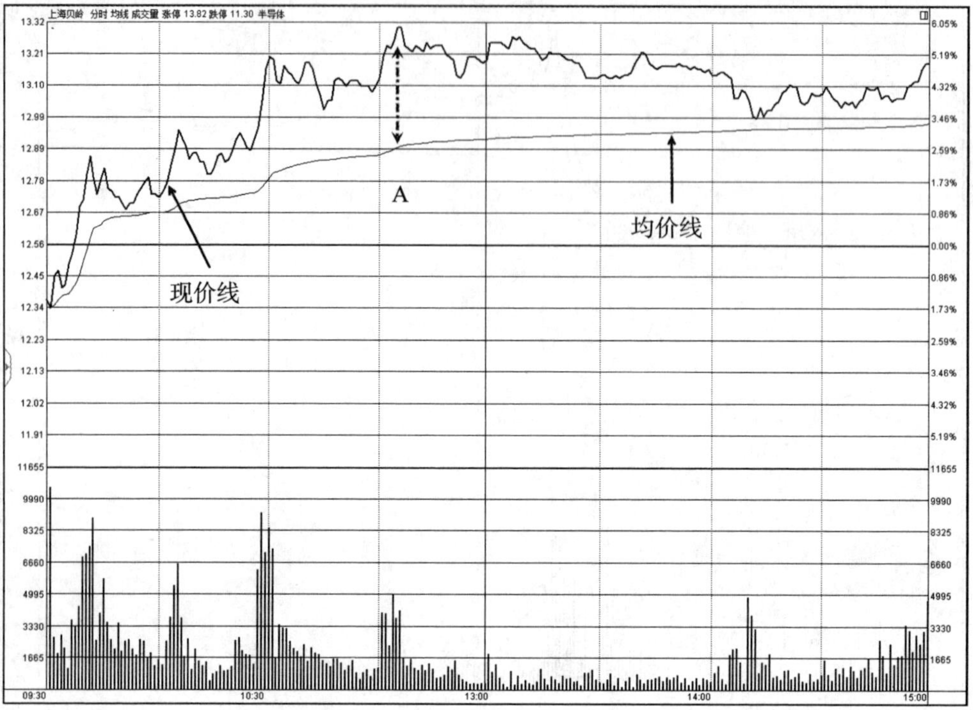

图 3–5

通过图 3–5 这个案例可以发现，均价线的支撑力度是随着股价的变化而变化的。一个具有强势支撑的均价线，在之后的运行中可能会变成弱势支撑或者需要测试和验证的支撑。

对于均价线，测试和验证支撑力度的形式如图 3–6 所示。

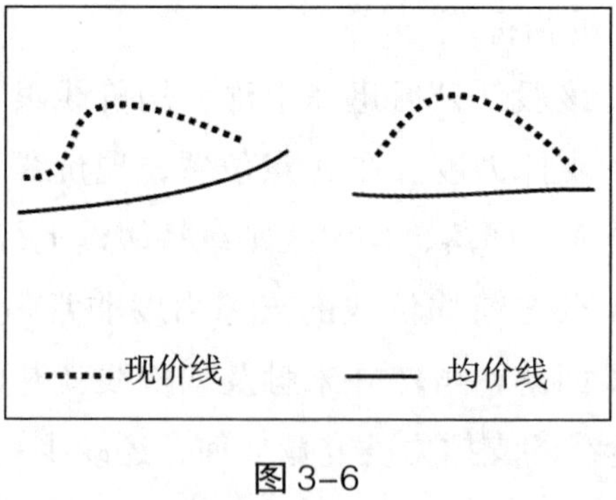

图 3–6

如图 3–6 中左图所示，现价线回落，均价线仍维持缓慢上行，这就是一种需要测试支撑强度的形态。如果股价得到支撑，均价线将会起到助涨作用。

图 3–6 中右图所示，则是弱势支撑的表现形式。现价线回落，均价线横向运行或缓慢下行，虽然股价并未跌破均价线，但这种形态下的均价线支撑，往往经不住股价下跌的考验。

图 3–6 中右图所示的形态，如果出现在收盘线下方，则弱势支撑的意味更为明确。图 3–7 中 A 点所示，就是一种弱势支撑。这种支撑下股价的波动非常频繁，且整体向下倾斜。

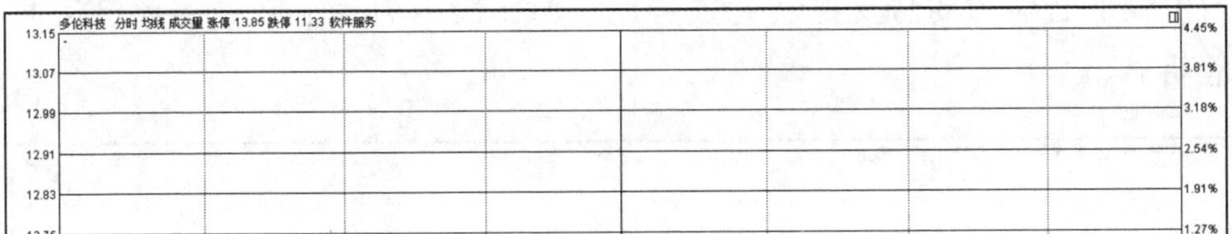

图 3–7

实战中，对于弱势支撑形态的个股，不可轻易参与抄底。有时候，所谓的支撑，就是为了让市场资金看到希望，采取行动，等到市场资金买入后，支撑将不复存在。

在研判均价线或收盘线的支撑力度时，量能问题也是需要重点考量的因素。如图 3-7 中的 A 点，量能一直处于萎缩态势，现价线整体趋向向下，显示各方资金按兵不动，或市场资金处于缓慢流出的状态。

在缩量横向运行的状态下，除了长期冷门股，多数个股股价不是在沉默中死亡，就是在沉默中爆发。

如图 3-8 中 A 点所示，现价线在收盘线下横向运行，均价线同样提供弱势支撑。至 B 点时，现价线突破收盘线，这时可以看到量能温和放大，显示有资金开始稳步进场吸纳筹码。当收盘线从压制转化为支撑，均价线从之前的弱势支撑转为强势助涨时，股价启动上涨的迹象已经非常明显。

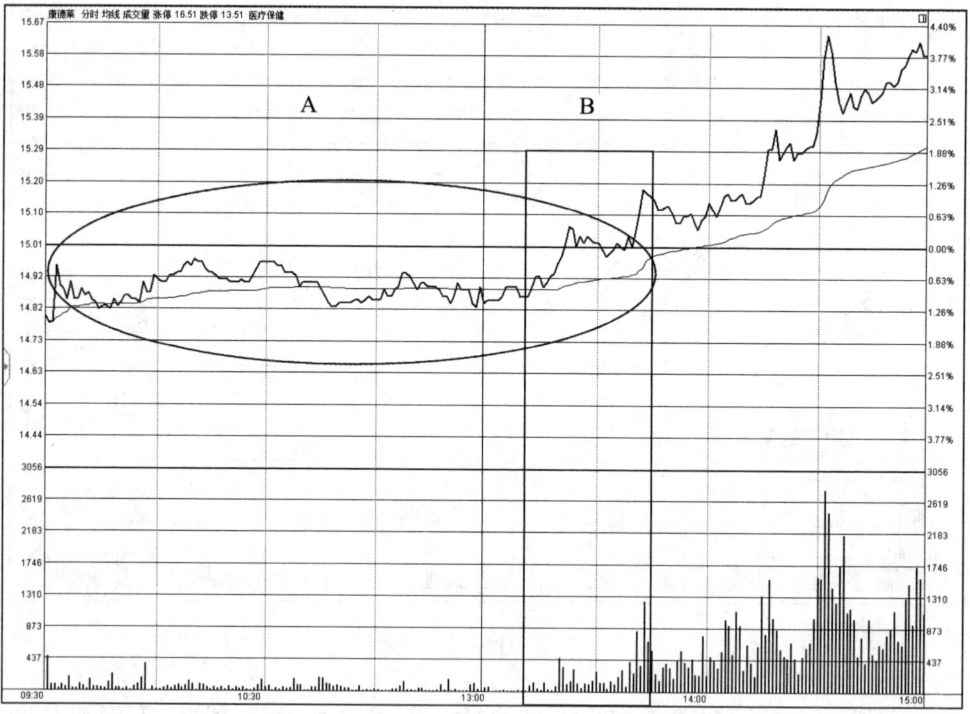

图 3-8

相似的图形，最终结果可能并不相同，弱势、强势总是处于变化之中。

量能也是同样的道理。如图 3-8 中 B 点之后的聚量形式，显示的是资金不慌不忙地稳步推进。实战中，有的个股会在相同的形态下出现突放巨量拉升的走势。

突放巨量拉升并不是不好，但在主导资金的操作下，判断当日总量性质时，会增加较大的难度。

二、分时压制提示与盘口显示

支撑与压制并不是全无联系，孤立存在的，二者是相互转化、相辅相成的关系。没有压制，也就体现不出支撑。没有支撑，也难以定义压制。

实战中，某一条线被向下跌破，并不代表股价失去支撑。只有这条线从本来应有的支撑转化成为压制，才是失去支撑的最真实体现。同样，某一条线被向上突破，并不代表股价得到支撑，只有这条线从本来应有的压制转化为支撑，才是突破压制的最真实体现。

1. 收盘线压制

股价开盘后受到收盘线的压制，说明昨日尾盘或者收盘竞价阶段多空存在极大分歧，这种分歧延伸到次一交易日，使收盘线对股价形成压制。另外一种情况是，昨日收盘价是由尾盘急拉等虚假形式构成的，导致次日股价受到收盘线的压制。

盘中股价也会从受到收盘线支撑转化为受到收盘线压制，这也是股价由上涨转为下跌的过程。

如图 3-9 所示，A 点现价线盘整震荡在收盘线上下，这是一个确认支撑是否存在的过程，之后股价下跌。B 点现价线反抽收盘线受到压制，于是展开一波下跌。至此，收盘线的支撑已经转化为压制，或者说确认压制存在。

在股价确认受到收盘线压制的过程中，出现类似于 C 点的反抽，多数会对股价起到助跌的作用。尤其是图 3-9 中，股价同时还受到均价线的压制，双重压制下，极有可能出现一波急跌。

收盘线的压制并非都如图 3–9 中的案例那样有一个确认性质的反抽。如图 3–10 所示，A 点现价线震荡在收盘线上下，随后很快就出现回落，说明收盘线的压制已经存在。

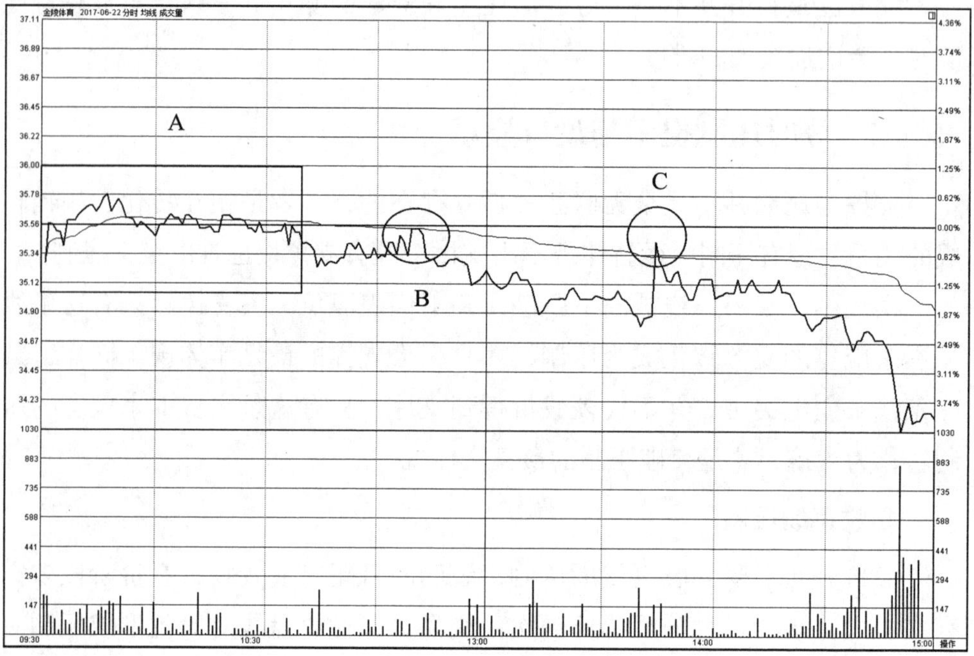

图 3–9

判断存在压制，有利于交易者分析股价即时强弱度。换句话说，压制就是一块试金石。

如图 3–10 所示，B 点股价放量突破收盘线，突破时的量能与急跌时的量能很相近，但更具有持续性，这种表现至少说明盘中主导资金并不愿意看到股价继续下跌。

至于股价随后是否会立即转入上涨，是需要另外分析的问题。但从中知道，即使股价再次出现下跌，反弹的低点也不会离此太远。

图 3–10 中，B 点现价线突破收盘线的压制，并没有放出过大的量能。

之后股价继续上升，显示收盘线的压制并不强，或者说是一种相对轻松突破压制的走势。B 点的表现说明，在收盘线这一价位上，多空分歧并不大，或者说主导资金拉升股价时，在收盘线位置并未遇到强大的压制。

图 3–10

实战中，主力经常利用收盘线压制来做文章。如图 3 11 所示，A 点股价低开高走，来回波动以测试收盘线的压制。波动过程中，量能处于持续萎缩的态势，这个成交量细节显示股价突破收盘线压制的概率较小。

收盘线的压制难以突破，B 点股价转为急跌，这个急跌的低点上有量能放出。短线操作时，个人比较喜欢急跌低点放量的形态，这种形态远比缩量下跌“有利可图”。

大多数急跌放量，都是恐慌盘的行为或者制造恐慌的行为，之后大概率会出现幅度不等的反弹，反弹的幅度则需要根据技术环境分析来判断。

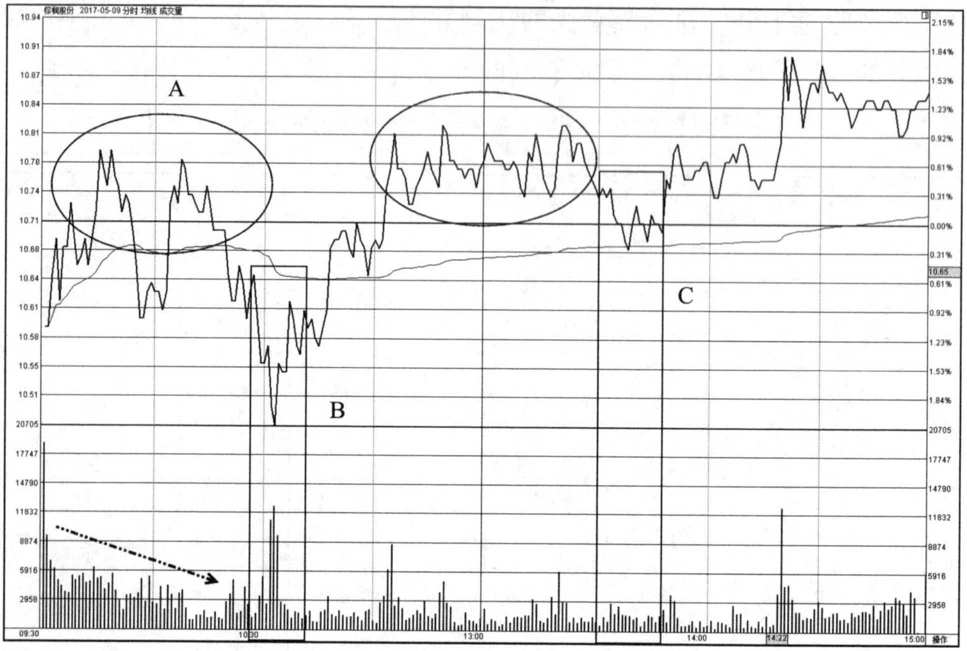

图 3–11

图 3–11 中，B 点之后，股价出现反弹并一举上穿收盘线。该股股价由弱转强几乎就在一瞬间，这种情况也就说明，收盘线压制就是主力手中的道具。股价反弹上穿收盘线后，该股并未进入强势运行阶段，而是横向波动在收盘线上方，C 点甚至还出现一次回抽收盘线确认支撑的过程。

这里可以发现一个细节，C 点回抽收盘线确认支撑的过程中量能较小。

鉴于 B 点急跌时的量能，C 点回抽收盘线这样重要的价位，理应引出一些抛盘。但 C 点的抛盘较少，至少能说明一个问题，即市场持仓者认为，收盘线的压制已经成功转为支撑，C 点的回落只是洗盘性质的，所以并不急于抛出筹码。C 点之后股价上升，似乎也印证了这一点。

从图中可以看到，在 B 点和 C 点之间，股价于收盘线上方横向盘整，期间量能处于相对活跃态势，说明有规模不大的零散资金在此时入场。限于 T+1 交易制度，这部分入场资金不可能在 C 点抛出。原持仓者和追高买入者持股稳定，是 C 点量能较少的主要原因。

主力并不愿意看到市场资金大部分处于稳定的状态，当某种市场观念形成一致时，主力必然会反向利用。

图 3–11 中，主力先利用收盘线压制诱空，再借助收盘线支撑诱多，让看多者和看空者不是无所适从，就是落入主力布下的圈套中。实战中，当个股股价该有的强势始终都不能出现时，就应该为股价弱势的到来提前做好准备。

2. 均价线压制

无论是在收盘线之上还是之下，均价线都可能对现价线（股价）形成压制。不过，对于股价来说，在收盘线之下出现的均价线压制相对更具有助跌性。

图 3–12 中，A 点现价线跌破均价线，B 点股价数次试图收复均价线，这个过程也是均价线对股价从支撑转化为压制的过程。

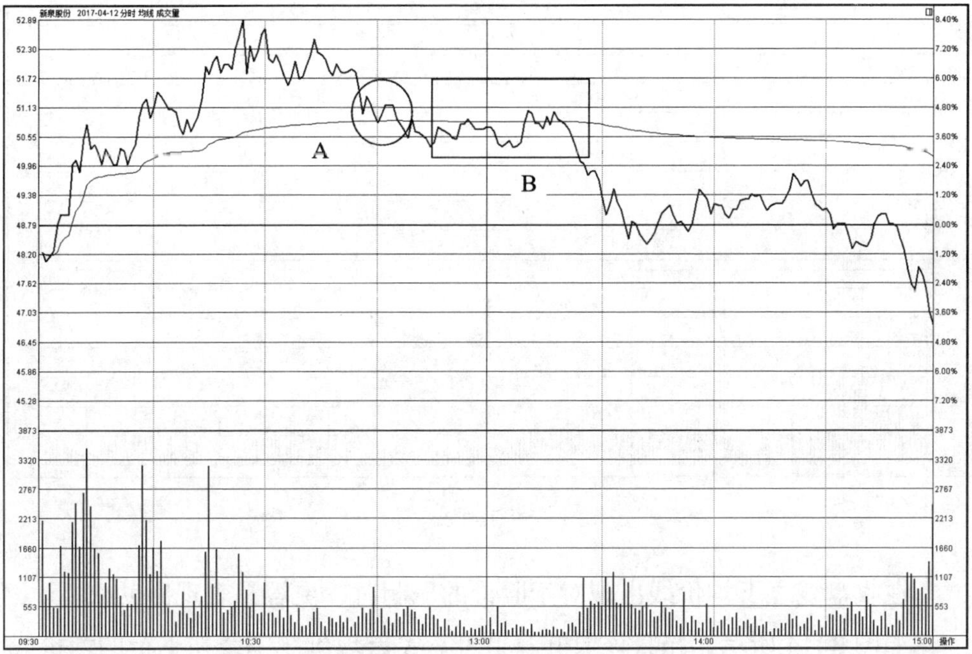

图 3–12

图 3–12 中，B 点是股价确认失去均价线支撑的技术点。在收盘线之上出现这种形态，意味着股价从强势运行阶段逐渐进入到弱势或急速下跌阶段。

在不同技术环境下，并不是所有个股的分时走势中都会出现现价线跌破均价线后确认的过程。如图 3–13 所示，A 点现价线跌破均价线后快速下跌，仅在收盘线上出现一个盘整确认的过程后便继续跌势。

这种接连突破支撑的走势具有较大的突然性，不像是市场自发行为。如果没有突发利空消息，那么可以肯定是主力减仓行为所致。结合图 3–13 中 A 点之前的量能状况，主力阶段性减仓的迹象比较明显。

图 3–13

在收盘线之下均价线出现对于股价的压制时，更容易表现出助跌性。

如图 3–14 所示，当日该股开盘低开，A 点现价线围绕在下行的均价线上下波动，这是一种测试均价线压制的弱势形态。这种弱势形态意味着盘中的做多力量试图向上发起攻击，但很难聚集起足够强大的动能，每一次攻击都在均价线上下被瓦解。

当做多力量消耗殆尽时，股价便会向下方跌落，失望情绪也会迅速蔓延，使得原本心存侥幸或相对乐观的持仓者转变看多立场，加入抛售阵营，股价快速下跌也就随之而来。

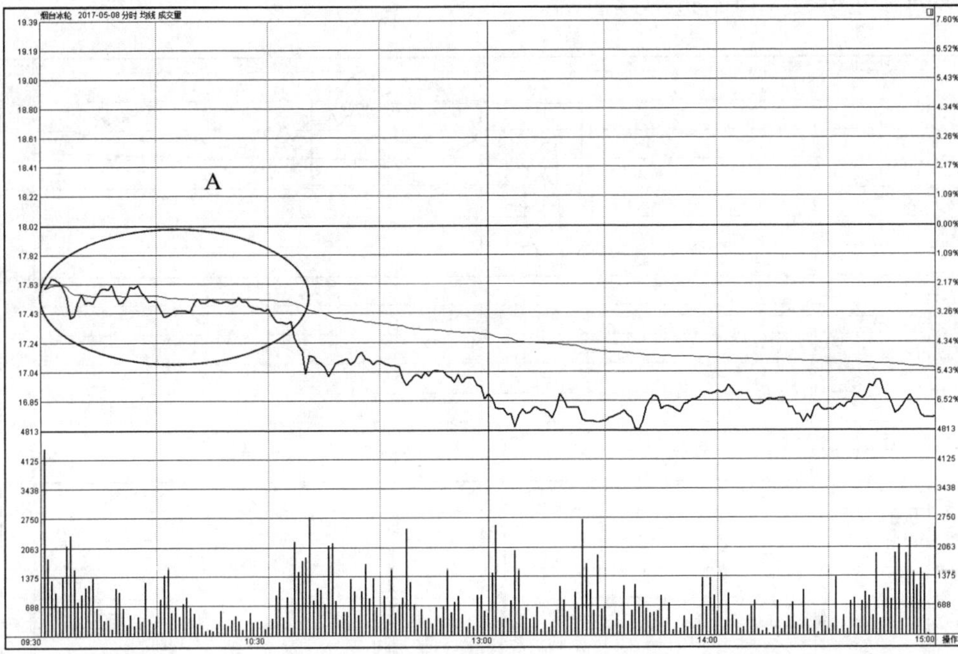

图 3–14

三、K 线图的印证

分时走势上的压制与支撑，仅部分存在于股价的日间波动中。由于其相应级别或力度比较低，且变化形式较多，相互间的转化也比较频繁，因此在股价趋向性判断上容易导致顾此失彼的情况。

实际上，大部分日间波动呈现的支撑与压制，并不具有趋向性判断的意义，其所起的作用可能仅存在于即时交易中（对于当日卖出或买入具有参考作用）。只有关乎股价趋向性的支撑与压制关系，才是交易者需要重点关注并做出分析判断的对象。

股价趋向性的支撑与压制关系，必然在K线图上有所体现，这种综合性的分析有利于提高预判的准确性，这也是技术环境分析的主旨所在。

如图3–15所示，A点股价放量急升至B点，股价达到8元的整数关口上下时开始出现震荡盘整，虽然之后股价又一次急速上冲，但最终还是回落到8元整数关口附近继续震荡。

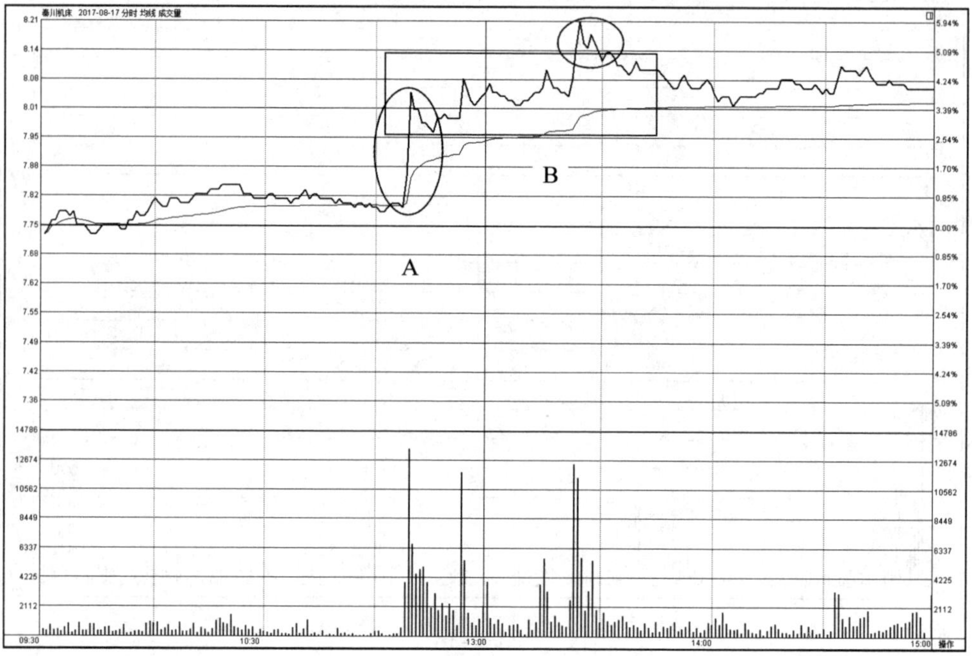

图3–15

从支撑与压制的关系来看，收盘线、均价线的支撑显示良好，那么是什么原因导致股价不能进一步扩展升势？是B点股价急冲形成的乖离，还是整数关口具有的市场心理压力使然？

答案是B点股价急冲的幅度不大，通常不会带来过大的抛压。同时，均价线自A点至B点和现价线之间的厚度空间保持适宜，从技术上看是一种支撑良好的表现。

那么，是整数关口的原因么？

在股价涨升或下跌的过程中，整数关口会给市场带来一定的心理暗示，即可能发生调整或止跌，所以在整数关口上，股价多会出现变数，并由此形成惯性思维和行为模式。

整数关口的压制或支撑，多数仅存于市场心理层面，并不是说在这一点位上真的存在支撑或压制。

在图 3–15 中，股价放量上冲后横向震荡，似乎证明整数关口确实存在较大的压制。这时，交易者就需要重新分析该股在 8 元整数关口上究竟遇到了什么。利用技术环境分析，可以帮助交易者弄清楚原因，并通过 K 线图得到印证。

图 3–16 中 A 点，即为图 3–15 中分时走势形成的 K 线。从图 3–16 中可以很清晰地看到 A 点这根 K 线处于什么位置。图 3–16 中，A 点中阳线面对的或者说需要攻击和挑战的，是前期形成的一个密集成交区，见该图中 B 点。原来这才是该股股价急升至 8 元整数关口后出现横向震荡的真正原因。

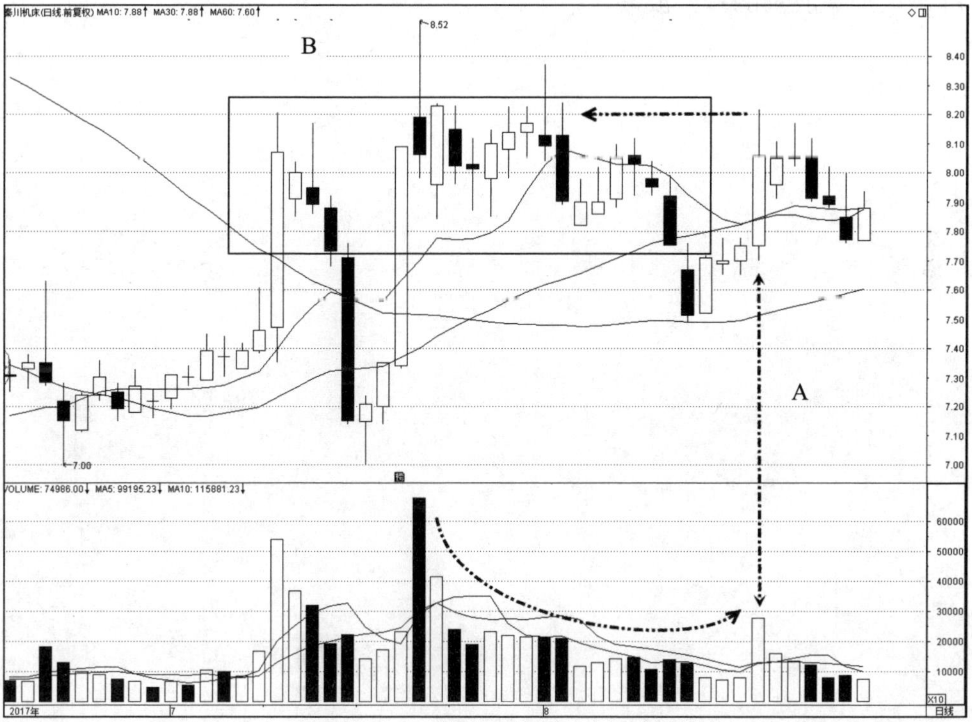

图 3–16

至于整数关口的压制，与其说是巧合，不如说是主力布局时设下的一个点。主力布局整数关口是为了洗盘还是减仓，不是本节探讨的内容，本节重点讲述的是分时走势与K线图的印证。

如图3–16中的A点，成交量能虽有放大，但是对比密集成交区的整体量能来说，只能判断为是一个变量（变量的概念在《成交量核心技术》一书中将有详细讲解），而不是具有趋向或趋势攻击意义的聚量。

结合图3–15中的分时走势和图3–16中A点K线、量能的技术意义，在即时交易中，短线交易者多数会选择在图3–15中B点冲高回落时及时减仓。

K线图上存在支撑或压制，至少也是股价趋向级别的，在分时走势中必然会有体现。交易者必须明确的是，分时走势中的支撑或压制，不一定具有明确的趋向性。K线图与分时图的印证是相互的，这有利于交易者更准确地把握股价的真实波动。

第十章　角度、速度、量能

在长线交易中，除了知识以外，耐心比任何其他因素更为重要。

——杰西·利弗莫尔

一、角度、速度

分时走势上，现价线和均价线不同角度、速度的上升和下跌，蕴含的技术意义存在较大的区别。通过甄别其中的不同，可以预估个股有无主力、主力强弱以及升势或跌势的持续性等。

一个陡直角度的上涨或下跌，意味着走势可能不会持久。而一个角度过于平缓的上涨或下跌，意味着走势可能随时会出现反复。现价线和均价线上升或下跌的角度，既包含市场资金各自目的的分散行为，也有主导资金有预谋、有计划的行为。

很多人只关注价格涨跌的结果，容易忽视上涨或下跌的角度，殊不知这个看上去似乎无关紧要的角度，往往能够告诉你很多价格背后的真相和秘密。不同的运行角度，反映的是主导资金的意志。分析角度，其实就是在分析主导资金的思路。

将分时走势中各种角度进行归纳，大致可以分为 3 种，即 30 度区、45 度区、60 度区。实战中的变化是无穷尽的，在一张分时图上，这 3 种角度可能会相继出现，这方面的内容在后面折返攻击和休整形态等相关内容中会专门讲述，本章讲解的是最基本的 3 种角度和速度。

1. 上升角度和速度

30 度区是指以 30 度角为中心的波动区域。这种角度平缓的上升，也称为缓速上攻。如图 3–17 所示。

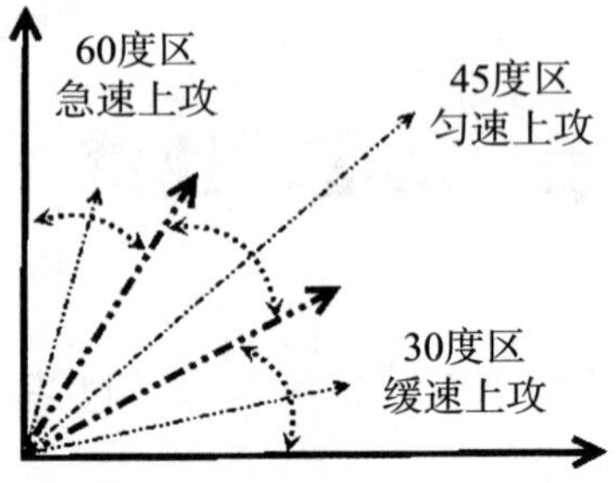

图 3–17

45 度区是指以 45 度角为中心的波动区域。这种不急不缓、相对适中的上升角度，也称为匀速上攻。如图 3–17 所示。

45 度区的上涨，股价表现为稳步运行。如果同时有成交量的配合，更能显示出多方掌控局势稳健。在多数情况下，出现这种走势说明当天的股价运行方向基本不会有太大的变化，除非大盘运行情况出现突变。

60 度区是指以 60 度角为中心的波动区域。这种较大角度的上升，也称为急速上攻。如图 3–17 所示。

例如，某股现价线突然打破原来的运行节奏，以大角度上涨，瞬间拉升数个百分点，成交量骤增。出现这种走势的原因很多，比如主力启动主升段，主力试盘、出货，操盘手的乌龙单、机构任务单等。

（1）30 度区缓速上升

30 度区上升，由于角度运行平缓、强度不足，往往会带来较大的不确定性，使交易者在判断上容易产生迷惑。实战中，很多个股的 30 度区上升结束后，经过回落调整才会进入到真正的升势。

30 度区上升，显示多空双方处于胶着状态，股价虽然上升，但多方并不具备明显的优势。通常来说，采取 30 度区上升，多是市场资金行为或是主导资金故意示弱的一种行情运行模式。

30 度区的上升不会长久延续，多数个股会在波动中改变原有的运行角度，一旦主导资金放弃掩饰，露出真实的面目，股价随后就会进入到真正的上升波段或者转入下跌。

图 3–18 中，现价线整体的波动角度在 30 度区，成交量相对较低，呈现交易清淡、稀疏的状态。这种上升角度下，股价只能维持缓速上升。

从技术上分析，30 度区上升是一种等待形态，多出现在个股震荡盘整期间，目的是为之后的股价上升或下跌积蓄动力。

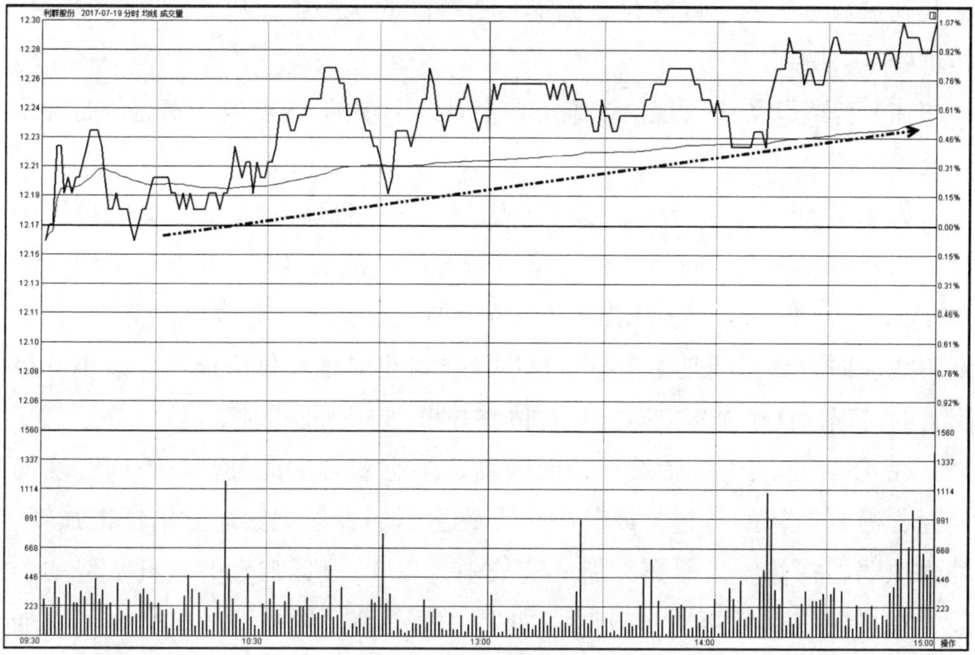

图 3–18

30 度区上升在一些并无主力操作的个股中较为常见，当然，也有主导资金利用这种形式上升，故意使市场资金产生疑虑，不敢在第一时间进场。

（2）45度区匀速上升

角度过大的上升，强度虽强，却很难持久。角度过小的上升，攻势绵软无力且存在折返的可能性。保持45度区的上升，是一种较为理想的向上攻击形态。

研究实战案例可以发现，升势持续性好且强度较为理想的个股中，多数都是以45度区的角度展开攻势的。

45度区在角度上不急不缓，处于一种匀速上攻的态势。虽然技术上显示多方具有主导性，但空方显然并未放弃抵抗，而是不停地反击。正因为多空双方的激烈博弈，才使得行情的运行具有较强的支撑力度，并处于一个获利盘与亏损盘不停转化、成本不断垫高的状态中，从而使股价的运行相对稳定、易判。

在升势或跌势中，现价线维持在上升或下跌的45度区，则运行的持续性及强度都比较高。

如图3-19中A点所示，该股开盘后以30度区缓速上升，此时可以将其视为对收盘线和均价线支撑力度进行测试的测试区域。B点现价线变轨为45度区匀速上升，量能也随之相应增加，显示出一定的升势强度。C点现价线横向震荡，既是对下方支撑的测试，也是消耗做空能量、减小升势阻力的过程，这也是多空双方短暂休整并将进入决战的时刻。

在45度区的上升持续一段时间后，多空双方的能量都有不同程度的消耗，需要短暂的休整，或其中一方故意示弱，以观察对方的反击强度，孰强孰弱将在休整后暴露无遗。实战中，以45度区启动并展开攻势的个股，在横向震荡后再次上升时，如果角度变小，量能缩减，则要留心强度减弱。

现价线45度区拉升之后出现横向震荡，说明空方反击能量依然存在。需要注意的是，这种横向震荡过后，现价线应加大上涨角度，或以不小于之前的45度区继续升势。只要量能不出现大幅缩减，就说明股价的强势状态并无改变。

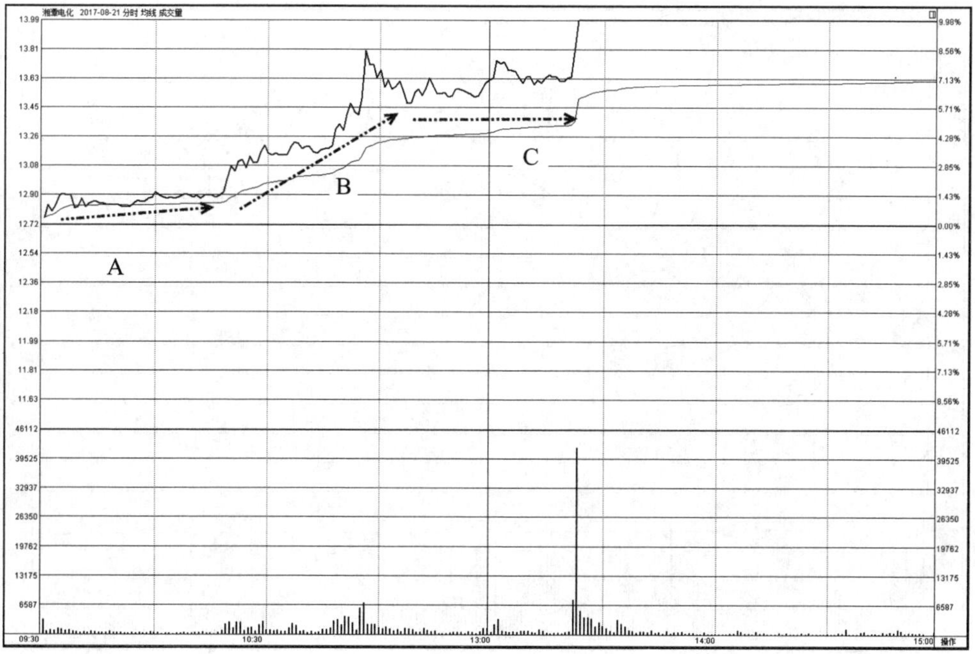

图 3-19

横向震荡后，如果被削弱的是空方，此消彼长，多方则应变得更强大。如果多方在之后并没有向上加速，反而走势绵软，升势小于之前的上涨角度，那么交易者就要留心。这个横向震荡或者改变股价的强势状态，出现转向胶着的盘整，或者发生向下的扭转。

如图 3-20 所示，A 点现价线以 45 度区上升，但在 B 点的震荡盘整后，却难以恢复到原有的上升角度。这个案例说明，升势后的震荡盘整中，被削弱的有可能是空方，也有可能是多方。当之前主导升势的多方被削弱后，其主导的升势必然受到影响，再次启动升势时，则很难维持或增强原有的升势强度。

分时走势中一个极小的细节，都可能蕴含股价重大转折的信息。及时关注股价转强或转弱的细节信息，对于准确选择买卖点具有重要意义。

图 3-20

（3）60 度区急速上升

现价线角度过小或过大的上升，都不是一种正常的状态。在非正常状态下，股价的波动都会有飘忽不定的一面。

60 度区是极为陡峭的升势角度，这种角度必然是资金集中攻击带来的。这种急速上升的走势，往往是主导资金的突击行为或在其诱导下市场资金的蜂拥效应。

技术上，现价线以 60 度区上升时，表面上至少说明盘中空方已经放弃有力度的反击，行情处于多方全面掌控的单边运行节奏中。

缺少空方的反击，对于股价的运行未必就是好事。过于集中的一致观点，必然导致单方向的疯狂冒进，物极必反的威力随后将会显现。

实战中，现价线以 60 度区的陡峭角度上升，如果不能巨量封住涨停板或得不到做多资金的持续支持，那么接下来将会很难辨别相对复杂的回落走势。

如图 3–21 所示，开盘后该股在收盘线上下盘整震荡。在 A 点，股价受到资金的突然攻击，现价线短时间内以 60 度区快速拉升到近 8% 的涨幅，但明显可以看到后续资金难以为继，随后现价线震荡回落，向下寻求支撑。

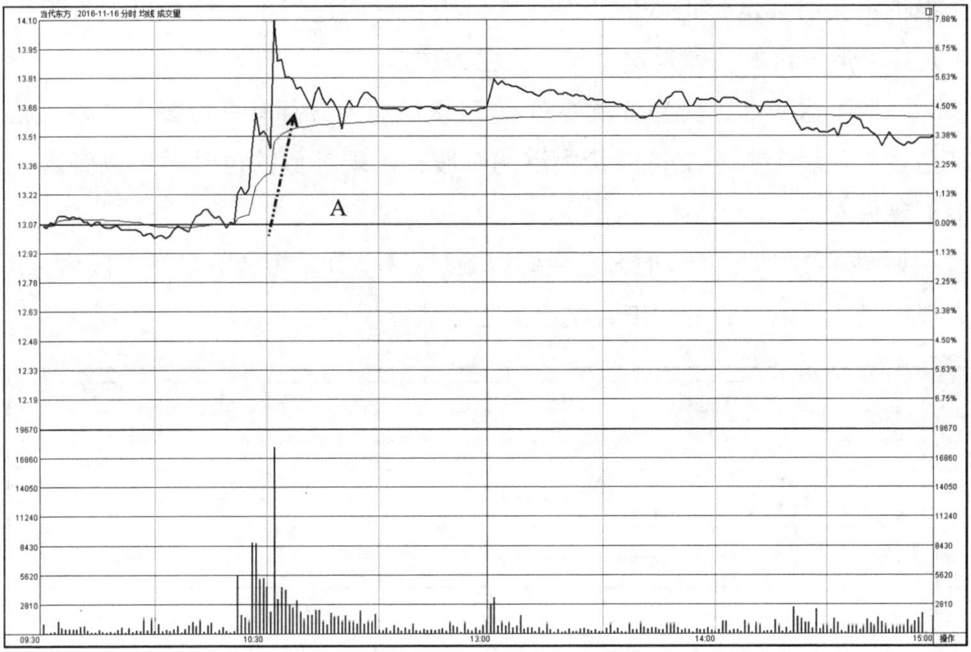

图 3–21

图 3–21 中，A 点的成交量显示，此次急速上攻源于资金的热烈追捧。实战中，这种在资金驱使下脉冲式的拔高很常见，甚至在技术环境并不支持股价大涨的情况下，也会在分时走势中出现瞬间急速拉升。拉升原因因股而异，并没有确切、统一的说法，但不外乎以下几种：主导资金的诱多行为、试盘、利好传闻等。

当 60 度区急速上升结束后，如果回落至 45 度区附近止跌回升，说明涨升的强度仍在，那么强势可能会继续。如果 45 度区被跌破，即使后期恢复上升，其强度和持续性都很难判断。

不少交易者可能都遇到过这种情况，即看到个股急速上升，于是加价追高，但报价跟不上股价的涨速，急切之下狠心高报数个价位。成交之后，却发现股价就在买入价上下徘徊，也有的随后开始回落。

不少人都抱怨自己的运气不好，认为是追得太晚的缘故，其实这并不是时间早晚的问题，而是在资金优势或者大单对倒拉升的情况下，主导资金根本不会给你低价追入的机会。如果很轻易就追到了，那么可以肯定，不是你的运气奇好，就是这个拉升为主力诱多。

明白了这一点，交易者就要对60度区急速上升存有一份警惕之心，尤其是技术环境上并不支持股价大涨的个股，出现类似的拉升时可以旁观，但不要买入。

如图3–22所示，该股开盘后即以60度区上升。短暂的盘整震荡后，B点现价线几乎以垂直的角度直接巨量封住涨停板。

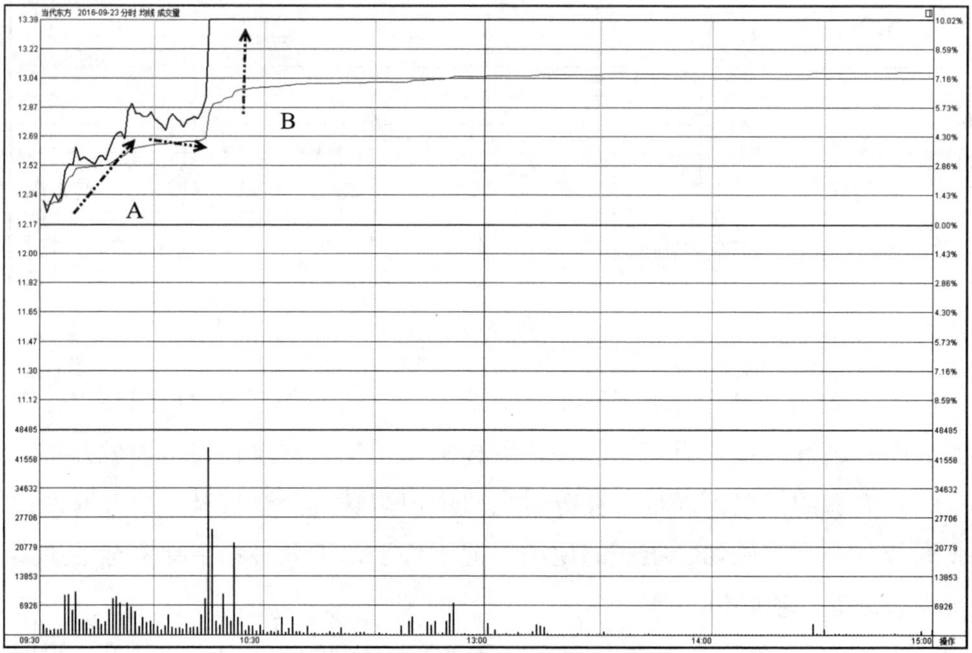

图3–22

真正的强力拉升不会存在过多、过长的盘整，整个过程绝不会拖泥带水。如果出现很多让散户“上车”的机会，那么追入的价格也绝不会很低。冗长的盘整，反复的拉锯，绝不是主力急拉阶段的选择。

2. 下跌的角度和速度

30 度区是指以 30 度角为中心的波动区域。这种角度平缓的下跌也称为缓速下跌。如图 3–23 所示。

45 度区是指以 45 度角为中心的波动区域。这种不急不缓、相对适中的下跌角度，也称为匀速下跌。如图 3–23 所示。

60 度区是指以 60 度角为中心的波动区域。这种较大角度的下跌也称为急速下跌。如图 3–23 所示。

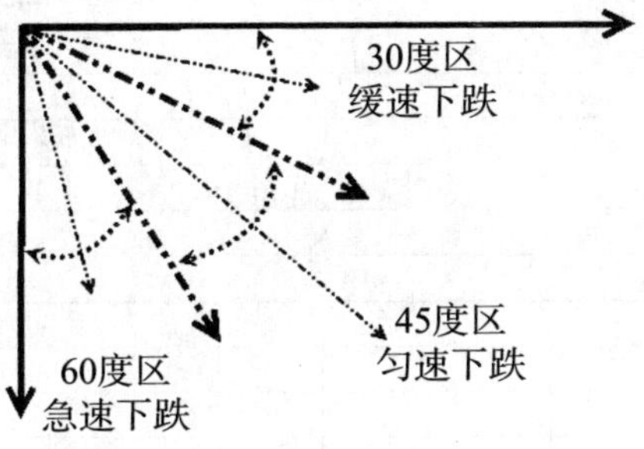

图 3–23

（1）30 度区缓速下跌

下跌并不可怕，可怕的是股价走势捉摸不定，欲跌还涨。面对这种走势，交易者会陷入两难选择，并因此犹豫不决，无法果断决定去留。有的怕错失买入时机，有的怕不卖遭遇套牢。买后跌，卖后涨，是这时最常见的现象。30 度区的下跌，就是这种让人难以决断的下跌走势。

30 度区下跌表面上看起来似乎很温和，下跌力度不强。正是这种表面现象，使人容易放松警惕，在盘面走势模糊难判时随意地进行交易。

30 度区缓速下跌，可能是升势途中温和的回落调整，也可能是加速下跌开始前的"平静"期，还有可能是冷门股的常规波动形式，这些都需要运用技术环境分析来判断。

如图 3–24 所示，A 点现价线围绕收盘线上下波动，B 点则处于一个角度平缓的 30 度区下跌过程中。技术环境上，该股处于大跌之后的盘底阶段。结合分时走势情况，可以初步认定该股暂无主导资金运作的迹象，说明该股在短期内是未被重点关注的冷门股。

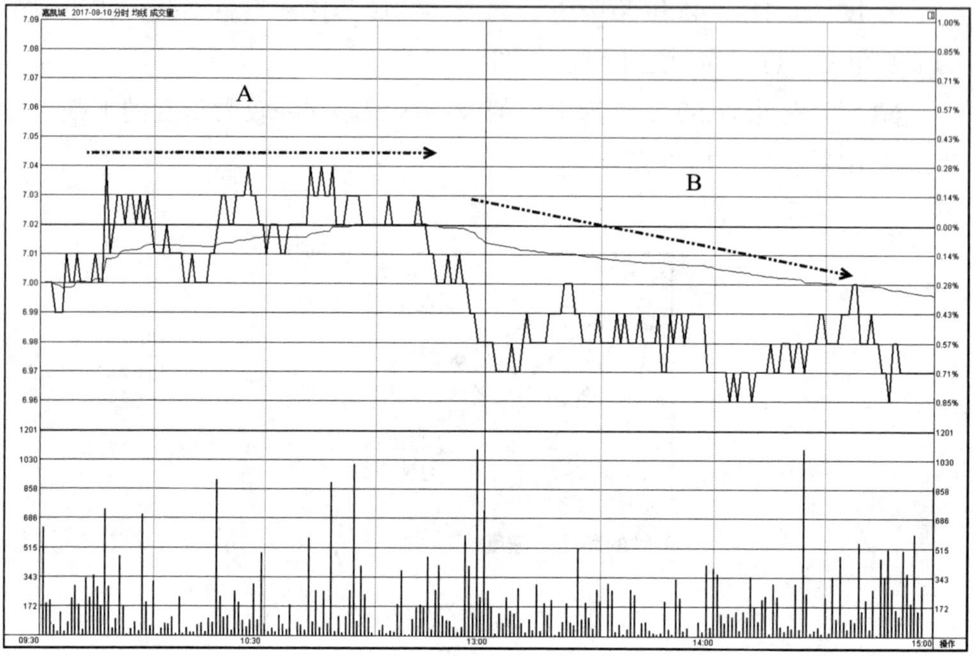

图 3-24

30 度区的下跌，并不都如图 3-24 中那么平淡无奇，有些个股会突然出现改变角度的上冲或下沉。引发这种突发性走势的原因非常多，有的是多方恢复涨势的尝试，有的是主导资金故意诱多的手段。这种走势对于短线交易者是个考验，喜欢短线追高的人，很有可能会选择在股价瞬间飙升时追入。

不论是哪种可能，在没有经过技术环境分析和相关技术确认的前提下，对突发性的拉高行为最好只追踪观察，不参与交易。

（2）45 度区匀速下跌

45 度区下跌是一种既具有杀伤力，又具有趋向维持强度的下跌角度。

45 度区的角度不急不缓，让做多者不至于失去信心和希望，所以会不断地发起反击。空方正好利用多方的不断反击来逐步消耗、瓦解做多的动能。

由于在反击与消耗中形成了匀速下跌，下跌本身又经历了不断验证、加强的循环过程，所以使走势能够保持稳定并持续运行。只有当匀速下跌的节奏出现变化（加快或变缓）时，这种强度较高又极为稳定的下跌过程才会结束。

图 3–25 中，该股开盘后围绕收盘线横向波动，之后展开缓速下跌。至 A 点股价加大角度至 45 度区，继续维持下跌走势。

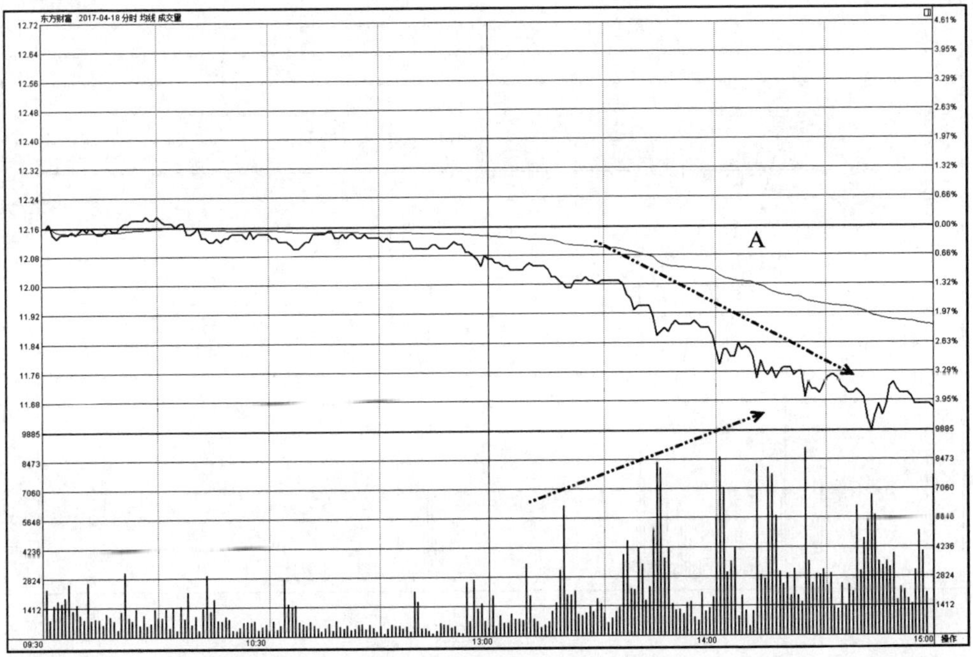

图 3–25

A 点 45 度区的下跌过程中，成交量和早盘相比显示出不断增加的态势。这说明在整个匀速下跌的过程中，持仓者越来越认可下跌的持续性并加入到减仓的行列中，这些减仓行为保障了 45 度区下跌的持续性和强度。

当下跌成为市场共识时，下跌的角度和速度会进一步加大、加快，离股价走势反转也就更近了一步。

（3）60 度区急速下跌

60 度区急速下跌的持续时间一般较为短暂，但下跌幅度、速度和强度却非常惊人。

如图 3–26 所示，A 点现价线以 60 度区急速下跌，整个急速下跌的过程非常短暂，但跌幅却非常惊人，从涨幅 1% 以上的价位一直跌至跌停板。

60 度区急速下跌的幅度越大，速度越急，迎来的反弹越强烈。如图 3–26 中的 B 点和 C 点，这两个点的反弹都达到 5% 以上。

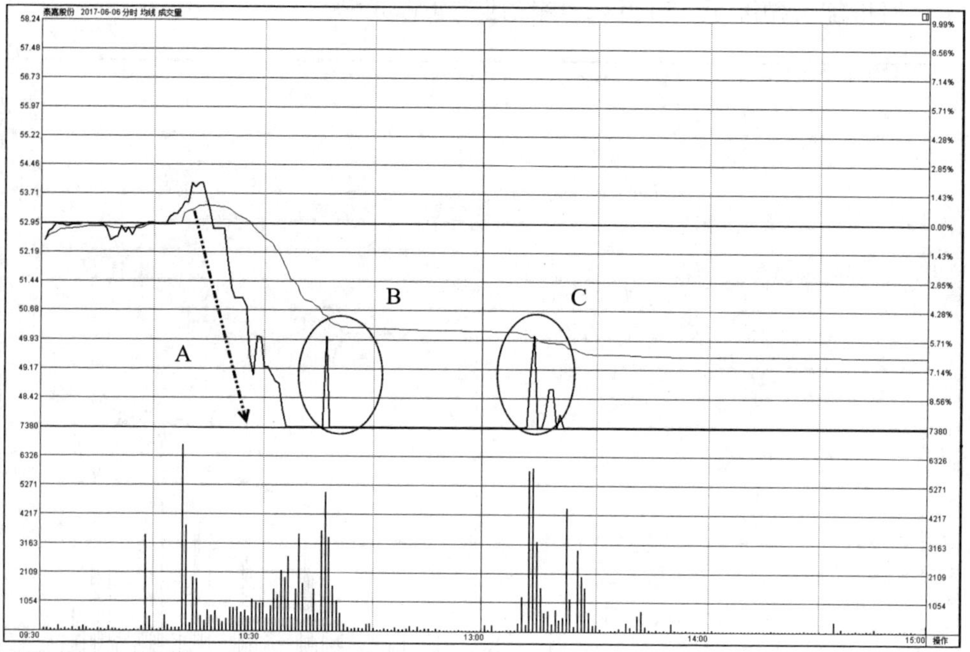

图 3–26

虽然图 3–26 中 B 点和 C 点的反弹力度较强，但都未能改变股价之后继续封死跌停板的命运，这和个股所处的技术环境息息相关。

股价处于高位或下跌初期的个股，盘中出现 60 度区急速下跌时，即使分时走势有强烈反弹出现，也不是适宜的介入点，更多的时候是减仓的良机。

股价经过长时间或大幅下跌之后，如果盘中出现 60 度区急速下跌时，可能是极为理想的短线买点。

在个股大跌过后的底部盘整阶段，60 度区急速下跌会给市场带来恐慌气氛。因为看不到希望，交易者容易陷入飓风已至，孤立无援、束手无策的绝望情绪中。恐慌性的杀跌，多会在跌势末尾出现。

主导资金往往利用这种恐慌情绪逼迫交易者在低价抛出筹码，借机吸筹建仓，为之后的反弹或趋向扭转作准备。

如图 3-27 所示，当天大部分时间内，该股现价线都在收盘线上下盘整震荡。A 点现价线以 30 度区缓跌，一切似乎风平浪静。突然之间，B 点现价线以 60 度区急速下跌，这种急速下跌使得恐慌情绪迅速蔓延。

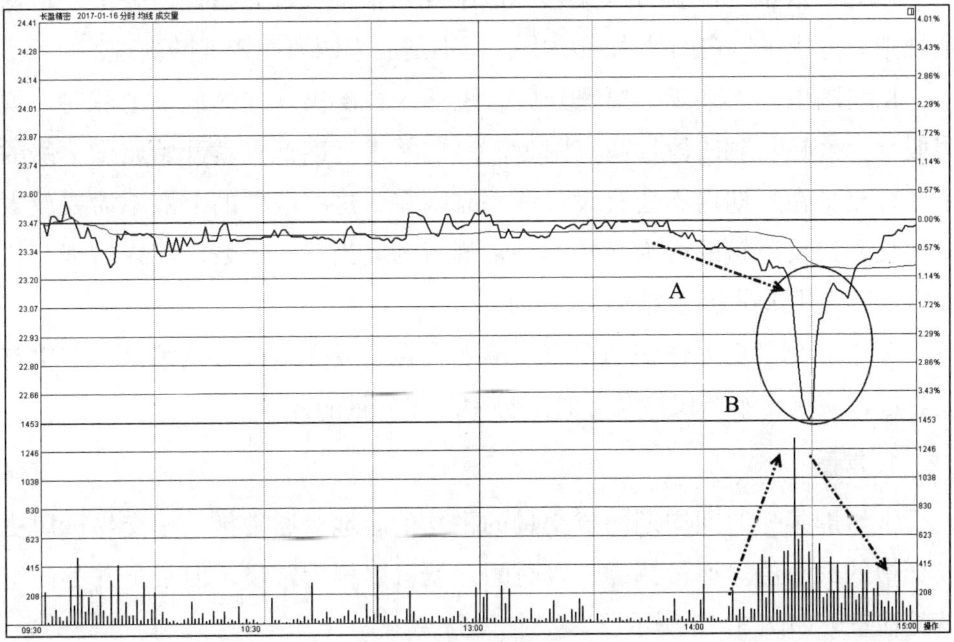

图 3-27

B 点的成交量变化显示，急速跳水过程中，当天最大成交值出现在股价的最低点附近，这也是恐慌性杀跌的重要标志。

就在市场处于惊慌失措中时，现价线并未在低点过多停留，而是以同样陡直的 60 度区急速上升。处于惊恐之中的交易者，多数只能眼睁睁地看着涨升行情从身边呼啸而过，却不敢出手把股票买回来，因此这时的成交量反而处于消减之中。

个股长时间或大幅下跌之后，突然出现60度区急速下跌，往往会形成一个重要的阶段性低点。

二、量能聚散与二次攻击

成交量在技术分析中具有重要的地位。

不同阶段、不同时期的成交量变化，其技术含义有时会大相径庭，远不是通常认为的那样简明易辨。

例如，放量上涨就可以买入，这条规则很多人都知道，但并不知道这条规则只适用于特定的技术环境中，而不是放之四海而皆准的真理。

K线图中，当某股大幅涨升后，短期内再次出现连续放量上涨时，说明股价已经运行到阶段性高点附近。一些并未远离低点就开始放量上涨的个股，至少在短期内不会有大行情。原因在于这些股票的上涨不需要放太大的量，违反逻辑的行为必然不是常规行为。当然，击鼓传花式的资金接力行为不在本节分析之列。

关于成交量更为详细的内容，笔者会在《成交量核心技术》一书中与读者进行交流，本节仅涉及分时走势中的部分量能分析。

1. 常量

常量即某一时间周期内成交量的平均值。地量通常指某一交易标历史成交中的最小值。地量持续一段时间，就可以称为常量，但常量并不一定就是地量。如图3-28所示。

常量并非静态的，而是动态的。随着行情的不断变化，某一时期的聚量、变量会逐渐转化为新的常量，所以常量的值并不恒定，是不断增大或缩小的。

在分时走势中，常量的表现形式相比K线图要简单得多，而且多数会和量能消散互相重叠。

2. 变量

变量是指成交量出现不规则的忽大忽小的情况，价格也会相应地出现较大的起伏。如图 3–28 所示。

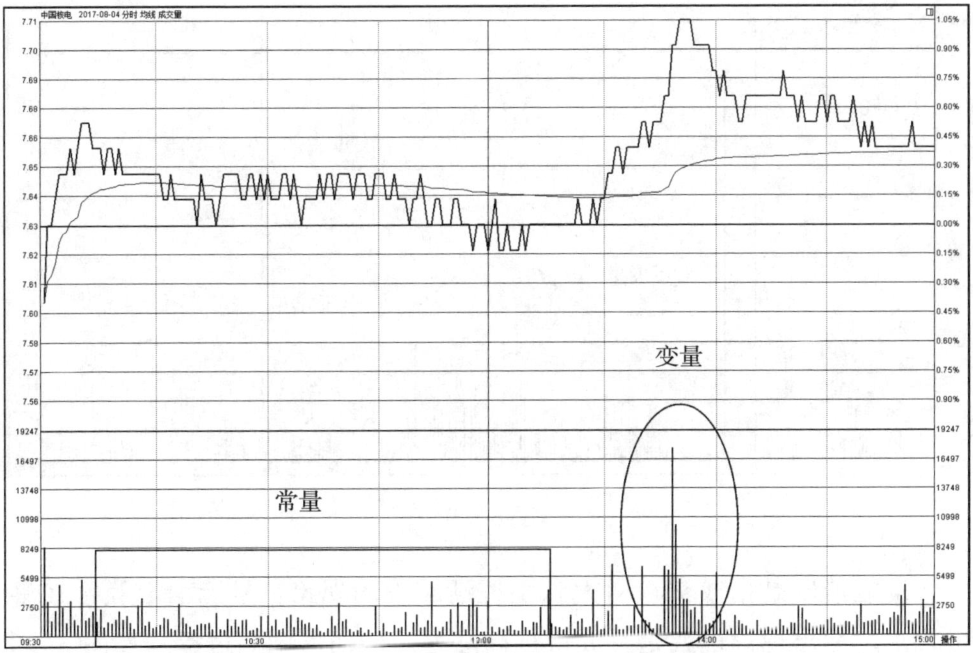

图 3–28

变量是阶段性的，随着行情的发展变化，量能不断演变，变量也有可能演化成为常量或聚量。出现变量，通常预示多空双方的力量对比处于不稳定状态中，价格将会出现较大的变化。

3. 聚量

聚量是指成交量由小到大逐渐集聚的现象。聚量也是动态概念，随着行情的发展会转化为新常量或者变量，也会随着价格的连续高涨出现更大级别的聚量。如图 3–29 所示。

聚量是价格最容易出现向上攻击的一种量能形态，所以也将价格和相应的量能统称为聚量攻击。

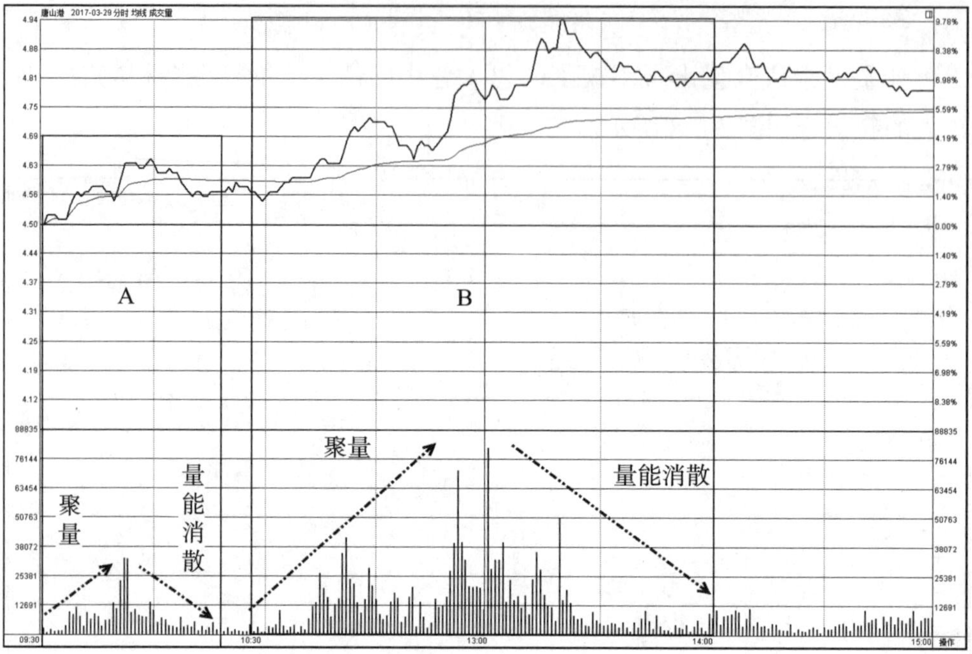

图 3-29

量能消散是指成交量由大到小逐渐减少的现象。量能消散经常在聚量攻击之后出现，也就是一波价量高涨之后的回落调整过程。如图 3-29 所示。

量能消散是一种调整性质的量能形态，它的出现说明涨势暂时休整。量能消散之后，如果聚量攻击形态不再出现，则表明成交量将由此呈常量态势。

4. 二次攻击的量能表现

量能的聚散和股价的涨跌，在分时走势上往往具有较为明显的对应关系。如图 3-29 所示，A 点聚量出现的同时，股价处于一个缓升角度走势中。随后量能呈消散态势，股价也处于震荡盘整中。

如图 3-29 中的 B 点，股价经过震荡盘整后再拾升势，这时量能的聚集明显大于第一波，形态构成上也更为复杂。随后量能进入消散阶段，股价结束升势，步入震荡走势中。

量能聚散的过程，也是资金从热情高涨到意兴阑珊的过程。

在分时走势上，股价上涨中的聚量级别很有分析价值。如图 3–29 所示，A 点的聚量形态简单，历时较短。图中 B 点发起二次攻击时，这个聚量形态则颇为复杂，同时历时也较长，在级别上明显超过第一次的聚量形态。

二次启动上涨出现大过第一波上涨的聚量形态时，通常是较好的介入点。图 3–29 中 B 点的聚量，即是二次攻击的理想形态。这种二次攻击下的聚量，显示的是资金相对明确的进场形态。

不是所有二次攻击的量能表现都是上述形式，二次攻击的量能形态也是千变万化的。有些个股在攻击中并不会形成聚量，而是以变量或常量的态势发起攻击，随后封停或者进入盘整。

如图 3–30 所示，A 点现价线在 45 度区上涨，量能呈聚量形态。B 点股价震荡盘整，量能则呈消散形态。

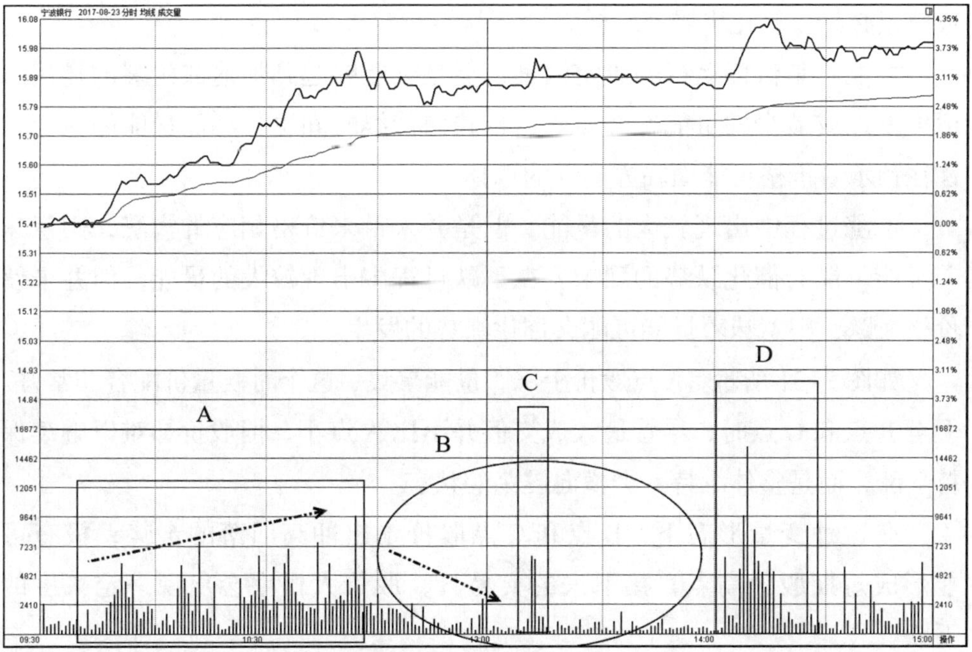

图 3–30

值得关注的是，C点出现了一个变量形态，之后仍回归到量能消散的形态中。至D点二次攻击出现时，量能形态没有聚量的特征，而是具有变量的特点。

实战中，分时走势股价突然上涨或下跌，其量能形态多数都属于变量。变量具有不稳定和易变性，预示着股价的瞬间飙升或暴跌存在极大的变数。

没有聚量形态的二次攻击，在辨别成交量的性质时具有较大的难度，因为其可能存在对倒等虚假成交量，导致对股价后市走势分析带来错误。

5. 量能的催化

突如其来的量能，有时会使混乱的局面变得明朗起来，有时又会使本来明朗的局面横生变故。但因此认定量能决定价格的运行趋向，则会犯下本末倒置的错误。正如适宜的温度可以帮助雏鸡破壳而出，却不能决定一枚鸡蛋必然会孵化出雏鸡一样。

量能不是价格运行的决定因素，但是它能够起到加速或延缓的作用。适度增加或减少的量能，会使原运行趋向持续时间更长。而量能的激变，往往预示着价格可能面临方向性的选择。

上涨过程中出现较大的量能，但是并未带来价格相应的大涨，则意味着量能可能会催化跌势的到来。在下跌过程中出现较大的量能，但并未使价格大跌，则意味着量能可能会催化涨势的发生。

如图3–31所示，A点股价上涨，量能聚集，这个时候量价配合非常好。但至B点和C点时，尽管最大成交值并不比A点小，但股价却难以继续保持上涨，而是整体维持一个横向震荡的状态。

在这种变量形态下，B点和C点股价走出冲高回落的走势，极有可能形成短期股价高点，接下来的交易日，股价大概率会出现一定幅度的下跌。

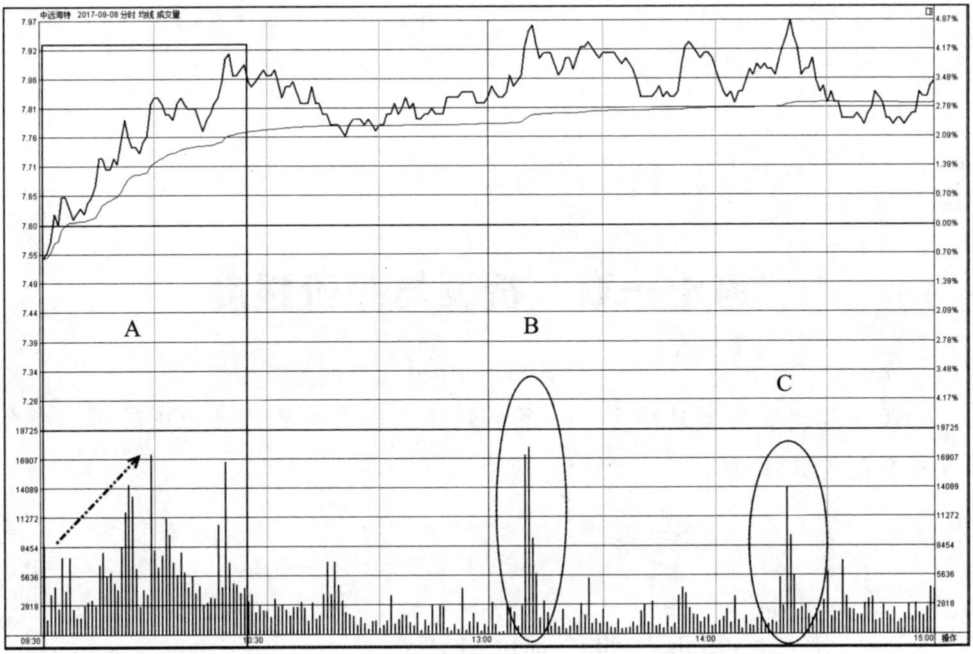
中远海特　2017-08-08 分时 均线 成交量
7.97
7.92
7.86
7.81
7.76
7.71
7.65
7.60
7.55
7.49
7.44
7.39
7.34
7.28
4.87%
4.17%
3.48%
2.78%
2.09%
1.39%
0.70%
0.00%
19725
16907
14089
11272
8454
5636
2818
A
B
C
09:30
10:30
13:00
14:00
15:00
操作

图 3-31

第十一章　折返与股价强度

股市是谣言最多的地方，如果听到什么谣言就要买进卖出的话，那么钱再多也不够赔。

——是川银藏

一、涨势中折返与股价强度分析

折返是价格的常规波动形式，是多空角力的盘中表现。无论哪种角度的上涨，只要不是直接封住涨停板，就存在着折返。涨势中的折返也可称为回落调整或回档。

分时走势中，现价线上涨途中折返的时间和幅度，明显少于上涨的时间和幅度，这意味着股价的涨升强度较高。

如图 3-32 所示，在整个上涨过程中，现价线上升的时间和幅度明显多于其中的折返，这也是股价强势的一种外在表现形式。

当现价线在升势中折返的时间、幅度和上涨的时间、幅度大致相当，说明虽然股价整体处于涨势中，但继续涨势的力度已经有所降低。

如图 3-33 所示，图中标示的折返时间和上升时间相近，虽然折返的幅度仍旧低于整体升幅，但股价上涨的力度也不大。

股价不同的涨升强度，对于涨升的持续性具有极大的关联性。

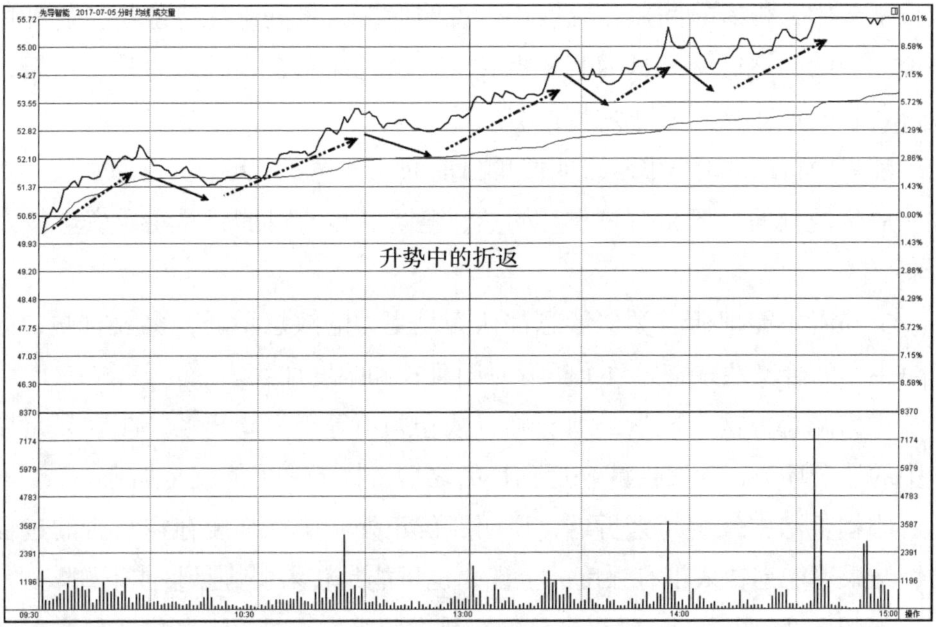

图 3-32

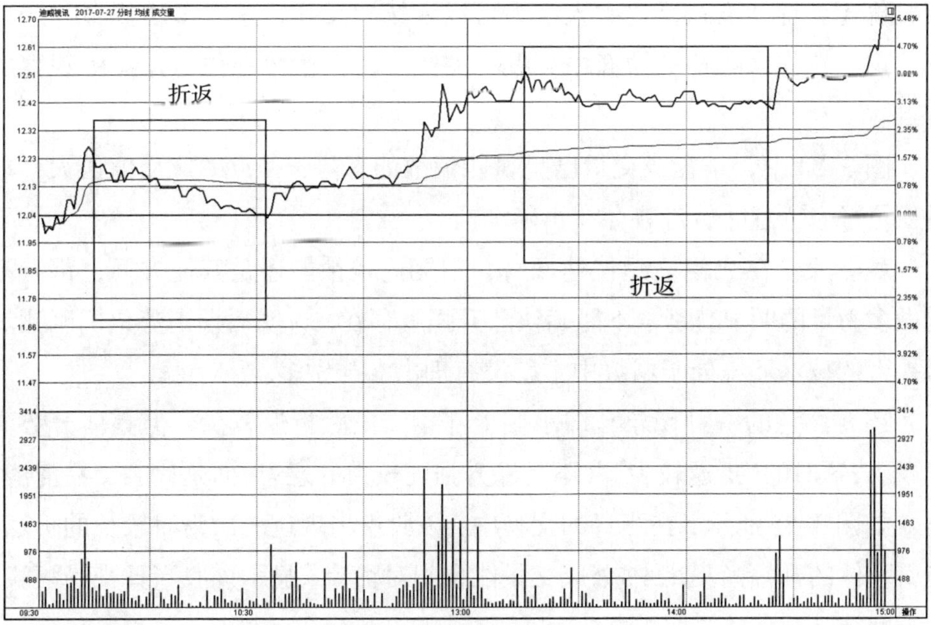

图 3-33

涨势中，折返时间短、幅度小，说明做多力量处于优势地位，这种优势地位延续到之后交易日的概率也较大。这意味着存在的压力相对较轻，股价之后极有可能进入到快速拉升阶段。

涨势中折返的时间长，说明股价目前的涨升强度不足。折返的幅度大，说明股价遭到的打压相对较重。当然，这二者也有可能只是主导资金故意示弱。

交易者不能把所有类似形态都认为是主力的故意示弱，多数时候，恰恰是主力的阶段性减仓导致了折返时间延长和幅度加大。

主力减仓，这个概念必须明确。减仓并不等于清仓离场，减仓只是操作中的一个环节，阶段性减仓达到目的之后，接下来可能就是加仓。

小幅上涨中发生频繁折返，说明股价正处于确认强度存在与否的过程中，结果可能是转入带有强度的上涨，也可能是转入弱势盘整或下跌。

如图 3–34 所示，该股在当日的交易中频繁发生折返，其中还包含幅度较大的折返。频繁发生折返，是各方资金逃逸与回归的过程。有人认为目前股价还会继续下跌，也有人认为可以入场博反弹，这时市场资金并未达成共识。在你来我往的博弈中，哪一方能够占据优势地位，是盘中观察的重点。

图 3–34 中，早盘成交量已呈量能消散的态势，A 点的成交值虽大，却是变量形态，意味着走势存在不确定性。

尽管股价在 A 点之后快速回升，但无论是量能还是其他方面，都看不到做多力量的明显优势。不能确认涨升强度存在，说明后期走势仍旧叵测。如果大的技术环境处于弱势中，就没有理由参与做多。

还要注意的一种现象，即小幅上涨中，虽然折返较少，但整体升势明显羸弱，这时的“折返较少”并不是涨升强度较大的意思，而是代表交易清淡。

如图 3–35 所示，在当日的交易中，该股仅出现过一次为时较长的折返，但其整体的升幅尚不足 1%，成交量能也相对稀疏，显示该股当日交易清淡，少人问津。

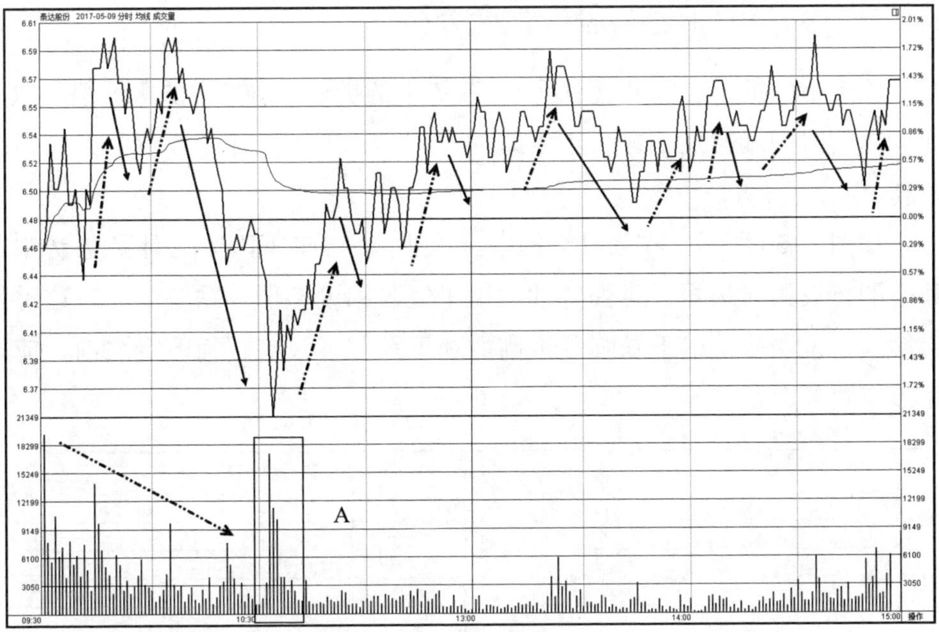
泰达股份 2017-05-09 分时 均线 成交量
A
09:30
10:30
13:00
14:00
15:00

图 3-34

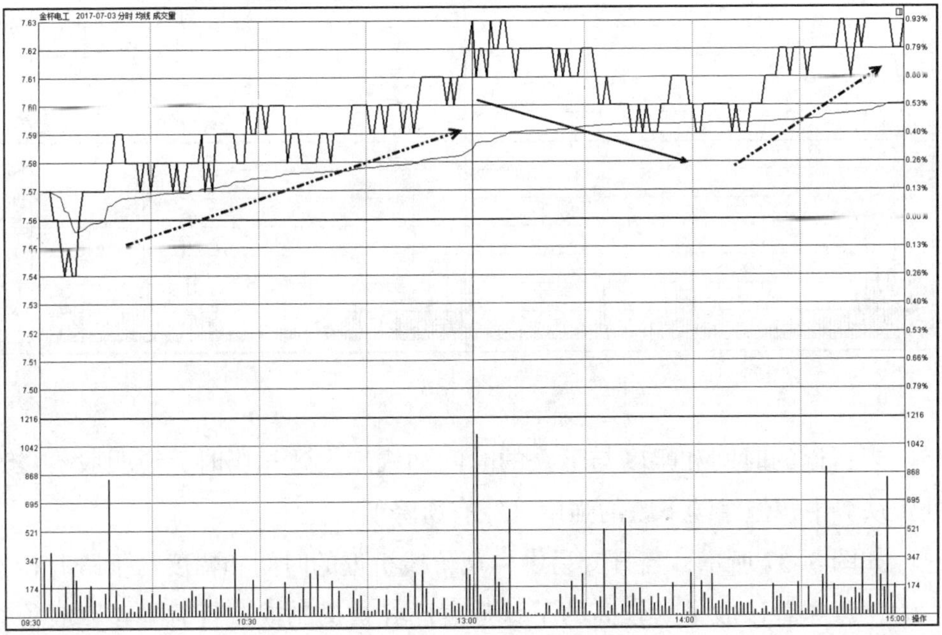
金杯电工 2017-07-03 分时 均线 成交量
09:30
10:30
13:00
14:00
15:00

图 3-35

二、跌势中折返与股价强度分析

跌势中的折返也称为盘中反弹。跌势中的折返与涨势中的折返很相似，即折返的时间和幅度明显少于下跌的时间和幅度，意味着股价的下跌强度较高。

如图 3-36 所示，在当日交易中，该股大部分时间皆处于下跌态势中，其中的折返为时极短，且弹升的角度平缓，幅度微弱。跌势中出现这种折返形式，说明股价的下跌强度极高。在下跌强度没有任何改变之前，应避免参与做多交易。

图 3-36

当折返的时间和幅度与下跌的时间和幅度大致相当时，说明股价虽然处于跌势中，但继续下跌的强度已经有所降低。

如图 3-37 所示，当日交易中，现价线折返的时间和幅度与下跌时相差不大，意味着该股早盘较高的下跌强度已经被遏制或被暂时中止，股价有可能出现继续弹升或震荡盘整等走势。

实战中，分析这种形态是否具有继续弹升的动力，主要观察成交量是否能够起到正向或反向的催化作用。

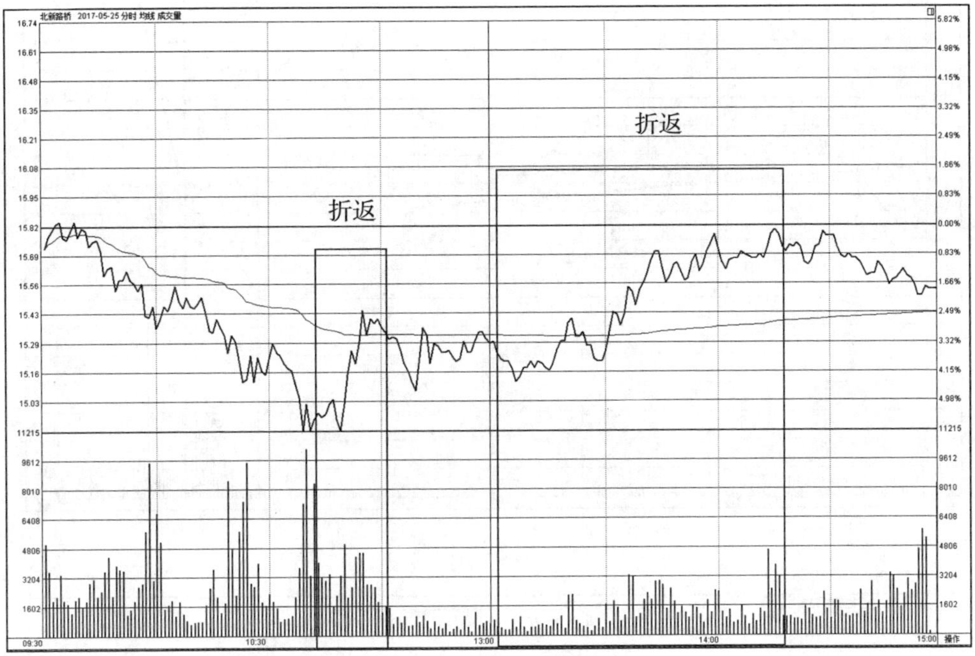

图 3–37

实战中，折返在变化形式上繁多且复杂。

如图 3–38 所示，该股当天低开低走，下跌途中的折返时间短，幅度小，总体上较为微弱，显示出较高的下跌强度。

至图中 A 点时，现价线以 60 度区突然放量大幅急升。从支撑与压制的角度来看，现价线在 A 点突然连续突破均价线和收盘线的压制，资金集中攻击的态势非常明显，应为主导资金的突击行为。

图 3–38 中，该股在极短的时间内，从较高的跌势强度，迅速转为极高的涨势强度，这种情形只能是资金高度催化的结果。

受到资金高度密集的攻击，股价必然会在短时间内显示出强度上的极端变化。当资金不能以聚集形式将股价推向更高点，而是以变量形态出现时，某一方向上的极端强度可能会在瞬间转化为反向强度。

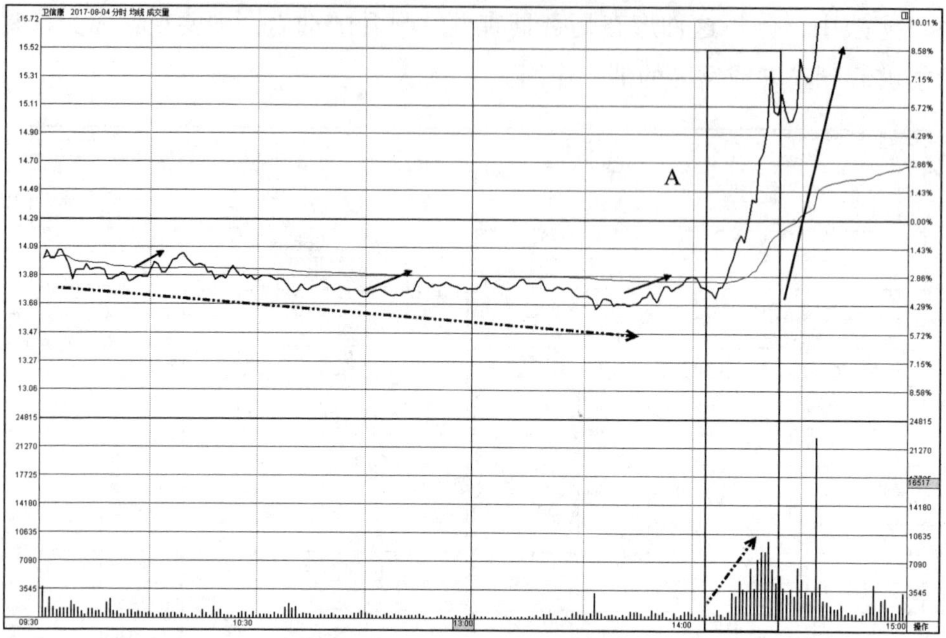

卫信康 2017-08-04 分时 均线 成交量
A
09:30
10:30
13:00
14:00
15:00

图 3-38

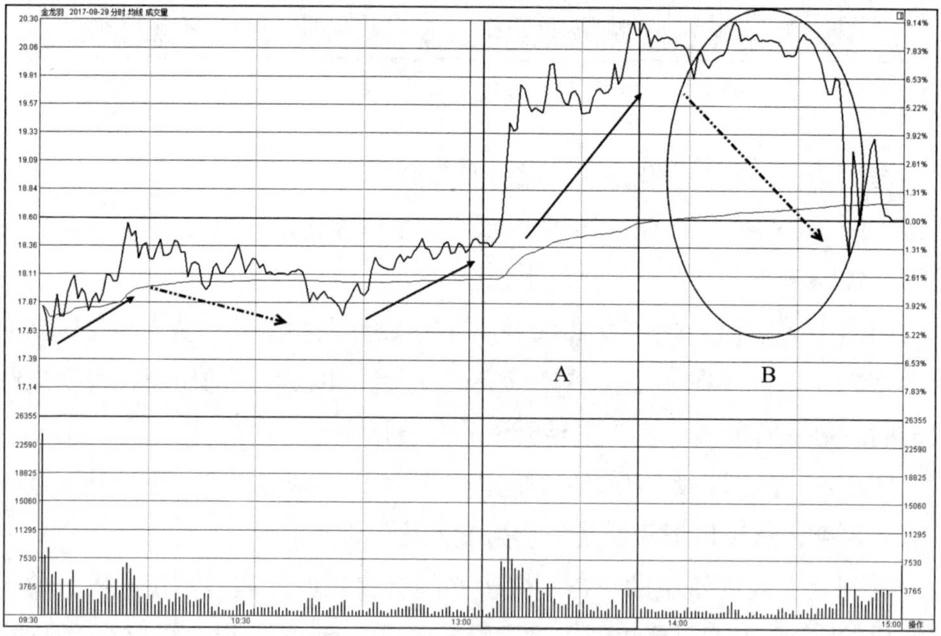

金龙羽 2017-08-29 分时 均线 成交量
A
B
09:30
10:30
13:00
14:00
15:00

图 3-39

如图 3–39 所示，该股早盘折返的时间和幅度与下跌的时间和幅度大致相当。至 A 点股价突然急速上升，可谓是升势强度的大爆发。但是到 B 点时，股价以同样陡峭的角度急跌，涨势的极端强度瞬间转化为跌势的极端强度。

因资金密集攻击而出现的股价急跌急涨，其强度变化具有不稳定的特性，除非密集的资金能够持续出现，否则这种股价强度并不能成为盘中参与做多的依据。

第十二章　休整形态

炒作就像动物世界的森林法则，专门攻击弱者，这种做法往往能够百发百中。

——乔治·索罗斯

一、先升后盘

分时走势上，现价线运行趋向并不明确、折返掺杂其间的走势，称为休整形态，也称横向震荡盘整。换句话说，横向震荡盘整是股价的一种休整形态。股价休整后，将重新选择或确认方向。

过急的上升或下跌后，出现横向震荡盘整，意味着在当前价位上需要对筹码构成进行一定程度的调整（诱使流入或流出），以利于接下来的股价运行更符合主导资金的需求。

如图 3–40 所示，早盘高开后，该股放量急升并封上涨停板，这时的量能也是全天交易中最密集的地方。早盘的涨停并没能封住太长时间就被打开，股价也随之出现一个较大幅度的折返。之后的大部分时间内，现价线整体处于横盘震荡的休整状态中。

早盘先急升，然后全天大部分时间处于盘整的案例比较常见。多数情况下，现价线出现这种走势，在接下来的交易日都会迎来幅度不等的下跌。

早盘的 60 度区急升，在没有利好消息的情况下，几乎可以肯定是主导资金驱动的结果。

折返后的震荡盘整，满足了部分“看图买股”者的进场需求。但主导资金次日不会给这些投机者太多的利润空间，便会利用下跌让其割肉出局，这样就完成了高点阶段性减仓、低点再顺势抄回的任务。

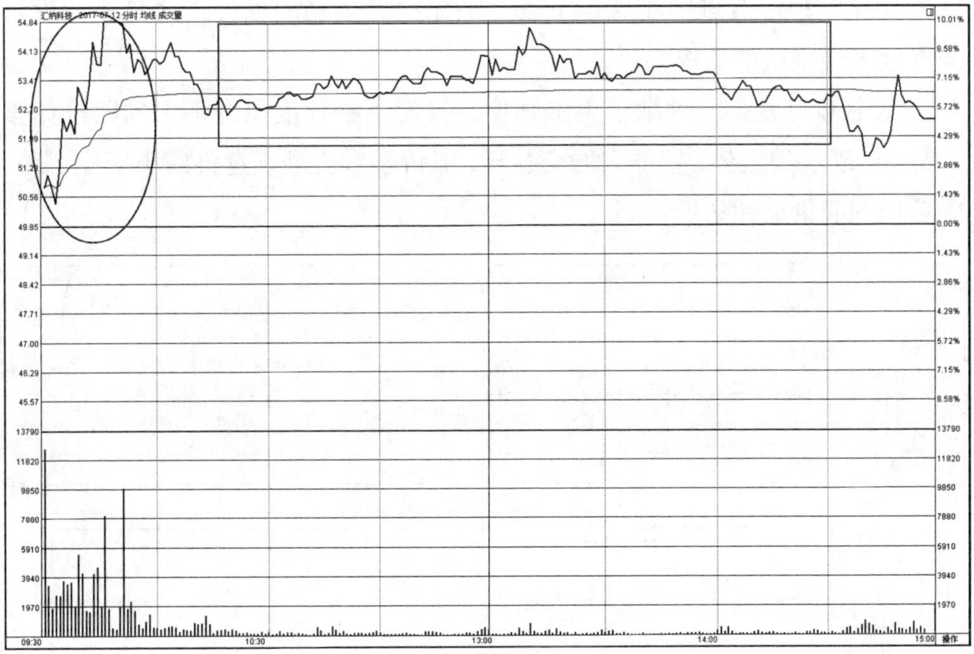

图 3-40

二、先跌后盘

休整形态中，另一种较为常见且具有技术分析意义的案例是先跌后盘。

如图 3-41 所示，A 点该股早盘低开后急速下跌，这里的量能在全天交易中占有较大的比例。之后现价线折返，随后股价处于震荡盘整的状态中。

在常规市场状况下（非股灾或大盘极端下跌阶段），个股早盘的密集抛盘并不可怕，因为在这个时间段最容易形成或制造恐慌。恐慌性抛盘集中出现，对于短线交易者来说，往往是市场馈赠的红包。

让人头疼的是早盘无量空跌，之后的回收也无力，这类股票的反弹走势不是遥遥无期，就是极为羸弱。

先跌后盘的休整形态，要重点关注股价是否能够聚集到足够的反弹强度，比如关注量能的聚量形态、均价线压制转支撑、收盘线压制转支撑等。

如图 3–41 中的 B 点，现价线在均价线之上盘整，虽然看起来得到均价线的支撑，却没有进一步聚量上攻。两条线整体趋向横移，这是一种没有强度也未经确认的支撑。

图中 B 点就是一种缺乏上涨强度，同时下跌强度也并不大的股价休整走势。出现这种走势，接下来的交易日，股价多数会继续盘整或小幅度下跌，为后期的股价反弹拓展空间。

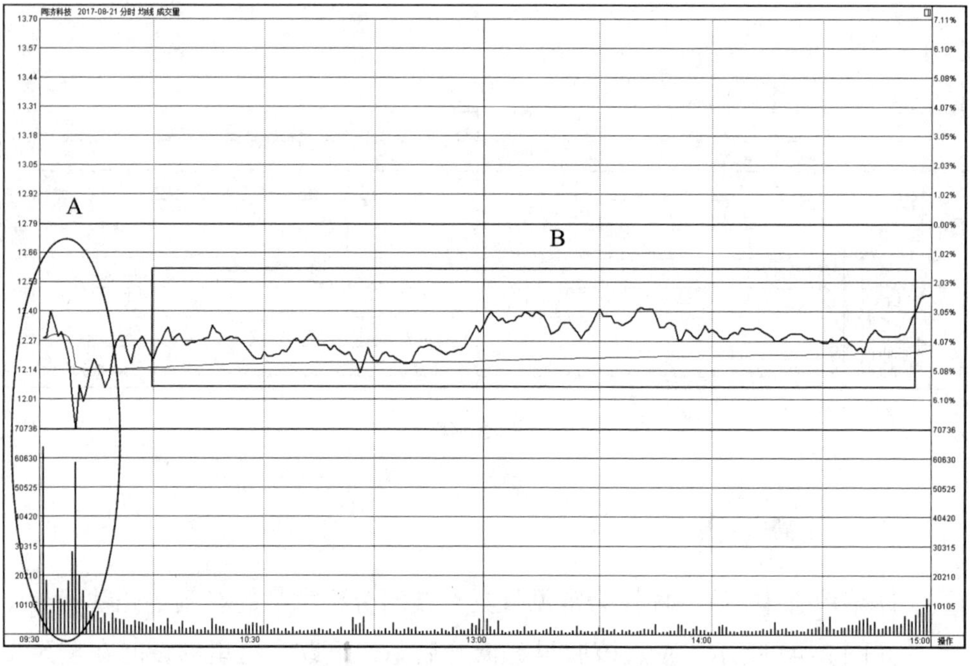

图 3–41

三、复杂盘面

休整形态中，除去上述两种形式，较为常见的还有一种，即开盘后并没有急升或急跌，而是直接展开横向震荡盘整。

这种情况既可能是对于筹码构成的调整或对于支撑与压制的测试，也有可能是交易清淡稀疏，零碎的散单交易无法形成趋向性的涨跌。区分的关键一是量能分析，二是技术环境分析。

开盘后直接展开横向震荡盘整的个股，如果属于交易清淡的品种，多会全天保持在休整的状态中。交易清淡的个股，股价运行缺乏强度，参与其中很难有盈利空间，通常都是短线交易回避的品种。

其他品种的个股，盘中可能会出现多种形式的上涨或下跌，盘面走势表现得极为复杂。这类个股可能会在分时走势上出现变盘走势，也存在着假启动的可能。

1. 变盘

所谓变盘，通常是指股价突然改变原运行趋向，发生方向性改变。分时休整状态下的变盘，是指股价选择向上或向下突破盘整的走势。

如图 3–42 所示，早盘现价线整体保持震荡盘整的态势，午后开盘，现价线以 45 度区稳定上涨，告别了早盘的休整形态。

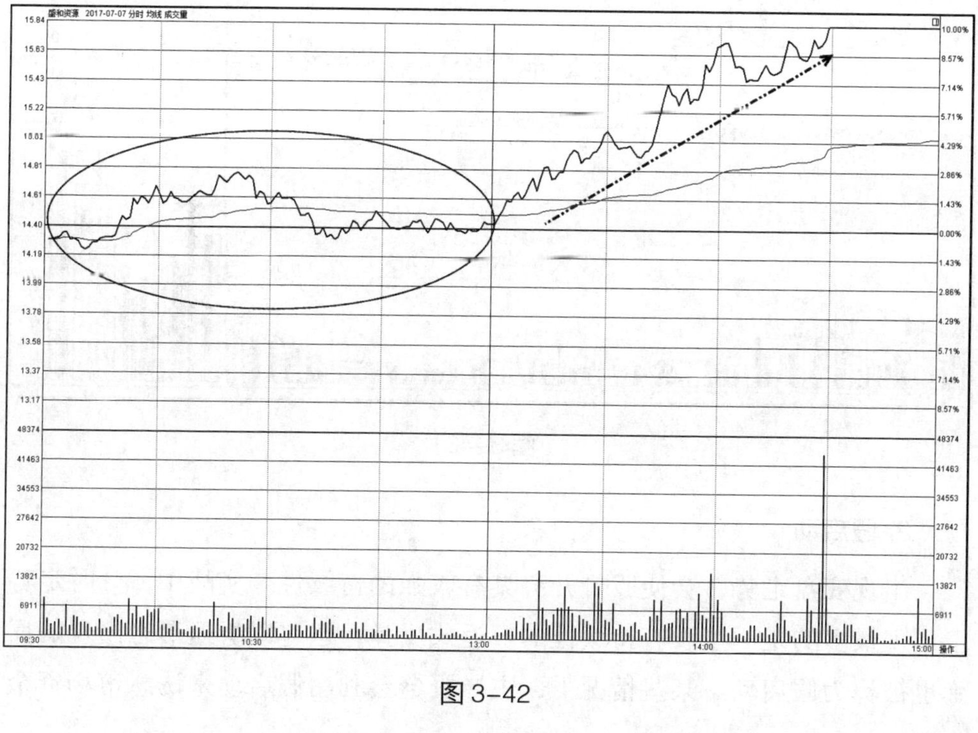

图 3–42

图 3–42 中的股价向上突破，仅是分时图中当日走势的变盘，是否能够形成股价趋向意义上的变盘，需要从技术环境上来认定。

图 3–43 中的 A 点，即为图 3–42 中分时走势形成的 K 线。图 3–43 中，A 点的大阳线已经完全突破前期的重要高点，量能上也早已形成聚量的形态，由此可见 A 点当日的突破具有股价趋向上的意义。

分时走势中的变盘是否具有趋向含义，对于确定自己的交易策略具有重要作用，比如盘中是否值得追涨，如何认定涨势中的折返走势，等等。

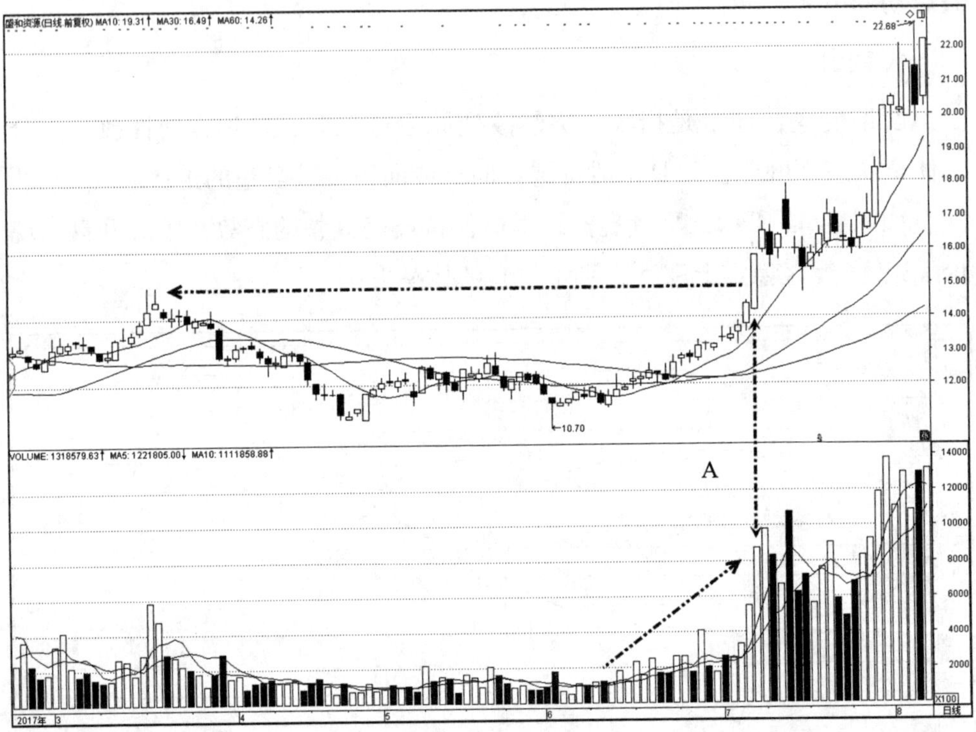

图 3–43

2. 假启动

出现变盘走势，会使股价升势具有较强的持续性。实战中，分时走势上出现最多的是一些没有持续性的折返式反弹，这些以折返形态出现的反弹也被称为假启动。某些情况下，主导资金会利用假启动来诱惑市场资金入场跟风，以便顺势减仓。

如图 3–44 所示，A 点现价线处于一个休整的态势中，B 点现价线放量突破收盘线和盘整态势，似乎就要一跃而起。但是这个上涨却在收盘线上几经辗转，量能放大了不少，股价却并没有多少涨升幅度，尾盘现价线即转入急速下跌。

图 3–44 就是一个假启动的案例。

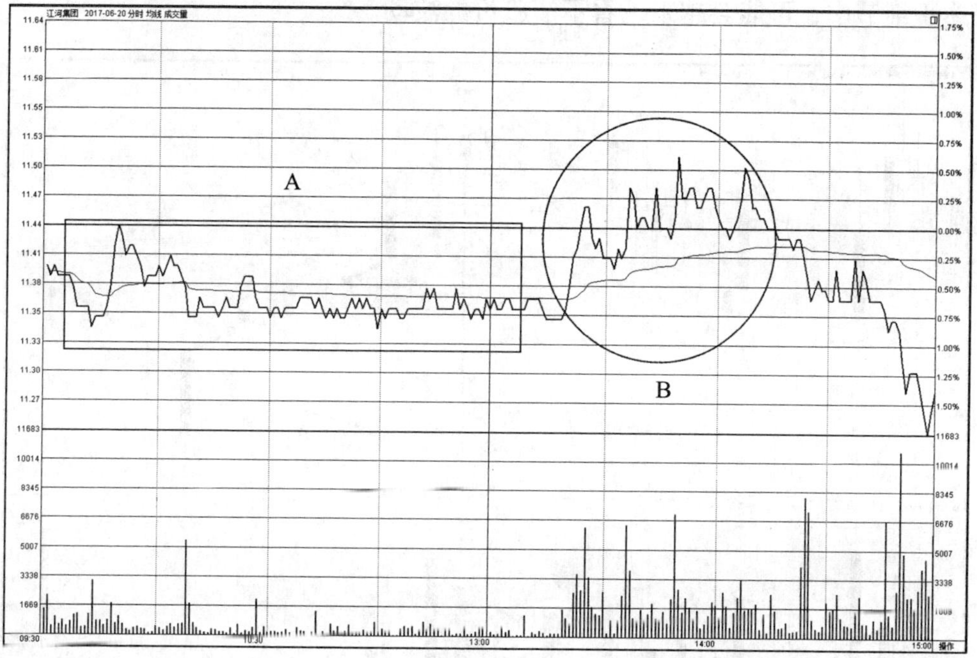

图 3–44

鉴别假启动关键看两点，一是分时走势上的股价强度以及支撑与压制、角度、量价配合等，二是技术环境分析。

对于喜欢跟风追高的交易者来说，假启动的伤害还是比较大的，应格外注意。实战中，不要仅凭分时走势某一时刻的股价波动来决定自己的交易行为。尤其是那些技术环境处于相对高位且滞涨的个股，盘中分时一个拉高的假启动，很可能就是一个阶段性高点形成的时刻。

如图 3–45 所示，A 点即为图 3–44 中分时走势形成的 K 线。图 3–45 中 A 点的波动高点，即成为一个重要的阶段性高点。

其实从图 3–45 中的 A 点来看，无论是均线技术还是 K 线技术，都没有可以做多的技术依据。即便当天股价冲高，K 线为阳线，也不具有参与的价值，最多只是一个观察的目标。

分时图分析，很多时候需要技术环境分析来作进一步的印证。过分沉迷于细节中，可能会越来越看不清股价的波动。

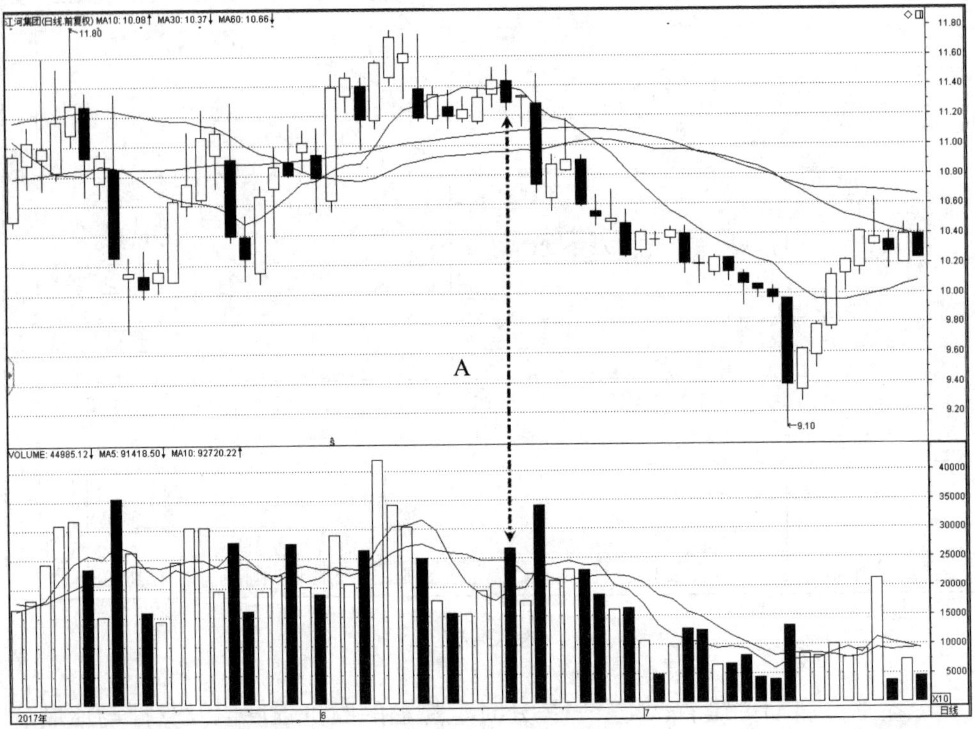

图 3–45

第十三章　实战综合应用

一个人在街上散步，旁边是他的狗。狗总是一会儿跑到主人前面，一会儿又折返回到主人的身边。然后它又跑到前面，看到自己跑得太远，就又跑了回来，一路上总是这样。最后，当他们到达目的地时，主人只走了1公里，而狗却颠来跑去地跑了4公里。这个人就是经济，而狗就是股市。

——安德烈·科斯托兰尼

一、巨量打开涨停板

实战中，经常会遇到个股涨停板被打开的情况。涨停板打开时，多数个股都会有巨量成交。弄清楚这些巨量来自何方，对于确定个股的后期走势具有关键性的作用。

巨量是一个相对模糊的概念，达到多少算得上巨量，并没有一个明确的规定。实战中，确认巨量通常是采用回溯法和对比法，即将明显超出一段升势中某一时刻的量能称为巨量。

巨量打开涨停板的个股，其后期走势也不一致。原因在于，处于不同技术环境下的个股，巨量打开涨停板的技术意义完全不一样。

例如，某些经过长期大跌的个股，反弹之初出现巨量打开涨停板的走势，虽然之后可能出现一定程度的回落，但主导资金的意图在于打压吸筹。经过急速上升或长期大幅上升的个股，出现巨量打开涨停板的情况，则可能是阶段性的顶部信号。

如图 3–46 所示，A 点该股当日高开后即冲击涨停板，随即折返而下，这个时候的量能最为集中。虽然之后股价再次上涨并封住涨停板，但 A 点巨量冲板却折返而下的情况，很值得重点关注。

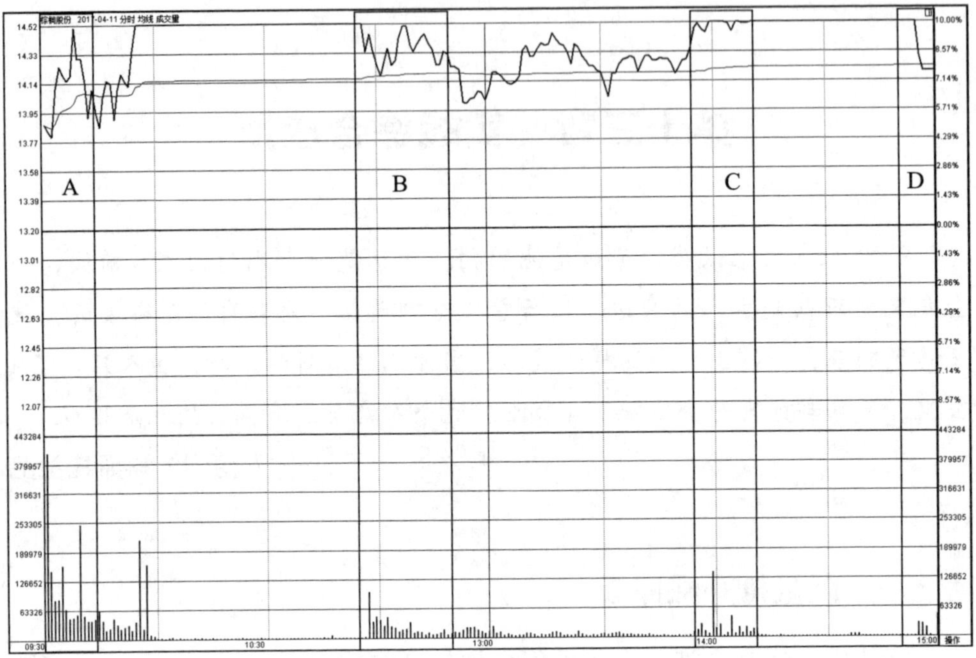

图 3–46

有人可能会说，早盘冲板而不封死，是主力常用的吸筹或洗盘手法，关键在于之后能够封住涨停板。这样分析在思路上没有错，但并不是所有的个股都是这种情况。如果不分析技术环境，一概而论地认为是同一种原因使然，终究会在实战中遭遇重挫。

图 3–46 中，该股当天共有 4 次（见图中 A、B、C、D 点）冲板或封板后打开的情况，每一次打开涨停板都会出现相对较大的成交量。尤其是 D 点，尾盘即将进入集合竞价之前的 2 分钟，忽然出现大单将涨停板打开并打低近 3 个百分点的情况。这个现象意味着买一的巨量封单以及多个价位的挂单全部成交。

突如其来的巨量卖单当天出现 4 次，股价在前 3 次之后都封上了涨停板。

如果主导资金意在洗盘，似乎没有必要在 B 点之后再次封板，这样打压的效果会更好，而且容易带来一定的恐慌杀跌盘。

然而主导资金似乎担心引起市场恐慌，所以 C 点之后仍旧封板。股价再度封住涨停板，给人有一种“主力在洗盘”的感觉，这时挂单搏涨停的交易者应该不少。

尾盘最后几分钟的急跌，并不会让太多的人产生恐慌，因为当天已多次出现打开涨停板后再封上的走势，所以最后 3 分钟集合竞价结束时，当天的收盘价并没有被抛盘打得很低。买入者可能还在期望次日再度封住涨停板的情况出现。尽管图 3–46 中的分时走势已经明显表现出主导资金出逃的迹象，但很多人仍会沉迷在涨停板的幻象里，不愿意相信对自己不利的分析结论。

其实不但是分时图，K 线图也同样可以提示我们做空点临近。图 3–47 中 A 点所示，即为图 3–46 分时走势形成的 K 线。

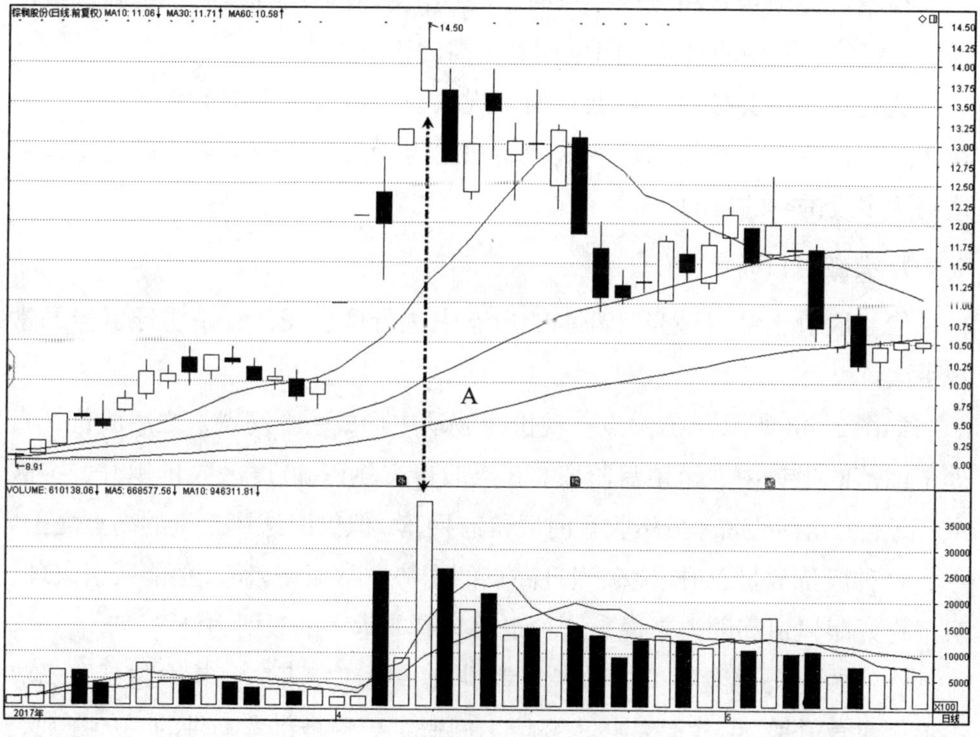

图 3–47

图 3-47 中，A 点之前，从技术环境上来说，该股处于急速上涨的态势中，A 点之前量能呈变量。A 点当日换手高达 43%，股价却未能封住涨停板，说明这里可能是一个催化股价生变的新变量。即使 A 点未能成功减仓，之后的交易日也应择机减仓。

二、诱多与诱空的识别

前面讲过诱多和诱空的案例，主力诱多和诱空的手法比较多，难以一一尽述，本节选择其中常见的形式举例说明。

现价线的波动会形成当日的高点和低点，这些高点和低点在当日现价线的继续运行中具有压力或支撑的作用。当股价再次达到这些高点和低点时，往往会受到一定程度的影响。例如下跌时，在前低点相近价位可能会得到支撑。上涨时，在前高点相近价位可能受到压制。

当股价突破当日高点或低点时，说明上涨或下跌得到进一步确认，市场可能将分时图中的日间趋向延伸到更高的级别中。

这是对股价突破高点或低点的常规认识，在技术理论上并无差错。但在实战中，主力多会借用这些众所周知或传播甚广的理论来巧设迷局，以达到诱多或诱空的目的。

1. 突破当日高点

借用股价上涨突破当日高点的形态来进行诱多操作，是主导资金的常规手法。

如图 3-48 所示，在 A 点，现价线波动中形成一个高点，之后股价一直处于回落的走势中。至尾盘阶段，B 点股价突然以 60 度区放量飙升，突破 A 点高点并继续上涨。虽然收盘时股价有回落，但仍旧站在 A 点的高点之上。

这种股价放量急升、突破当日高点的走势非常振奋人心，很能吸引眼球，对于喜好跟风追高的人来说，这种走势具有非常大的吸引力。

在“收盘与尾盘”一章中，笔者讲过一些注意事项，其中包括“弱势不追尾盘急升股”，这是从技术环境上回避主导资金诱多陷阱的一条规则。

其技术含义是指：在弱势的前提下，尾盘阶段急拉诱多的概率远大于真实的、具有持续性的拉升。

那么图 3–48 中，尾盘急拉处于哪种技术环境呢？

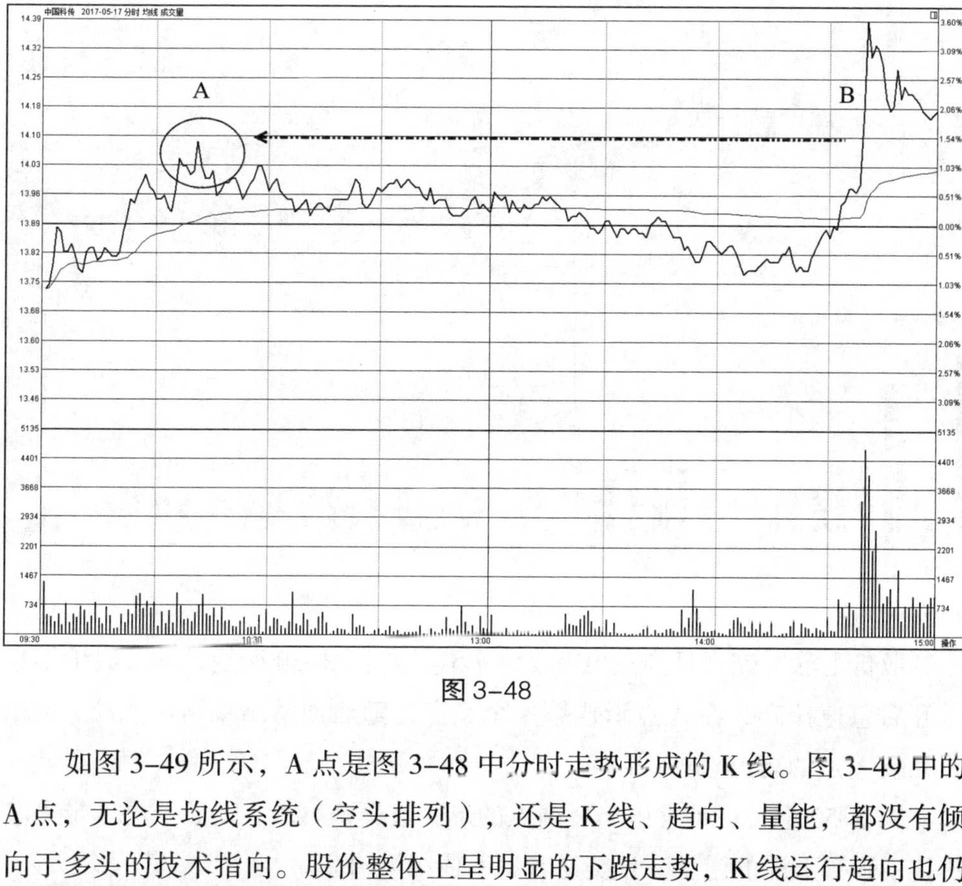

图 3–48

如图 3–49 所示，A 点是图 3–48 中分时走势形成的 K 线。图 3–49 中的 A 点，无论是均线系统（空头排列），还是 K 线、趋向、量能，都没有倾向于多头的技术指向。股价整体上呈明显的下跌走势，K 线运行趋向也仍旧处于下行均线的压制中。

有人可能会说，A 点的量能有所增大。但从趋向上来看，A 点仍旧明显处于量能消散的态势中。别说这个点量能增加幅度不大，即使出现很明显的量能激增，也只能是一个变量的形态，不可能是聚量形态。

从图 3–49 中可以看出，A 点明显处于弱势的技术环境中，也就是说，图 3–48 中尾盘急拉所处的技术环境属于弱势。明确了这一点，对于尾盘急拉突破当日高点的走势，交易者应该能够辨别出主导资金诱多的意图。

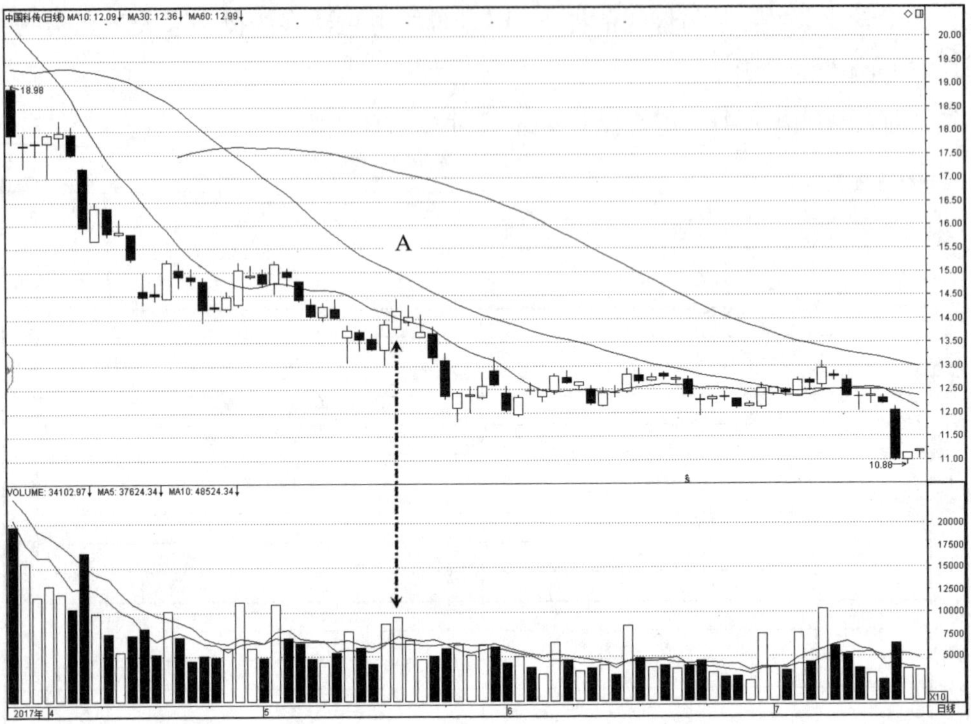

图 3–49

股价上涨突破当日高点也有多种形式。如图 3–50 所示，该股股价早盘低开后急速拉升，在 A 点形成第一个高点，随后回落结束再次急拉，在 B 点突破 A 点的高点。

图 3–50 中，这种突破当日高点的形式极具诱惑性，能给交易者带来股价启动强势上涨的错觉，让交易者忍不住跟风追高。

但是 B 点突破当日高点的表现并不理想。成交量上，B 点突破的量能整体小于 A 点。可能有人会认为，量小说明压力小，可以轻松突破，所以没有过大的量能。如果总是这样分析的话，那么说明你是一个以主观愿望进行交易的乐观主义者。

下面循着乐观主义的思路分析下去，看看逻辑上能否讲得通。

如果 B 点真的是一个轻松突破的类型，那么在股价上必然会体现出来。

实战中轻松突破之后，股价通常会直逼涨停板，或者具有相应的涨幅，否则就谈不上“轻松”和突破。

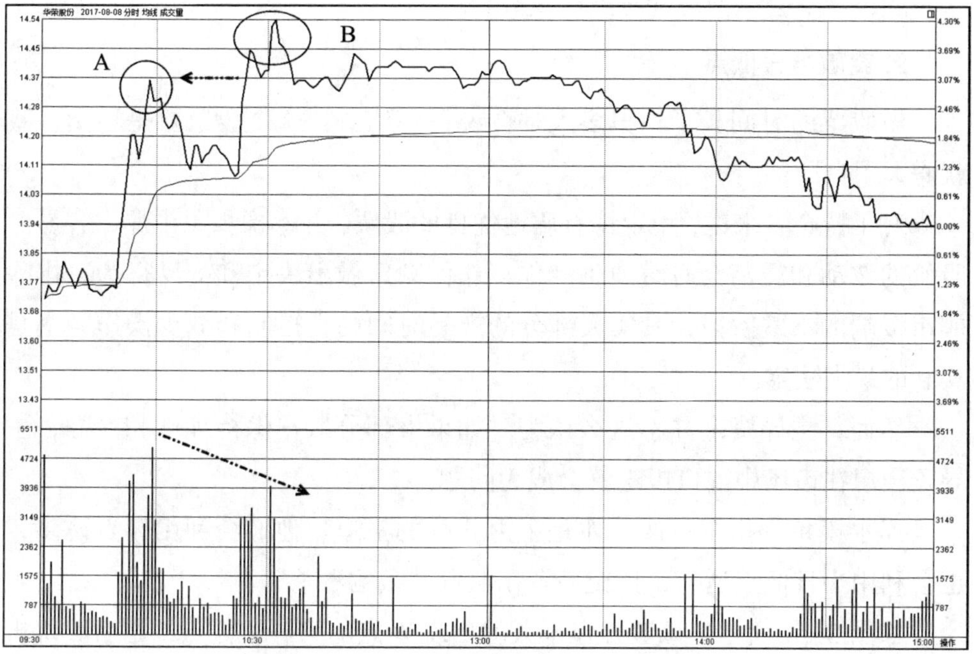

图 3–50

在图 3–50 中，可以看到从 A 点到 B 点的升幅大约在 1% 多一点，之后股价就开始回落。1% 的涨幅，看上去突破得并不“轻松”，而且这 1% 的涨幅很快就被股价的回落“吞没”了。

“轻松”突破的量能，却无法得到“轻松”突破的结果，因此只能认定 B 点的缩量并不是“轻松”突破。

那么，是什么拖住了 B 点股价大涨的后腿？

是虚假突破当日高点和主导资金的减仓行为，这二者其实可以合二为一。没有其他的理由来更好地解释如此有准备、有铺垫的整个过程，当日盘中和收盘股价也并未大跌，显示出主导资金对股价走势具有极好的控制力。

当然，主导资金某一日减仓并不等同于全面清仓出货，这也是实战中需要注意的。

理解这种诱多，可以提醒交易者哪些股票的上涨是不可以追的。做到这一点，至少会让交易者避免短线被套。

2. 突破当日低点

做股票的时间长了，很多人都会说一句话："这个股票要是不卖，我就赚大了！"

对于持仓者来说，稳定持有质地优良的股票，并不像想象中那么容易。股价的波动和震荡会时时地刺激你，让你频繁做出决定和交易行为。排除熊市极端的下跌阶段，其实大部分的交易时间内，控制和减少操作频率是获利的最大法宝。

然而，主导资金并不这么认为。如果大部分散户保持理性和冷静，主导资金想在市场中混口饭吃就会成为问题。

浑水摸鱼，指东打西，才是主力获胜的王道。他们会利用高点诱多，也会利用当日低点诱空，让交易者在低点"缴枪不杀"。

如图 3–51 所示，该股开盘不久就出现 A 点的第一个低点，之后股价折返震荡。跌破这个低点时，下跌角度达 60 度区且量能放大，当时汹涌的抛盘可见一斑。

突破当日低点时，主导资金先以对倒的方式大单砸盘，此时现价线的下跌角度陡峭，必然会引发部分持仓者的恐慌。当股价以自由落体下跌时，"崩盘"这个词会在持仓者的脑海里呼啸和回荡。最终恐惧会吞噬所有继续持仓的理由，而"卖出将得到安全"的心理暗示，会让很多持仓者加入到抛售的队伍中。

图 3–51 中的 B 点显示，低点之后再出低点，股价新低后很快又被刷新，量能在这时也最为密集，显示出杀跌之惨烈。然而，B 点之后，本该走向绝地的股价反而折返向上，最终收复当日大部分的跌幅。主力诱空，在股价回升的走势中已经非常明确。

类似的案例前面也讲过，多数经过长时间下跌的个股，某日盘中出现大幅放量急跌，那么随后出现下跌低点的概率非常大。本案例中，以个股当日低点的股价为测算标准，那么在 3 个月后，股价几乎出现翻番。

图 3–51

3. 整数关口

所谓整数关口，是指股价运行到整数值时，上涨往往会遇到压力，下跌往往会得到支撑。

整数关口的压力和支撑，源于市场心理关口以及主力控盘的需要。整数关口的压制或支撑，多数仅存在于市场心理上，并不一定说明这一点位上真的存在支撑或压制。

很多时候，主导资金会利用整数关口的心理作用，暗示交易者做出买进或者卖出的行为。主导资金利用整数关口进行诱多或诱空，在市场中已经不是秘密。

如图 3–52 中的 A 点所示，现价线跌落至 10 元的整数关口时出现震荡盘整，在此得到支撑后向上回升。

图 3–52 中的案例，仅是该股在 10 元整数关口上某一天分时走势的变化情况。其实 K 线图上，在 10 元整数关口，股价来回震荡持续了很长时间。主导资金利用其中的震荡诱多或诱空，达到了吸筹或减仓的目的。

图 3–52

图 3–52 中，A 点之前，现价线跌破收盘线和均价线的支撑持续下行，至 A 点震荡盘整。这个过程中并无明显激增的成交大单密集出现，说明主力并不想对倒砸盘，逼迫卖单大规模现身，而是意图通过现价线的下行和横向震荡清理部分躁动的筹码。

主导资金并未大力对倒砸盘，使诱空洗盘显得并不彻底。部分持仓者咬牙坚守到最后 1 分钟，还是等来了 A 点之后的拉升。

为什么主力不来一个彻底的诱空洗盘？在 10 元整数关口上止跌，似乎只是点到为止。

实际上，个股所处的技术环境，才是主力选择不同诱空强度的主要原因。本案例中，个股的主导资金由于某种原因不愿意在目前阶段来场轰轰烈烈的阵地战，因此不会选择将大部分筹码逼迫出局，否则有悖于边打边撤的策略。

在之后的股价运行中，该股主导资金时而诱空，时而诱多，努力降低持仓成本。这也是实战中交易者经常遇到的一种主力操作类型。

三、成交大单的真实性——区分扫盘与对倒

成交大单通常是指大于千手的成交单。

盘面上突然出现大单成交，有时会改变或引导股价的运行方向。确认成交大单的性质，对于提前应对股价可能出现的变化，无疑具有重要的意义。

交易者分析成交大单，首先要对目标股有一个跟盘的过程，熟悉个股日常交易中成交单的数据，同时对目标个股的技术环境要有一个全面的分析和了解。在这样的情况下，当目标个股盘中出现大单时，交易者最起码可以知道这是一种偶然现象还是经常发生的现象，同时也能轻松判断大单出现后股价可能出现的变化。

并不是所有大单都是主导资金的行为，也可能是其他资金的行为。比如，某机构操盘手为尽快完成买入任务，做出了机械性的大单扫盘行为；某机构看好该股，于是在盘中做出了试盘行为；盘中多个主导资金相互博弈，于是采取了大单成交的行为，等等。

如果是上述几种情况，大单消失后，股价多数都会随之回落。

实战中的成交大单，更多的是盘中主力行为导致的。对于主力大单，需要区分是真实的扫单拉升还是对倒做盘。

如图 3-53 所示，该股午盘开盘后，股价直接被大单封上涨停板。如图中 A 点所示，该股主要由 4 笔数千手的成交大单将股价拉升至封板，分时图的量柱接近 3 万手。

图 3-53 中的这种走势情况，就是主导资金真实扫盘的类型。这种类型的走势中，股价升势凌厉，主力扫单坚决，没有拖泥带水的多余折返。

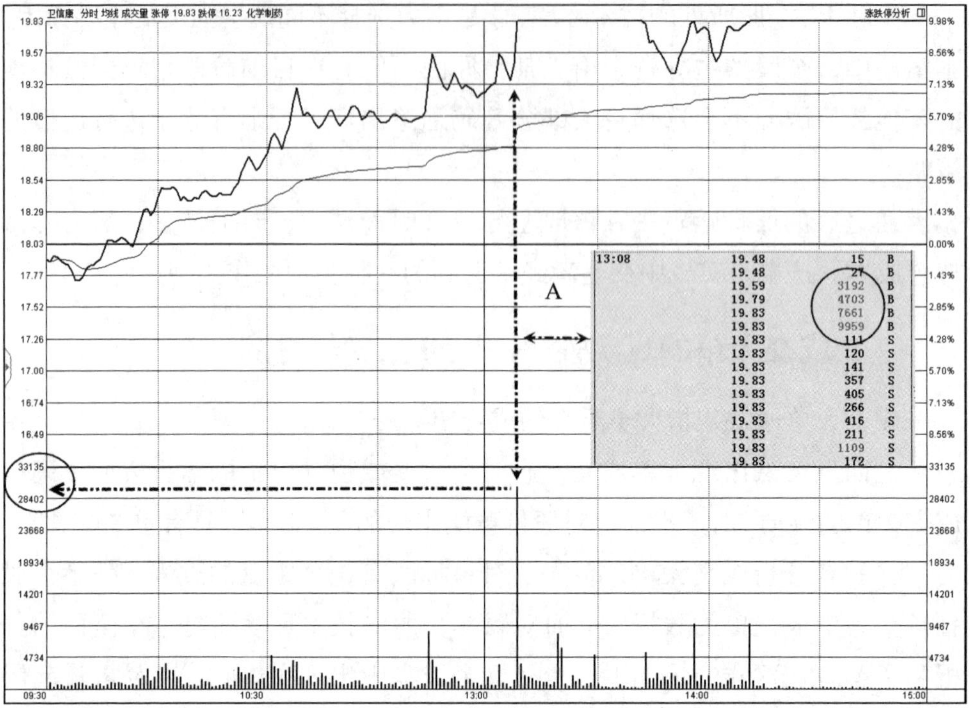

图 3–53

从技术环境分析，经过急速上升或长时间涨升的个股，如果突然出现成交大单，股价却没有相应地大涨，那么说明主力对倒减仓的可能性较大。

如果主力大单是对倒做盘，那么即使瞬间现价线被笔直拉起，也会很快出现折返。如果走势拖泥带水，股价之后的变化或者说升幅并不明显，那么即使有所上涨，也会在之后或次日发生折返。

如图 3–54 中 A 点所示，现价线笔直拉起，虽然分时图量柱达到 3 万多手，但升幅并不大，而且很快就出现折返。尽管午后开盘，该股股价出现了一定幅度的上升，但震荡回落的走势还是反映出后市存在较大的隐忧。

图 3–54 中的走势即为主力大单对倒做盘的类型，这种盘局下，主力对倒的目的已经不言而喻。

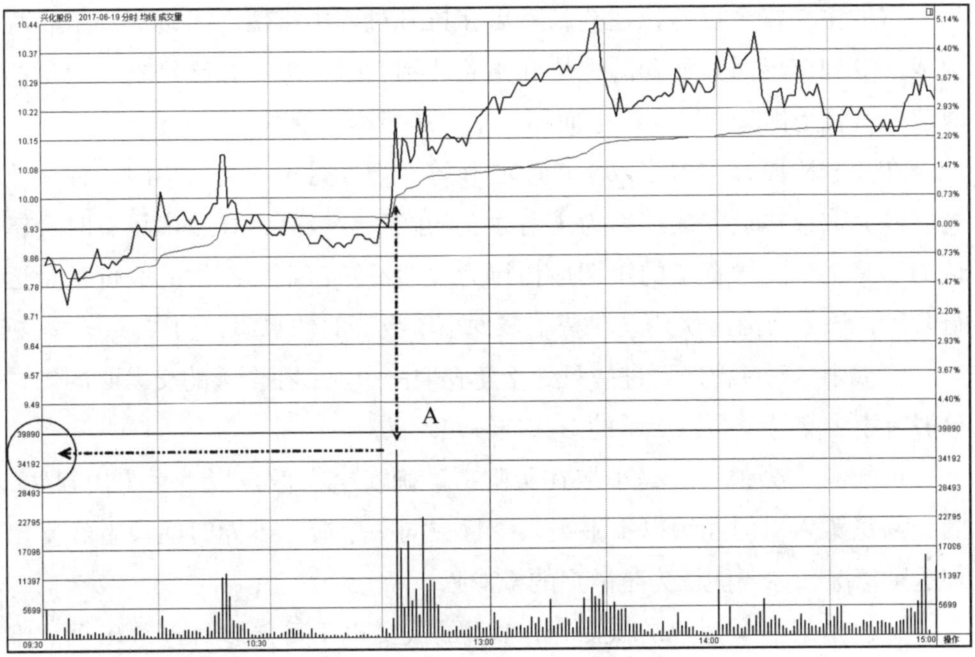

图 3-54

技术环境处于低位，经过长时间大幅下跌的个股，突然出现成交大单，意味着主导资金开始“活动筋骨”了。这种技术环境下，如果主力采用对倒拉升的话，那么后市可能只是一个短期强反弹。只有主力愿意“投入重兵”的个股，上涨才具有时间和幅度上的优势。

四、成交小单的奥妙

在多数个股的日常交易中，大于千手的成交大单并不常见，密集出现的成交大单就更少。

交易中，受关注的是成交大单及其背后的含义，而中小买单通常被人们所忽视，认为这只是散户的交易行为，没有分析的意义。

主导资金可以通过对倒的方式做大成交量，但是不能做小成交量。中小单成交才是日常交易中的主体，成交小单更能反映市场真实的多空倾向，因此不能忽视某些小买单背后蕴藏的意义。

有的主导资金以急拉建仓，然后在拉升过程中震荡、出货等环节一气呵成。等到市场因其强劲的涨势开始关注到它时，殊不知已经到了出货的时节。这就是称其为主导资金而不是主力的根本原因。

在建仓阶段，主力多以小单耐心吸筹。当暴露出成交大单时，往往建仓已经完成或接近完成。因为主力建仓的隐蔽性极高，导致市场有时会错认为这是某一主导资金的短期炒作行为，却不知在寂寥冷清的股价常量运行阶段，该主力为潜伏建仓花费了多少小单吸筹的“水磨”功夫。

实战中，笔者曾遇到过一只处于建仓期的个股，在全天的交易时间内，该股有不少交易单是以 1 手的形式连续出现的。

可能有人会说：“是小散在买吧！”确实会有散户以 1 手（100 股）的交易量买入，但连续以 1 手买入，且在同一个股、不同时间段上经常出现这种情况，你还能认为是散户的操作吗？

即使是某一个散户的误操作，1 手的成交也不可能多日连续出现。难道散户不怕这样买股会增加交易费用，垫高自己的持股成本吗？虽然买入股票不收印花税，但券商的那份钱，普通散户可是一分也不能少的。

这种情况只能是潜伏期的主力所为。违反常规出现的成交小单，有时也会告诉我们很多奥秘！

对此有人会有疑问，要是主力以 1 手的方式建仓，那么猴年马月才能完成建仓？

主力当然不会以 1 手的方式来完成主要的建仓任务，但会以这种方式让市场认为“此股无主力，冷门股，没前途”，最终让持仓者对该股产生绝望而放弃持有。同时，市场上的跟踪者也会因该股交易冷清，走势乏善可陈，最终放弃关注该股。

表现在 K 线图上，收出的 K 线实体极小，走势以横向震荡为主，往往大盘跌时跟跌，大盘涨时却不跟涨。持仓者眼见其他个股飞速上涨，而自己手中的“瘟股”如死一般沉静，这会让他们悲苦交加。

这种股票有一个不同的特性，即遭遇大盘暴跌时，其跌幅往往远小于其他个股，且很快又会回到横向震荡的区域。

分时图上，下跌总是比上涨时快，折返也会频繁出现，偶有高开，也必低走。盘中放量拉高，你若追高，结果不是当日被套，就是次日被套，总之很难获利。

如图 3–55 所示，该股高开后略有急冲便迅速下跌，之后反复以锯齿状的折返走势震荡。这种个股走势让人昏昏欲睡，最终持仓者恨其疲软，追踪者放弃梦想。

此类个股不适合短线交易者参与，只适合波段或中长线交易者，只要耐心持有，将会有丰富的回报。

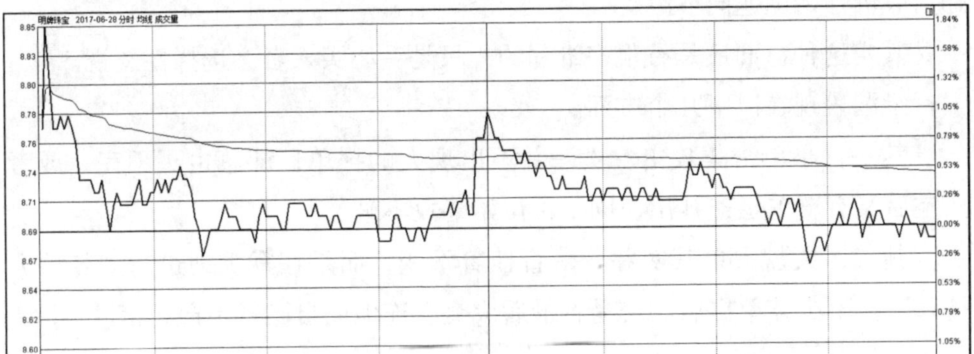

图 3–55

违反常规出现的成交小单，会让交易者发现主力潜伏的痕迹。还有些成交小单会以诱多的方式出现，目的是“请君入瓮”。

涨势中，某日股价在连续小买单的推动下小幅上冲，上冲一定幅度后开始盘整。这时在买盘挂单上有数个大单挂在不同的价位上，而上面的卖盘挂单却相对稀少。

虽然上面的卖单不大，但卖一挂单被小单买空后，立即又有新的挂单出现，随即小单不断攻击卖一，如此轮回。分时成交明细上，显示该股连续以小买单成交。

因为该股小买单密集出现，交易似乎较为活跃，又有大买单在买盘几个档位挂着，形如托盘。这种盘面给市场的感觉就是：下跌不可能，因为有大买单托着。密集的小买单之后，就会有大买单向上扫盘。

此时忽然出现一张大卖单，将股价瞬间打低好几个价位。懵懂之间，交易者会发觉下面挂的大买单被扫掉之后，再也没有新的大买单挂出来，随后股价开始迅速向下滑落。

其实这种盘面还是有很多纰漏的，只是一心买入者会选择性忽视。

纰漏表现在以下几个方面。

其一，小单密集攻击，卖一并不出现大的挂单，却总也买不完，或者买空后又有新单迅速挂出，同一价位始终攻不破。

其二，买盘大单其实并非一直挂着不变，而是在默默地进行“乾坤大挪移”。不少挂单靠后的交易者最后成交，连他们自己都不敢相信。

五、印证的威力

在前面“K 线图的印证”一章中，讲解分时走势上的压制与支撑的关系时，提及过 K 线图对于印证分时图的重要性和实用性。

实战中，这种印证是技术环境分析的一部分。放弃印证，可能会在分时走势中遇到很多奇异而无解的走势。

比如，分时走势上出现一波上涨，上涨的角度、速度、支撑与压制关系似乎无懈可击，股价理应保持升势并扩大升幅。但接下来，却出现了让人匪夷所思的走势，股价不但未能扩大升幅，反而逆转向下跌落。

如图 3-56 所示，A 点现价线突破收盘线和均价线的压制，以 60 度区展开强势上涨。虽然升势角度较大，但和均价线保持着适宜的厚度空间。

之后，在现价线回落的过程中，却未能得到均价线的支撑，股价最终抹去当日所有升幅。由强势上涨到弱势下跌，转化似乎只在一瞬间。

早盘判断该股为强势上涨而跟风的交易者，看到尾盘的走势，必然会失落和愤懑。

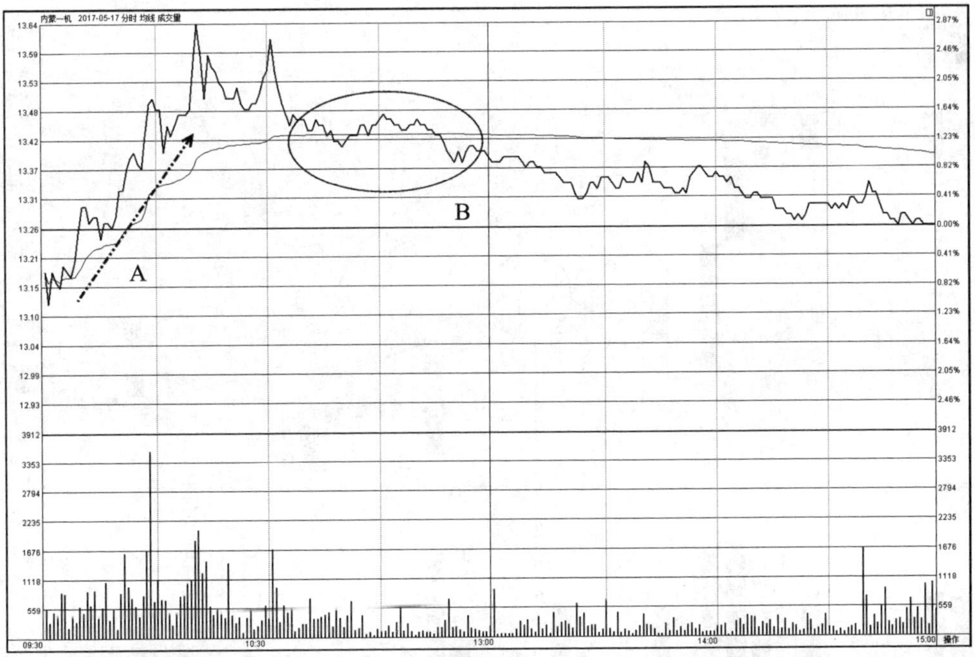

图 3–56

诸如此类的案例一再发生，让交易者不免会陷入“技术分析无用论”的泥沼。其实技术分析是无辜的，交易者也是无辜的，唯一“有罪”的是股票交易的博弈特性。

股票交易的博弈特性，会让看起来简单的事变得很复杂。看起来复杂的事，却显得很简单。在操作中，要想实现化繁为简，说起来容易，做起来很难。

化繁为简，是指将包括技术环境分析在内的所有技术分析形式烂熟于心。实战中，这些技术分析形式已经成为“本能”的反应。达到这一程度，那么很多看起来复杂的盘面，就会在你眼里变得相对简明易辨。

如图 3–57 所示，A 点即为图 3–56 中分时走势形成的K线。比较图 3–56、图 3–57，从图 3–57 中的 A 点技术环境分析发现，图 3–56 中 A 点分时上涨的强势之所以很快转化为 B 点的弱势下跌，是因为股价上涨触及了下行中的均线。

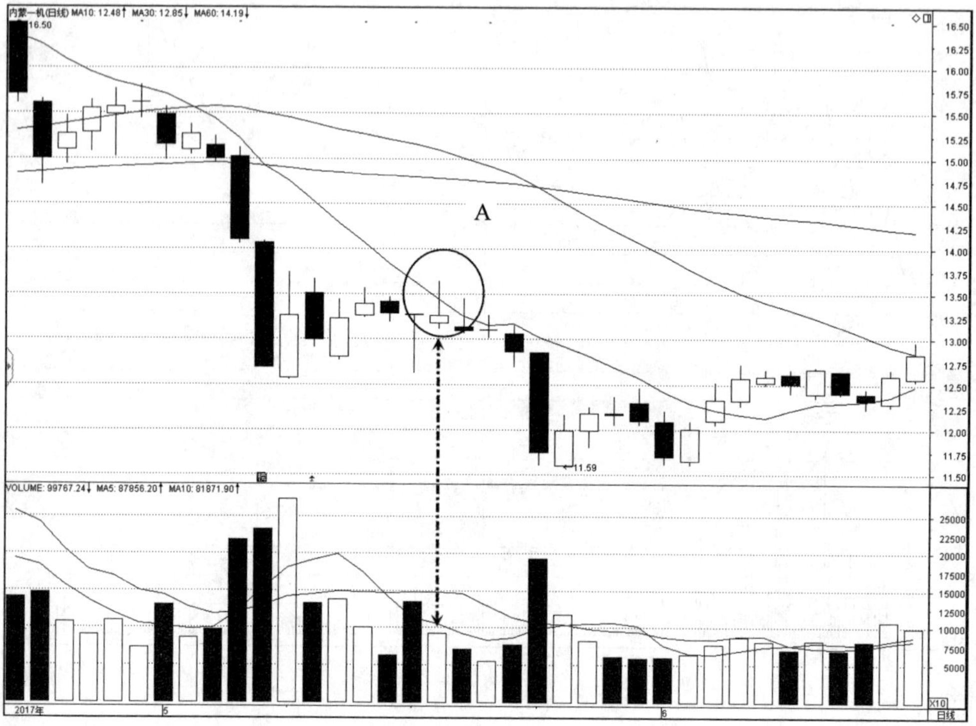

图 3–57

根据均线相关技术理论，股价于跌势中，股价反弹触及下行的均线时，多数会结束弹升，转回跌势。当图 3–56 中 A 点现价线涨升不能保持角度且量比消散时，应是持仓者的短线卖点，不是适宜的介入点。

实战中，不要因股价一时上涨就梦想会突破上方的所有压制。技术环境不具备大幅上涨的条件时，短线的波动转化为强势上涨的概率会非常小。

六、恐慌性抛盘和主力减仓的量能辨别

首先明确一下相关概念。恐慌性抛盘并不排除有主力或主导资金减仓的成分，但本节讲述的是主力以减仓为主要操作目的的量能和恐慌性抛盘为主的量能之间的区别。

其实二者之间都具有大幅下跌的外在形式，不同之处在于技术环境以及量能缩放上存在细微的差异。

如图 3–58 所示，该股当日低开低走，全天量能最为密集处为早盘的前半小时。此后盘中多次下跌，虽有放量但都远不及早盘。尾盘时，现价线横向盘整，虽不再创出股价新低，但量能上并无改观，显示做多资金保持谨慎的态度，并不认同目前这个价位。

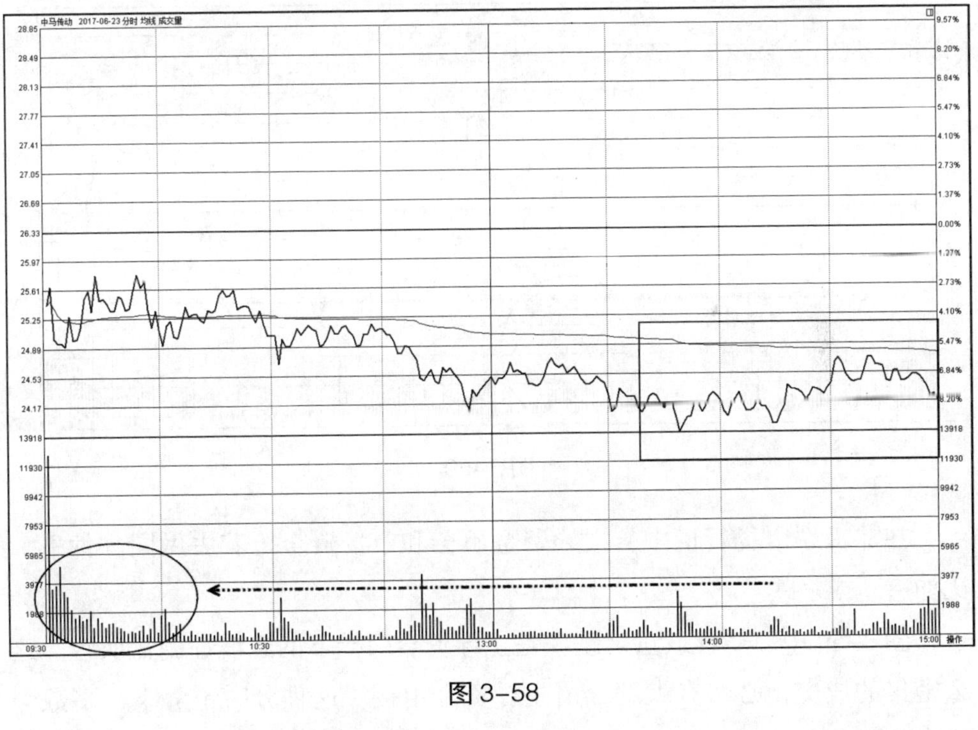

图 3–58

图 3–58 中尾盘的分时走势，是主导资金当日减仓后的一种下跌休整形态。这种形态下，虽然尾盘似有止跌的迹象，但只有其形，未有其实。多

数情况下，后市仍将出现进一步的下跌。

如图 3-59 所示，该股同样是低开低走，早盘也一度出现密集的成交量，但在 A 点时，成交的密集程度已经接近开盘。

尾盘该股再度大跌。虽然股价几乎在当日最低点收盘，但是可以看到成交量的密集程度已经远超早盘和 A 点。尽管尾盘股价并未有任何止跌的迹象，但密集的成交和股价快速的下跌，告诉人们这里出现的是恐慌性抛盘。

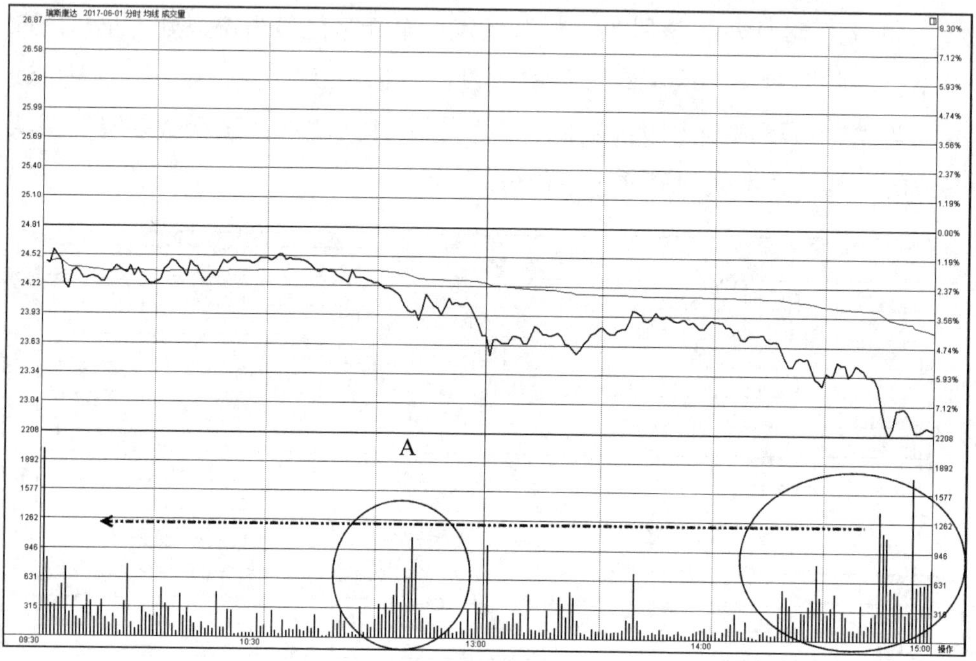

图 3-59

在非极端市场行情中，主导资金不会和市场资金抢着去做同一件事，比如追高或杀跌。

图 3-59 中，尾盘放量杀跌，是主导资金引导下的恐慌性抛盘所致。这么密集的成交，必然有大部分由主导资金承接。这种分时走势下，多数个股次日都会出现幅度不等的反弹。

也许有人会有疑惑，图 3-59 中，尾盘的放量杀跌为什么不能是主导资金的减仓行为，而是散户在买入？

在不同技术环境下，确实会出现多种可能性，但作为一种博弈的游戏，却始终难以脱离人性的恐惧和贪婪。

图 3-59 中，个股技术环境上处于大跌过后，战战兢兢的市场资金会以这么密集的姿态在大跌之际奋勇入场承接吗？既然不是以散户为代表的市场资金入场承接，那么还能是谁？

当然，部分技术派散户最喜欢做的就是袭击恐慌盘，但有这种技术能力的只是少数，玩不出密集成交的大波浪。

说到这里，减仓和恐慌盘的区别已经很明了了。如果有人还有疑问，那么说明你还需要在成交量和主力行为分析上多做参研。这一点在之后出版的《成交量核心技术》和《主力行为分析核心技术》中，将做出较为详细的讲解，以满足读者朋友的需求。

恐慌性抛盘的形式并不局限于尾盘，盘中出现的形态也有很多。

如图 3-60 所示，A 点出现一波 60 度区的急速放量下跌，这里的成交量就已经远大于早盘。A 点之后，现价线基本处于休整的态势中。

B 点股价并未明显下跌，而是处于震荡过程中，但出现了密集的成交，为什么呢？交易者可以发现，B 点的现价线一直震荡在 A 点暴跌产生的低点附近，这就是密集成交出现的原因。

如果还不明白为什么，再回顾一下本章“诱多与诱空的识别”一节的内容，或者还原一下当时的市场场景。

B点股价再次跌至当日低点附近，此时A点暴跌的恐惧感也会再次扩散，关于同样的暴跌即将出现的想象空间就会被打开。忍耐不了恐惧感侵袭的持仓者，会在卖出避险的心理暗示下做出相关的交易行为。

技术环境上，该股处于涨势途中且具有一定的升幅，获利盘蠢蠢欲动实属正常。而类似于图 3-60 中的诱空行为，是主力借用当日低点对持仓者进行的一次“恐吓”。

当然，主力打破前期低点，诱空的效果可能会更理想，但主力仅仅只是“温柔”地驱赶一下心浮气躁的持仓者，并不想赶尽杀绝。

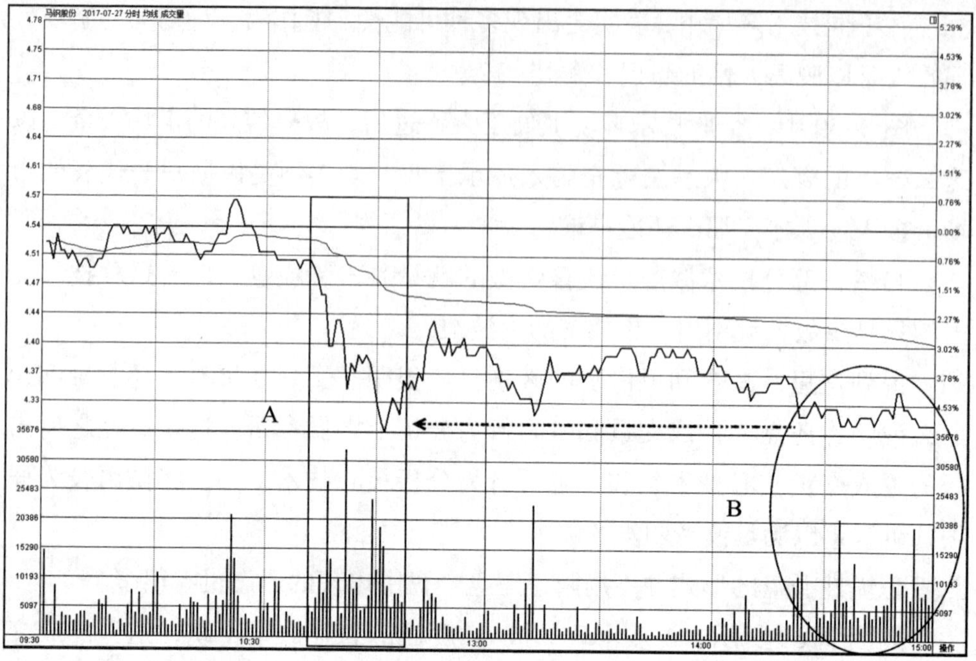

图 3-60

第十四章　技术环境分析

如果你想等到看见隧道另一端的光明时再买卖股票，那就未免太迟了。

——马克·墨比尔斯

一、趋势、趋向及成交量

技术环境分析是多种技术工具、长短周期综合分析的一种技术分析手段。如果说趋势、趋向和成交量以及均线系统，是分析判断交易标的的主要技术工具，那么技术指标、市场心理倾向等则是重要的辅助分析手段，二者相辅相成，不可或缺。

综合分析交易标的所处的技术环境，能够避免一叶障目，无论对于规避风险还是追求盈利，都是一个较佳的选择。

1. 趋势与趋向

趋势是指在相对较长的交易时期内，价格整体运行于一个相对稳定的方向上。道氏理论将之称为主要趋势。通常将整体保持上升趋势的市场称为牛市，将整体保持下跌趋势的市场称为熊市。

趋向是指中短期内价格运行的方向，趋向和趋势可能一致，也可能不一致。趋势由无数同向或逆向的趋向构成，趋向改变并不意味着趋势必然改变，但趋势改变必然由趋向改变开始。

趋势包含不同运行方向的价格趋向，依照时间周期的长短，可以界定为中期趋向和短期趋向。中期趋向和短期趋向，在道氏理论中称为次级趋势和短期趋势。

区分趋势和趋向，有利于交易者从全局的角度来考虑和谋划整个交易策略，避免纠结于价格细微的波动之中，错失在大方向上布局的时机。

交易者首先要认清行情的长期趋势，长期趋势运行的方向明晰之后，中期趋向和短期趋向就会跃然纸上。

（1）牛市行情

在长期上涨趋势即牛市行情中，交易者应以持仓和积极做多为主要的交易策略。长期上涨趋势并不意味着市场一直上涨，其在运行过程中会有很多次级别较大的回调（即中期趋向或称次级下跌趋势）以及不间断的短期回调（短期趋向）。回调会在市场中引发恐慌，使一批不坚定的持仓者被清洗出局，同时减轻未来市场上行的压力。

如图 3–61 中 A 点所示，一轮长期上涨趋势运行期间，会出现多次中期下跌趋向和短期趋向。

（2）熊市行情

在长期下跌趋势即熊市行情中，交易者应采取空仓和分阶段交易为主的交易策略。长期下跌趋势并不意味着市场一直下跌，其在运行过程中会有很多次级别较大的反弹（即中期趋向或称次级上涨趋势）以及不间断的短期反弹（短期趋向），反弹会诱使资金介入。

如图 3–61 中 B 点所示，一轮长期下跌趋势运行期间，同样也会出现多次中期上涨趋向和短期趋向。

（3）绘制趋势线

趋势线是连接价格波动中的两个重要低点或高点画出的一条顺应价格运行方向的直线。趋势线是分析价格趋势及其变化的最有效工具之一。正确绘制上升趋势线和下降趋势线，有助于对行情变化和趋势拐点提前做出预判。

绘制趋势线有 3 个要求。其一，确定两个重要的低点或高点。其二，这两个点在时间周期上具有相应的距离。其三，能够正确反映趋势整体运行情况。

图 3-61

如图 3-62 所示，A 点为该股的顶部高点，B 点为第一次中期反弹高点，它们都属于相对重要的点位，时间间隔在 3 个月左右，也较为合适。两点连线后，这条趋势线能够反映后期股价趋势的整体运行情况。

技术环境分析，首先要求交易者培养自己的追溯分析能力，也就是说要具有技术分析的历史观，善于分辨价格运行的趋势和趋向。

单凭最近的几根 K 线，很难研判主力资金的情况。若从较长的时间周期进行回溯分析，则不难发现主力资金所处的阶段和状况等。

例如，图 3-63 中，该股走出一波翻倍行情。研判该股后市是继续上涨还是行情就此完结，是新一轮行情的开始还是原行情的延续，仅凭图 3-63 中 K 线、成交量以及均线等，难以得出一个相对准确的结论，这时候就需要借助更长时间周期的分析来作进一步的研判。

图 3-62

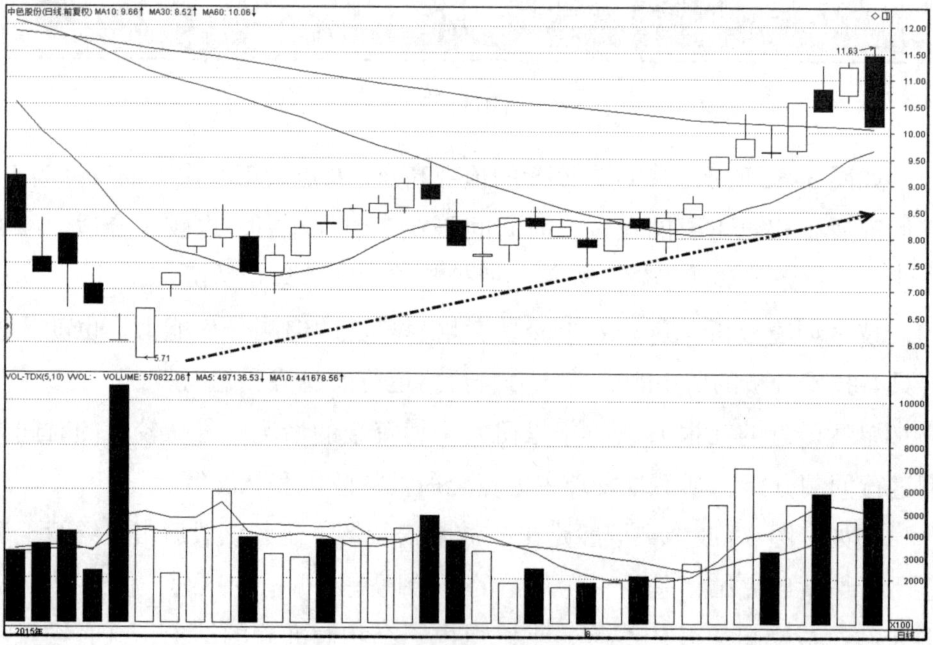

图 3-63

图 3-64 是该股两年多的 K 线走势，从这幅图上可以较为清晰地看到该股相对完整的走势：该股在达到图中 A 点（即为图 3-63 中的涨升阶段）之前，经历过一轮波澜壮阔的大牛市行情，之后股价见顶，出现大幅暴跌。

用这种速度的暴跌来终结牛市行情并不常见，所以必然有不少高位持仓者未能获利减仓，这是股价在 A 点反弹的重要人气基础。之所以这样说，是因为这些持仓者有他们习惯的操作方式：低点不敢进，反弹有一定幅度之后才放心买入以摊低持股成本，殊不知此时反弹已接近尾声。

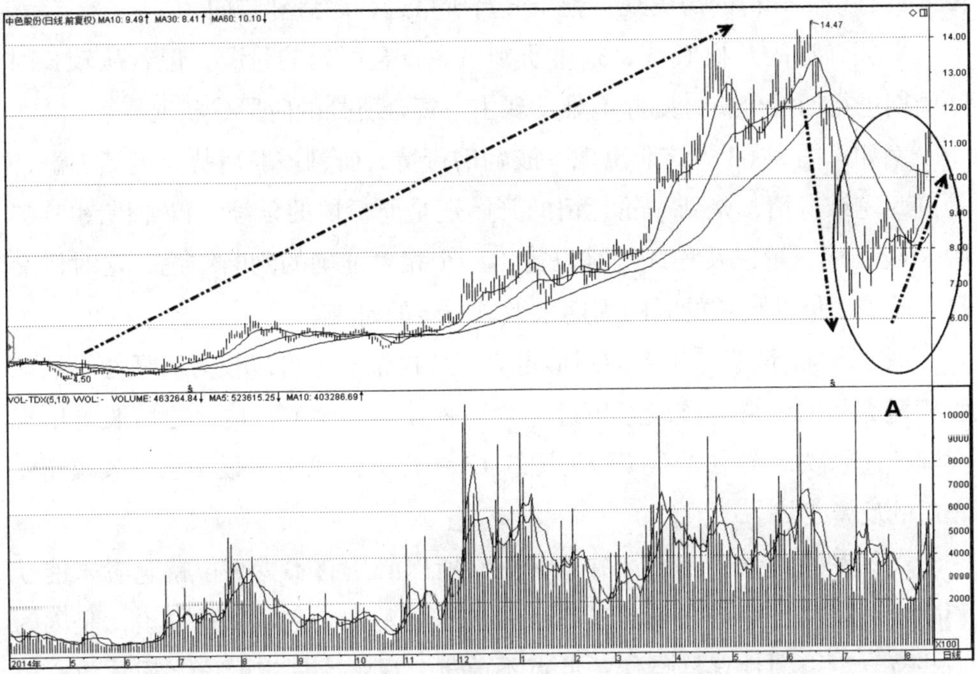

图 3-64

图 3-64 中，A 点之前的暴跌，对于略懂趋势分析的人来说，在技术上终结一轮牛市行情应该是毫无疑问的。A 点出现涨升行情，股价超跌反弹的行情性质也不难界定。唯一让交易者迷惑的是，超跌反弹的幅度居然能够让股价翻倍。

超跌反弹的幅度与两点息息相关。

其一，前期下跌周期和速度。时间短、速度快的下跌，引发的超跌反弹必然强劲（排除基本面问题引发的连续一字线跌停，只包括技术范围内的下跌）。

其二，下跌幅度。只有达到超跌程度之后，才有可能引发大幅度反弹（研判股价超跌、超涨的相关内容，请参看中国宇航出版社出版的《短线追涨与低吸技术》一书）。

（4）周期与历史追溯分析

技术环境分析，首先要求交易者应培养自己的追溯分析能力，也就是说要具有技术分析的历史观，善于分辨价格运行趋势和趋向。

单凭最近的几根K线，很难研判主力资金所处的状况，但若从较长时间周期进行回溯分析，则并不难发现主力资金所处的阶段、状况等。

例如，图3-63中该股出现一波翻倍行情，研判该股后势是继续上涨还是就此完结行情，是新一轮行情的开始还是原行情的延续，仅凭借图3-63中K线、成交量以及均线等难以得出一个相对准确的判断结论，这时候交易者就需要借助更长的时间周期来做进一步的研判。

图3-64是该股一年多的图形走势，从这幅图上可以较为清晰地看到该股相对完整的走势：该股经历过一轮波澜壮阔的大牛行情，之后股价出现大幅急速暴跌，图中A点（即为图3-63中涨升阶段），很明显是大幅超跌之后的反弹走势。

以暴跌来终结牛市行情并不常见，所以必然有不少高位持仓者未能获利减仓，这也是股价在A点超跌反弹的重要基础。之所以这样说，是因为一些持仓者习惯性这样操作：低点不敢进，反弹有一定幅度之后才放心进仓用以摊低成本，殊不知此时反弹已接近尾声。

2. 成交量

从图3-64中的成交量变化可以发现主力的主要吸筹、震仓区域（图中标示处），以及A点之前股价暴跌阶段的筹码逃逸情况。成交量是和资金流动关系最紧密的技术指标，也是技术环境分析不可或缺的一个重要组成部分。

分析不同时间周期的成交量指标，可以得到一个相对完整的资金流动路线图。例如，通过分析日线、周线、月线，可以大致分析出主力资金整体处于哪种阶段，是静默吸筹阶段还是震荡整理阶段，抑或是主升期、出货期等。从图 3-64 中可以较为清晰地看到主力在不同阶段资金逃逸与回归的情况。

通过分析分钟成交量，可以发现主力正在做什么或将要做什么。通过最平常不过的成交量指标，就完全可以找到这些问题的答案，不需要交易者花费大价钱去购买所谓的神奇软件。

成交量与价格的技术特点。

（1）股票的上涨趋势可以用日益增加的成交量来确认。随着买方的逐步增加，上涨趋势得以维持并向纵深发展。下跌趋势中用成交量日益萎缩进行确认，因为买方日趋减少，股价将延续下跌趋势。

（2）如果市场成交量不能维持在相对较高的水平，而是出现逐步萎缩的状况，说明买方已经不愿意在目前价位入场，卖方也不愿意低卖，那么当前的趋势可能还会暂时持续。在极度稀疏的成交量下，股价创新高或新低可能性不大。

（3）在下跌趋势中成交量逐步萎缩，其中不乏间歇性放大的现象。当成交量长时间低迷，缩无可缩之后，随着股价的反弹，成交量从地量水平渐次增加。虽然股价可能在之后的运行中仍会出现下跌走势，然而成交量却不会再回到之前的地量水准。这种情况预示着股价已经运行于大的底部区域之中。

二、均线理论

均线全称“移动平均线”，是指对最近 N 个时间段内的收盘价进行平均，将这些数值以线段的形式连接，即形成了一条均线。

其基本原理是随着市场成本的变化，价格也将有所体现，成本变化可能会导致了趋势的延续或改变。移动平均线代表了一定时期内市场平均成本的变化趋向。

上面这段文字，是均线最基本、最常规的释义。其实最重要的是最后一句话，即移动平均线代表了一定时期内市场平均成本的变化趋向。真正理解这句话，才能明白均线在实战中的含义。

均线代表的是市场平均成本运行趋势，其重要性在于反映现行价格得到支撑或受到压制的情况。支撑与压制是均线理论的核心与精华，均线分析的价值也正在于此。

均线如同奔流的江水，K线则像江水中行进的船只。水能载舟，亦能覆舟。此外还有逆水行舟和顺水行舟之别。总之，在运用均线判断行情变化时，永远不要忘记一点：均线是灵动的，K线也在不停的变化之中，呆板、机械地理解和应用K线、均线之间的关系，无法得到理想的结果。

1. 顺水行舟形态

当均线行进的方向与K线运行方向保持一致的时候，就称为“顺水行舟”。“顺水行舟”有两种技术形态：一是K线和均线保持同步向上的态势，也称为多头排列，如图3–65所示；二是K线和均线保持向下的态势，即空头排列，如图3–66所示。

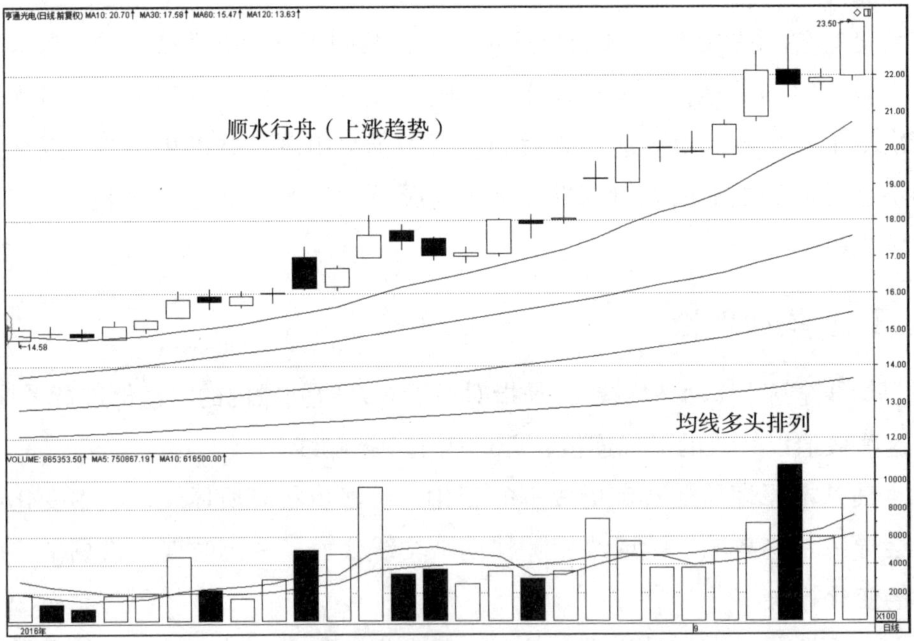

图3–65

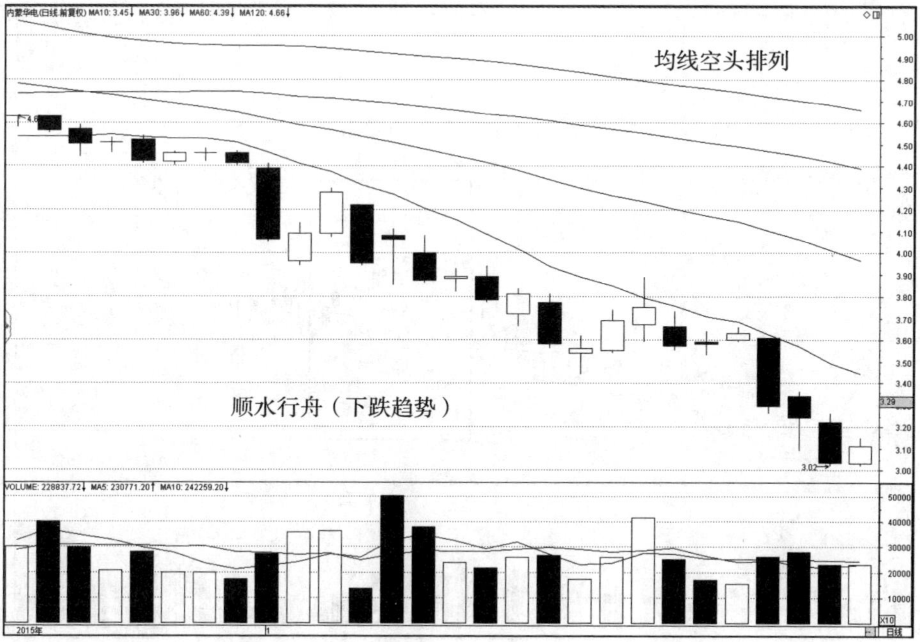

图 3-66

在“顺水行舟”的态势下，均线多头排列时，K 线上涨往往很火爆。空头排列时，K 线下跌则很凶悍。正如船在顺风顺水的条件下行驶时，可以达到“轻舟已过万重山”的境界。

2. 逆水行舟形态

当均线运行方向与 K 线运行方向相逆时，称为“逆水行舟”。“逆水行舟”也有两种技术形态。

一是均线向上行进而 K 线向下运行。这种形态一般出现在 K 线上涨中的正常回落整理，或者出现在行情转向时。如图 3-67 所示。

二是均线向下运行而 K 线向上运行。这种形态一般出现在下跌途中的反弹抵抗，或者见到行情拐点时。

“逆水行舟”意味着需要耗费远远大于常态的能量。如果这种超常能量不能持续补给，就到了行情停止前行甚至逆转的时刻。通常情况下，“逆水行舟”这种形态持续的时间较为短暂。如图 3-68 所示。

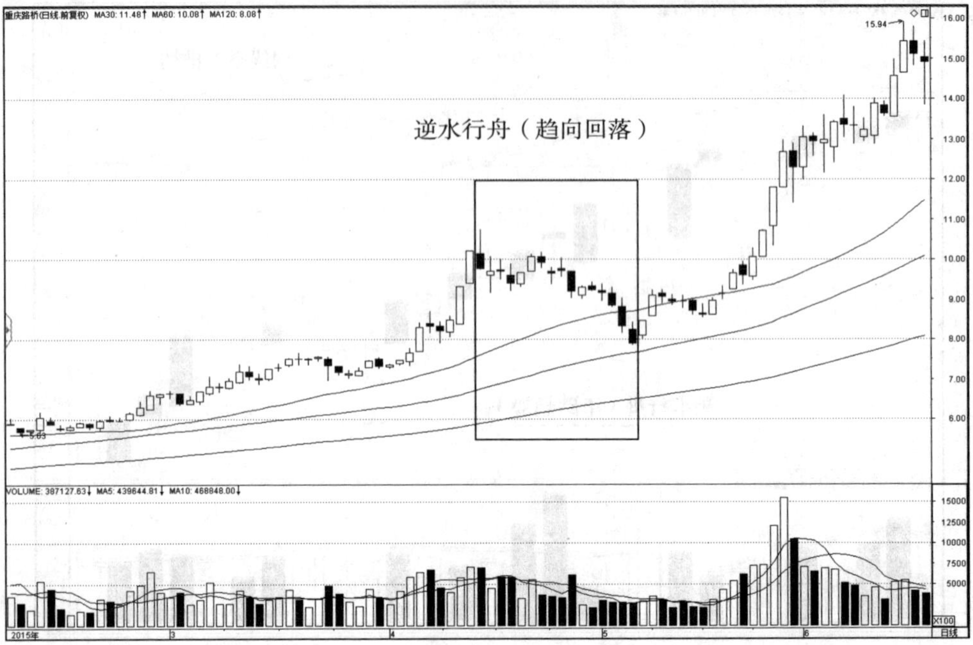
重庆路桥(日线,前复权) MA30: 11.48↑ MA60: 10.08↑ MA120: 8.08↑
逆水行舟（趋向回落）
15.94
5.63
VOLUME: 387127.63↓ MA5: 439644.81↓ MA10: 468848.00↓
2015年
日线

图 3-67

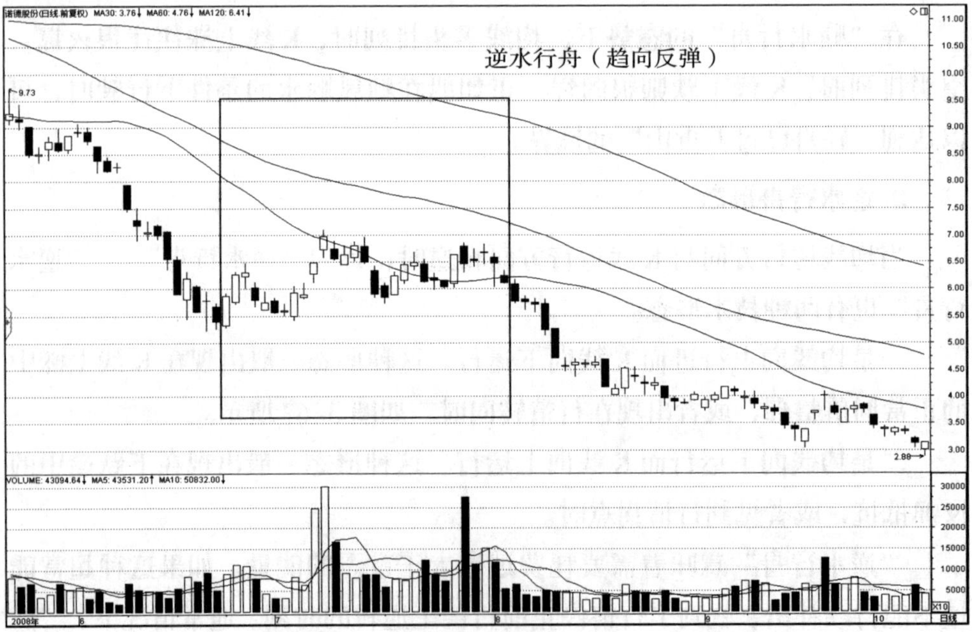
诺德股份(日线,前复权) MA30: 3.76↓ MA60: 4.76↓ MA120: 6.41↓
逆水行舟（趋向反弹）
9.73
2.88
VOLUME: 43094.64↓ MA5: 43531.20↓ MA10: 50832.00↓
2008年
日线

图 3-68

确认K线与长期均线系统的趋势，关乎到交易者在一个较长的时间范围内采取的主要交易策略。K线与长期均线系统的趋势，也是交易者鉴别自己的交易行为是顺势而为还是逆势而为的一个标尺。

通常来说，符合趋势的顺势而为，应当成为交易者主要的交易方向和重仓配置，而参与逆水行舟形态下的趋向行情，因与趋势相逆，只能是短期的交易方向和轻仓配置。

在上升趋势的市场中，应以做多为主要的交易策略。在参与回落（逆水行舟之趋向回落）行情时，就应该控制好做空的尺度和界限。在下跌趋势的市场中，应以做空或观望为主，主要参与趋向性的反弹行情，回避短期反弹。

3. 顺逆关系的转化

无论是“顺水行舟”还是“逆水行舟”，交易策略总要随着行情的发展变化而变化，不可能永远恒定。热火朝天的牛市总有终结日，而肃杀清冷的熊市也必定有结束的时候。

“逆水行舟”形态可能会在运行途中结束，继续回归到原有趋势。也可能会在运行途中得到强化而延长或转化。“逆水行舟”的转化，是指由原来的趋向行情转化为趋势行情。

“逆水行舟”形态代表趋向性行情，多数时候，当其运行到一些重要的均线关口，往往就是趋向性行情结束的时候，随后就会回归到原来的大趋势中。

当“逆水行舟”形态连续攻克一些重要的均线关口时，意味着其处于形态的加强状态，或者这个形态正担负着趋势扭转的重要使命。

如图3-69所示，该股经过长期大幅下跌后，在A点出现与中长期均线相逆的“逆水行舟”形态。通常来说，这个形态下的反弹行情，多数会在遇到60日均线重要关口时就会结束反弹，重回跌势。

但是随着行情的发展，可以发现这个“逆水行舟”形态开始强化，轻松突破了60日均线这个重要的均线关口后，略加盘整便继续向上攻击120

日均线。

此时，交易者应当重新审视这个“逆水行舟”形态的性质，分析行情是正在发生转化还是单纯的趋向强化。至于是不是趋势转化，形态自身会告诉交易者。

之后股价迅速突破120日均线，回抽下破均线但很快收复并继续升势，有挑战250日均线的势头。实战中，很多交易者遇到这种情况时，会担心错过一轮升势，有的就会选择追高买入。

学过脱线形态的交易者都知道，该股股价连续急升，已经和最小时间单位的均线形成了脱线。同时，上方的250日均线是极为重要的均线关口，并且呈下行态势。这两个方面因素叠加，可以得出一个分析结论：即使股价向上穿越250日均线，也很难形成真正的突破，冲高回落是大概率的结果。（脱线形态等理论见中国宇航出版社出版的《均线核心技术》一书）

图3-69

之后该股股价果然冲高回落。回落过程中的股价表现，对于交易者分析“逆水行舟”形态是否存在转化的可能极有价值，也是确定是否存在介入做多时机的关键。

图 3-69 所示的 A 点后，120 日均线在此处已经由前期的下行转为走平并逐渐转为上行。股价回落时受到 120 日长期均线的明显支撑，这是一个倾向做多的初步信号。

之后股价在多条均线间出现盘线形态，运行重心也缓步上移，这是低吸的交易时机。“逆水行舟”形态的转化至此初步确认。

当股价再度向上攻击并突破 250 日均线，这个阶段的盘线就是低价位介入的最后时机，也最终确认“逆水行舟”形态由反弹趋向成功转化为上涨趋势，下跌趋势正式转为上涨趋势。

逆势而为，并不等同于盲目与趋势对抗。大多数时候，“逆势”是与市场普遍心理趋向相逆。还有一些时候，逆势而为是指在趋势转化过程中入场交易，其实这时所谓的逆势正在或已经转化为顺势而为。

“顺水行舟”和“逆水行舟”形态在实战中最显著的作用，就是提示交易者根据股价运行趋势选择做易做的交易，赚易赚的钱。追求交易中的难度，市场并不会给你特别加分。

4. 均线实战攻守技术

（1）厚度不封强势在

关于均线实战攻守技术等诸多技术与理论讲解，通过本节的篇幅很难讲透，读者朋友可以参阅《均线核心技术》一书。

“挽弓当挽强，用箭当用长。”短线交易中，要以强势股为主要的交易对象。强势股也不是说就不会跌，学会辨别哪些下跌是机会，哪些是风险，是短线交易者必备的基本能力。

不少短线交易者喜欢追涨强势股，但往往追在短线高点上，一旦强势股回调，便仓皇止损。而止损后，却发现该股已经峰回路转，扶摇直上。

其实强势股也存在低吸的机会，只是这个机会出现时，多数人却不敢买。

强势股回调，多采用日间震荡或以空间换时间的方式，这种方式如惊涛骇浪，让人惟恐避之不及，而难得的低吸机会偏偏就隐藏在其中。

操作强势股，可关注 5 日均线、10 日均线之间的厚度变化。通常来说，能称得上强势的股票，必然以大角度保持上涨，也就是说，脱线是常见形态。

如图 3–70 所示，A 点之前，一旦连续涨停板打开，当天不能再封住，就是强势个股展开回调的时候了。

图中 A 点，第一根阴线当天收出跌停板，这就是强势股以空间换时间的回调方式。当然，这只是回调方式中的一种，并不是所有强势股都会采用这种方式。

被资金狂追的个别强势股，也会采用回调略探 5 日均线便再度起涨的方式。连续采用这种方式调整的个股，一旦资金失去追涨的欲望，就会直接进入到大级别的下跌。常说的“断崖式下跌”，往往就发生在这种个股上。

图 3–70

图 3–70 中，A 点的第二根是低开高走的阳线，其低点接近 10 日均线，而高点已经收复 5 日均线。A 点，5 日均线和 10 日均线仍具有相对较大的厚度空间，更为重要的是，代表价格强度的 5 日均线仍旧维持上行态势。这说明，A 点第一根阴线的跌停板未能消耗掉股价上升的强度，探底回升阳线是较为适宜的低吸点。

类似该案例中的强势股，即使股价跌破 10 日均线，只要 5 日均线未转向，厚度空间未封闭，就说明短线涨升强度并未完全消失，交易者仍可寻机介入。

实战中，如果 5 日均线交叉 10 日均线，厚度空间封闭，则说明该股调整的空间和时间都会相应地延长甚至是扭转趋势，具体可根据技术细节进行分析。

（2）最忌逆势孤军深入

上涨趋势中，有时会突然遭遇大幅度的暴跌行情，价格短期内连续突破中长期均线系统，如 60 日均线、120 日均线、250 日均线等。下跌趋势中也有类似情况，出现突如其来的暴涨，价格连续突破中长期均线。

逆势出现的暴涨和暴跌行情多数不可持久，即使这种暴涨、暴跌行情最终改变了运行趋势，也存在着一个较长的修复过程。在行情急速运行阶段，普通交易者如果没有在最初阶段介入，后面很难捕捉到适宜的介入点。

如图 3–71 所示，A 点股价以 60 度区急速上涨，一度穿越下行态势中的 60 日、120 日、250 日均线，但是这种孤军深入的逆势急升很难持久。从图中可以看到，股价很快便回归下跌。在 A 点涨势中追高的人，很难从中赚到稳定的收益。

当中长期均线呈空头排列向下运行时，股价短期暴涨，如同过度冒进、孤军深入的部队，短期的强势难掩之后大概率的败退。

对于股价短时间内突起的逆向行情，如果技术环境并不具备趋势扭转的基本条件，那么多数都会在急速运行阶段结束后，略经盘整便回归原有趋势。

图 3–71

如图 3–72 所示，A 点股价突然大幅下跌，连续跌破中长期均线，但不久股价便迅速回升并创出新高。追随股价短期波动，会使心态越来越脆弱，难以承受股价来回折返，更难以看清本来并不复杂的趋势。

（3）起飞跑道

上涨趋势初期，或是涨势中级别较大的调整之后，部分个股股价恢复上涨后，是以较小的倾角来运行的，通常较少有大阳线、大阴线，而是以中小 K 线居多。总体来说，这种走势的个股，一段时间内的升幅很有限，所以不少持仓者耐不住股价磨磨蹭蹭的上涨而卖出换股。

仔细分析这类个股的走势，可以发现几个技术特点。

其一，短中期均线多头排列，稳定向上运行。

其二，量能逐步增加，接近滑行、起飞阶段时形成聚量攻击。

其三，股价极少回落至中期均线之下。即使偶有发生，也会以下影线等方式快速回收。

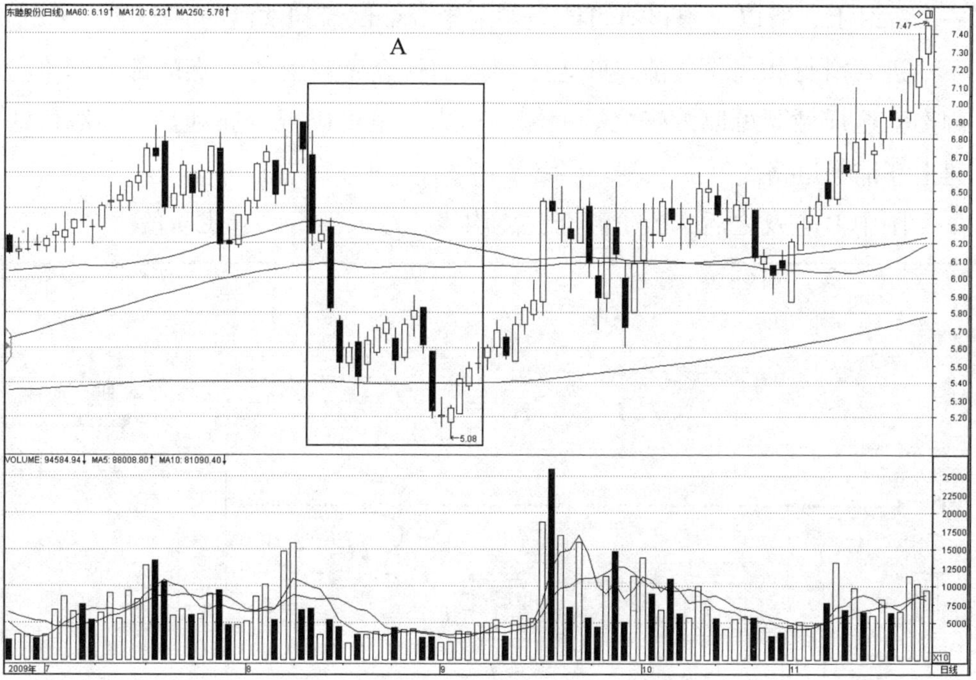

图 3–72

具备这几个特点的个股形态，一般将其比喻成正在修建起飞跑道的潜力股。

如图 3–73 所示，该股在升势中出现调整后，A 点短中期均线逐渐完成修复，进入到多头排列中，之后股价多数时间在短期均线上运行。此时虽然 K 线实体以小阴小阳为主，偶有回落但很快回升，显示出下方均线系统具有强大的支撑。随着均线间的厚度慢慢拉开，“跑道”支撑强度也逐渐变大，股价“起飞”也就为时不远了。

“修建起飞跑道”的个股，进入滑行、起飞阶段的标志，通常是突破最近的密集成交区。如图 3–73 中的 B 点，突破了 C 点以及 D 点的密集成交区。

其实案例中的 C 点，股价曾尝试突破 D 点的密集成交区，但这里的量能情况显示主导资金并未倾力而为，C 点的量能对比 D 点的量能明显不在一个等级上，所以C点极有可能只是主导资金试盘和洗盘的一个点。

进入滑行和起飞之前，吓走不稳定的持仓者，引诱D点的部分套牢盘割肉，这样做既可以减轻之后上涨的压力，也可以减少获利盘，为股价快速上涨铺平道路。

图中B点及之后，股价逐渐脱离均线，进入滑行、起飞阶段。

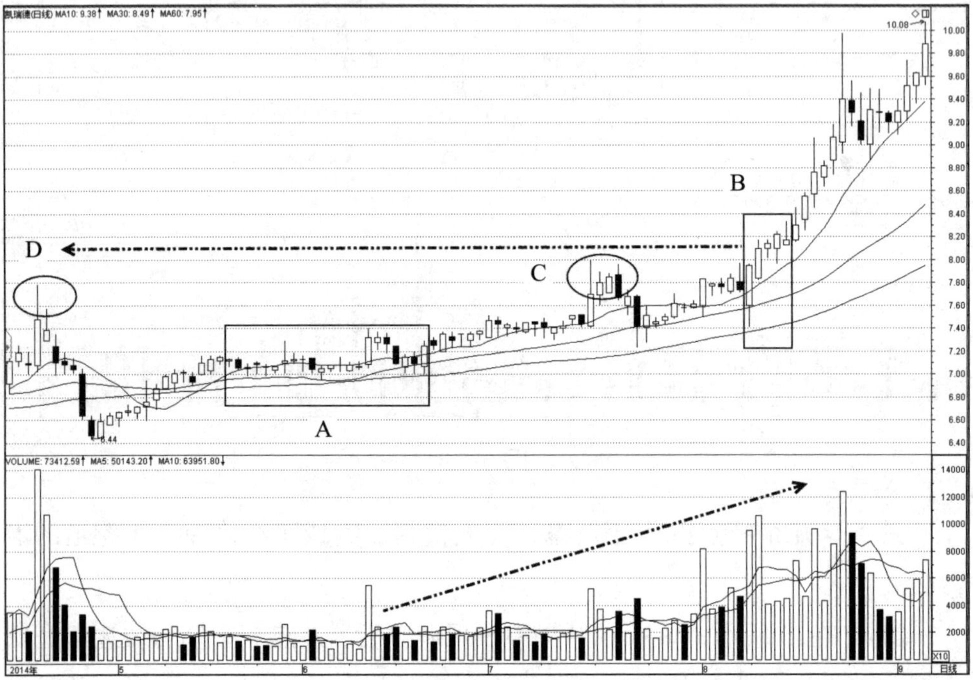

图 3–73

（4）升势休整

上涨趋势中，30日均线回落触及或向下交叉60日均线，随后又向上交叉60日均线，之前回落过程中无量运行的股价开始加大换手率，K线低点逐步抬高，此后均线系统形成多头排列，即为升势休整形态，后市大多会有一轮强劲的上攻行情。

如图3–74中A点所示，30日均线向下交叉60日均线。在这个过程中，虽然股价不断震荡，但低点不断抬升。B点时30日均线上穿60日均线，同时股价明显受到下方均线支撑，逐步回到均线系统上方。

升势休整其实也是均线修复的过程。当股价与均线上涨趋势运行一段时间后，会累积一定数量的不稳定因素。比如，随着股价越升越高，获利盘也会迅速增加，其兑现的欲望也越来越强烈。

出现一段时间的回落修复，既可以清理获利盘，也可借机提升市场平均持仓成本。这个清理过程的长短，一般以 30 日均线向下交叉 60 日均线，随后又向上交叉 60 日均线为主要观测基准。之后，当股价再度回归升势时，就意味着清理过程结束。

出现升势休整，可以让日益躁动的市场心理平复下来。毕竟过早地让价格进入疯狂状态，对于主力来说并不一定是好事。

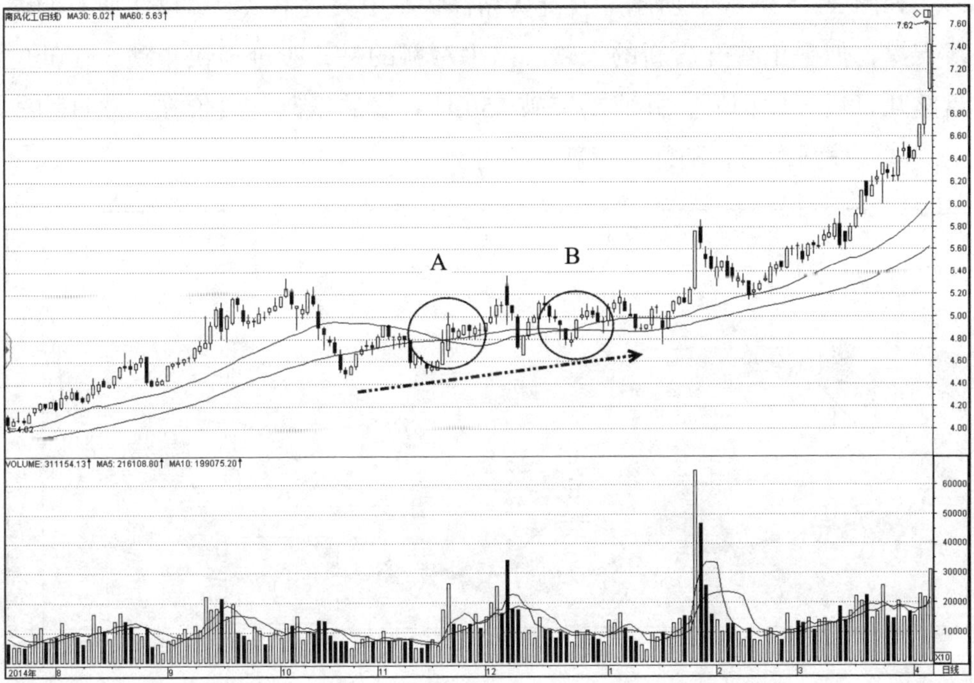

图 3–74

（5）兜底坑

所谓兜底坑，是指经过大幅下跌后，在中长期均线加入的聚拢或黏合形态下，价格突然向下快速跌落，随后又开始回升，突破中长期均线，扭转趋势并启动第一波上涨。

上面的整个过程，就像是在路面上挖出一个坑，这个坑对后面跟进的人会造成影响，但对价格前行的道路来说，崎岖不平是一种正常的状态。

兜底坑是趋势扭转阶段比较常见的现象。在均线聚拢或黏合形态渐渐得到市场认可的时候，突如其来的急速下跌，以及价格跌破所有均线支撑，这种情况会引发很大的市场恐慌。

在上涨趋势并不明了，下跌趋势僵而不死的情况下，兜底坑会让多数持仓者失去信心，抛售筹码。在兜底坑右侧“填坑”的价格回升过程中，已经卖出的人很少会再买回来，主导资金想要的就是这个效果。

如图 3–75 中 A 点所示，股价从黏合状态中突然下跌，跌破了所有的均线支撑，似乎正在开启新的大跌。出乎意料的是，股价很快止跌，在低位盘整几日后开始回升，并成功突破 250 日均线的压制。股价在 250 日均线上测试支撑强度后，随即开启新一轮升势。

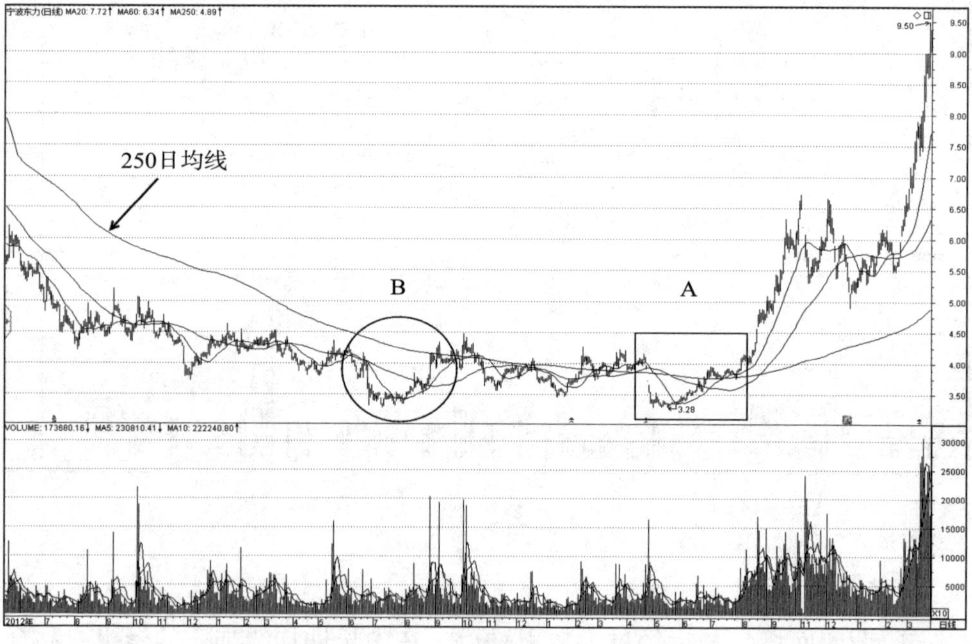

图 3–75

图 3–75 中 B 点的“坑”和 A 的“兜底坑”很相像，但 B 点并不符合兜底坑的标准。B 点的“坑”缺少长期均线加入到聚拢或黏合形态这个先决条件，前期只有短中期均线的一个常规盘整，更像是跌势末期为吸纳带血筹码而挖的坑。

从技术上来说，B 点“挖坑”的起涨和围绕 250 日长期均线的波动，对于这条长期均线最终扭转向上，起到一定的牵引作用。这也是很多个股在构筑底部过程中，为使长期均线尽快进入修复并完成扭转所常见的走势形态。

实战中，兜底坑形成过程中的“挖坑”阶段，并不像图 3–75 中那样幅度相对较小，也有部分个股在“挖坑”阶段表现得穷凶极恶，以致让持仓者开始怀疑人生。

如图 3–76 中 A 点所示，股价以 60 度区的角度下跌，下跌过程既快又急，股价从 16 元多一直跌至 10 元上方。下跌幅度之大，下跌过程之凶悍，可以看出该股主力无疑是个“狠”角色。

图 3–76

兜底坑挖坑的深与浅，还与个股之前跌势中的整体下跌幅度有关系。经过长期大幅下跌的个股，即使想挖深坑，恐怕也很难做到，因为没有那么多的套牢筹码在此时割肉，多数被套牢的人早已不看盘了。

跌势中相对跌幅不大，或刚经过一波次级反弹的个股，如果出现兜底坑，多数挖坑的深度很可观。兜底坑挖得深，也并非全无好处，主力之所以“狠”，是因为意在长远，想把底部锤炼得更结实，为之后的“远大钱景”打好基础。

（6）长逆短顺

长逆短顺是下跌趋势中的“逆水行舟”形态，这种形态并不一定能达到次级反弹的级别，也包括价格的短期反弹。

长期均线保持下行态势，对于股价反弹具有强大的压制作用，多数反弹都会终止于长期均线之下。某些个股即使后市发生趋势扭转，在第一次反弹到下行的长期均线附近时，也会出现回落。

如图 3–77 所示，股价连续下跌后企稳反弹，在 A 点上攻至下行态势的 120 日长期均线时遇阻回落。如果是短期反弹，这个回落基本就宣告了反弹结束。图中个股在回落至 20 日均线附近时受到支撑，在量能的支持下再度上涨。

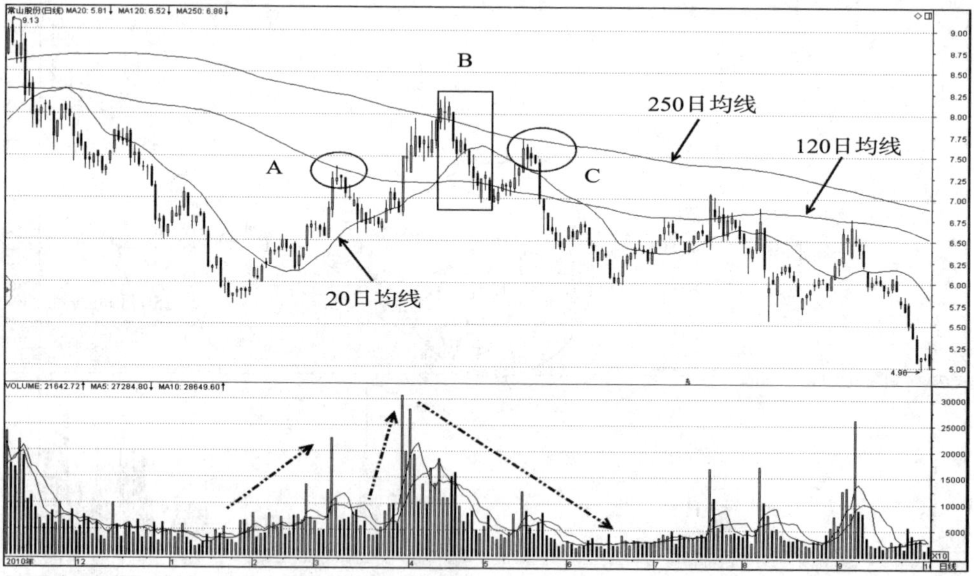

图 3–77

B 点，再度上涨的股价不能得到 250 日长期均线的支撑，反而在其压制下迅速回落。可以看到 B 点股价回落时，20 日均线支撑力度非常微弱。股价停留 3 个交易日后，继续下跌至 120 日均线。在这个过程中，量能已经呈现出消散的态势。

下行态势中的均线，能够提供的支撑微乎其微，甚至更多表现为市场心理上的支撑。图中 B 点，股价在 120 日均线上止跌反弹。对于交易者来说，这次反弹不用等到 C 点出现，也能大略测算出它的终点在哪里。

实战中，一些个股虽然突破长期均线，却不能牵引其发生扭转。出现放量滞涨或量能呈消散的态势时，意味着涨升强度正在快速减弱，股价回归跌势是大概率事件。

长逆短顺形态下，对于个股涨幅以及上涨持续的时间，不要抱有太大的希望。

（7）回线不回价

回线不回价，是指在上涨趋势中出现一波回落调整后，价格在 60 日均线上得到支撑并启动上涨，价格的下一次重要调整低点可能就在 60 日均线附近。

回线不回价是一种良性调整，能够为交易者提供较理想的短线介入机会，但需要注意两点。

第一，再次回到 60 日均线时的价格，不能接近于启动时的价格，否则说明价格整体处于盘整阶段，并不是适合的介入点。这也是回线不回价的含义所在。

第二，价格再次回到 60 日均线后，不能长时间呈盘线状态，否则很有可能会牵引 60 日均线走平甚至向下扭转，使后市运行方向变得复杂难辨。

如图 3–78 中 A 点所示，股价结束调整，从 60 日均线上启动上涨。其后只在级别较大的一波调整中回到 60 日均线，受到该均线支撑结束回落，之后再次转升。见图 3–78 中 B 点。

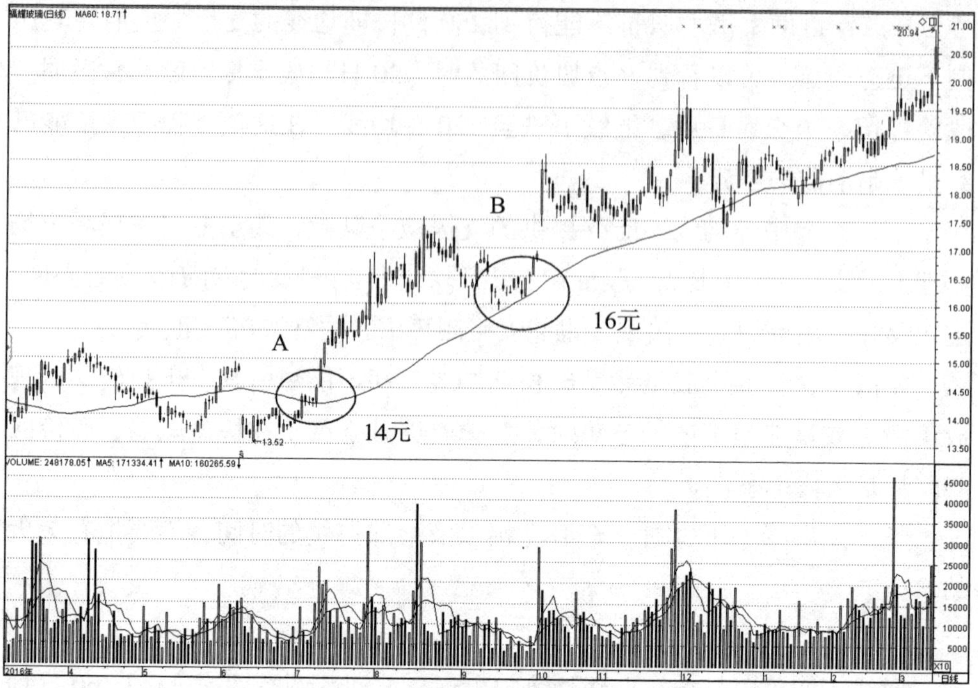

图 3-78

三、技术指标

对于技术指标的认识,通常存在两种极端,一种认为技术指标毫无作用,另一种则将技术指标神化。这两种认识都存在偏颇之处。

公允地讲，技术指标只是一个工具。同样的技术指标，在一部分人手里是获取盈利的工具，在另一部分人手里却成为自戕的凶器。

在交易市场上，某些技术指标能够显示出行情的纤毫变化，却不能准确地告诉你应该买入还是应该卖出，因为那是需要你去做的工作，并不是技术指标要去做的。

布林线指标发明人约翰·布林格曾说：“没有一套技术分析系统能自始至终发挥作用。为什么呢？道理很简单，任何分析体系都有它的时效性和地域性。现在有效的分析系统，过一段时间就可能失效。在这个市场中很有效的分析系统，放在另一个市场中也许就不适用了。”

也许就是因为技术指标适用性的问题，导致一些人在交易中发生亏损，从此便认为技术指标对于交易无任何作用。

曾经做过一个调查：你相信技术分析吗？答案有很大的模糊性，大部分人态度模棱两可，个中原因无外乎技术分析的准确性。

实战中，一些交易者可能会遇到这种情况：技术分析（技术指标）得出后市行情将趋于下跌，但实际上行情仍旧如火如荼地上涨。部分踏空行情的交易者由此对技术分析（技术指标）产生怀疑，甚至从此不再相信技术分析。

技术分析之所以存在诸多应用上的问题，有以下两个方面的原因。

一是应用者漠视了技术分析（技术指标）适用性和局限性的问题，同时也缘于单一技术分析方式天生的缺陷。在极端市场条件下，如果没有技术环境分析，不综合考虑缺失心理倾向——情绪宣泄的因素，可以想象这个结论会有多大的偏差。

二是对于技术分析，至少要经历从痴迷到弃之如敝履再到推倒重来的过程。初入股市的人对技术分析充满好奇，如牛饮般不加选择地吸纳所有相关知识，结果发现学到的知识并未给实战带来翻天覆地的变化，甚至还因技术分析的误判造成重大损失。

2001 年的大熊市教育了很多人，也包括笔者。时光荏苒，时过境迁，再从传统哲学的角度重新认识技术分析，忽然发现“世上没有不管用的工具，只有不会使用的人”。技术分析就是一个工具，只有搞懂它该用在什么地方，怎么用它，才能用得得心应手。

无论技术指标是谁发明的，你都必须把它变成“自己”的，因为你是为自己的交易来使用它，不是发明者。

无论发明者为某项技术分析方法设定了什么样的使用规则，你都必须用自己的方法重新诠释，即便与发明人的规则相悖。请记住一点，实战中能够盈利的规则就是最好的，没有其他。

技术指标不是万能的，也不是放之四海而皆准的真理，其对股票基本面的并购重组、突发自然灾害等，根本无法预测，甚至意外事件突发时，技术指标会因为钝化而失去判断意义。

如果过分神化技术指标的作用，一味地死抱着技术分析理论、数据来按图索骥，追求所谓的神奇作用，往往会跌入主力设置的陷阱。

在理解、掌握和应用技术指标时，既不能神化，也不能全盘否定，把技术指标定位于一种交易参考工具，才能真正走出技术分析认识上的误区。

世界上没有任何一种技术分析手段只简单套用而不需要思考和理解，就能在交易市场上获取大利的。交易市场是人与人之间智慧博弈的角斗场，赢家永远是勤于思考、善于辩证地看问题的人。

技术指标林林总总，限于篇幅，本节不可能深入讲述，有兴趣的读者，可以参看中国宇航出版社出版的《玩转技术指标——九种技术指标精讲》一书。

四、市场心理倾向

技术环境分析中，市场心理倾向是不可或缺的组成部分。无论是股票市场还是期货、现货市场，都是由人制定交易策略和完成交易操作，而人的心理总是随着环境的改变而变化的。

一个市场中，大多数参与者对目前行情形成大致相同的认识，即为市场心理倾向。

市场心理倾向可以是上涨的洪流，也可以是下跌的洪流。心理倾向形成后，对于单一方向的助推力极其惊人，任何资金都无法在其情绪宣泄期与之抗衡。

市场心理倾向是逐步发展、逐步扩散的。随着越来越多的人放弃原有主张，加入到市场主流心理倾向中去，最终市场认识达到了极端一致化，市场就开始进入情绪宣泄阶段，即涨必涨过头，跌必跌过头。

正如投资大师约翰·邓普顿的名言所说：“牛市在悲观中诞生，在怀疑中成长，在乐观中成熟，在兴奋中死亡。”

市场心理倾向有 3 个阶段：萌发阶段，成熟阶段，情绪宣泄阶段。

1. 萌发阶段

处于萌发阶段的市场心理倾向是混乱的，或者说并没有形成市场主流认知倾向，市场上存在各种对未来行情的预测或期待。反映到 K 线图上，此时多呈横盘震荡、小角度上升或小角度下跌形态，趋势并不明确。

人的心理总是随着环境的改变而变化。当外部技术环境发生明显变化时，市场认知倾向就会随之做出反应，但这种反应往往具有不可延续性。

外部价格暴跌暴涨、忽上忽下的技术环境，势必让大多数市场参与者日益谨慎，继而减少操作，以观望的心态等待局势进一步明朗。

虽然大盘趋势并不明朗，但在有心人眼里，总能发现有那么一部分股票和大盘运行的方向相逆。正如乱战之中，忽然冲出一哨人马，虽然数量不多，但旗帜鲜明，与众不同。

这部分特立独行的股票在对抗大盘趋向上极其顽强，总能摆脱大盘的影响。大盘涨，则其跌。大盘跌，则其涨。几番抗衡之后，这部分股票已然卓而不群，自身趋向悄然成型。

随着越来越多的资金开始关注并介入到这部分股票之中，大盘趋向也随之发生变化，二者之间由对抗走向渐趋一致。这时市场心理虽未显露出明确一致的倾向，但已暗流涌动。

就像第一个吃螃蟹的人，尝到美味后大快朵颐。旁观的人虽未行动，但已经垂涎欲滴，蠢蠢欲动。

逆向而为，是交易者此时较佳的策略选择。当然，对于逆向而为应有一个正确和清晰的认识。

逆向，不是指盲目与大势或行情趋势方向相逆，而是与某一阶段市场心理倾向相逆。比如，市场心理倾向处于萌发阶段时，在没有市场主流认知倾向的混乱状态下，关注部分趋向或趋势明确的股票群体的表现，并力求在大盘趋向和这些股票之间辨析出行情未来发展的轨迹。

2. 成熟阶段

在这个阶段，K 线图上行情整体趋向或趋势一目了然，上涨或者下跌趋向并无太大争议，市场心理倾向已经明确并被越来越多的人认可，只是对行情未来走势的预期上仍旧存在较大的分歧。

在市场心理倾向成熟阶段，对于反对者有一个逐渐吸纳、缓慢聚拢的过程，并非势如破竹、一马平川地得到所有人的认可。当行情遭遇大级别调整时，市场心理倾向仍会出现一定程度、一定幅度的波动和反复。

交易者此时策略应是顺势而为。

必须明确一点，市场心理倾向并非总是处于错误之中，只有当心理倾向走向极端或处于混乱之中时，才是选择逆向而为的时间。

交易策略在不同的市场阶段有不同的选择。交易大师约翰·邓普顿关于逆向投资有这样一句名言："最悲观的时刻正是买进的最佳时机，最乐观的时刻正是卖出的最佳时机。"

关于这句名言，必须厘清一点：所谓最悲观的时刻或最乐观的时刻，并非仅指交易者个人情绪，主要是指市场的主流心理倾向。因为个人情绪与市场主流心理倾向并不一定每时每刻都完全同步。

实战中不乏以己度人者，以为自己恐惧别人也会恐惧，自己兴奋别人也会兴奋，于是生搬硬套逆向理论，将技术分析中的其他分析因素和结论弃之不顾，仅以个人情绪为中心揣摩预测行情运行趋向，殊不知已经进入逆向交易的误区，交易成绩可想而知。

逆向理论既不是要求与大势抗衡，也不是以个人情绪为中心。常言道，在行情最悲观时要藐视恐惧。逆向理论的精髓在于藐视恐惧。只有在大众都处于恐惧之中时，逆向理论才有作用，而藐视恐惧必须按部就班才有底气！

3. 情绪宣泄阶段

情绪宣泄阶段的市场心理倾向是疯狂的，也是高度一致的。

这个阶段，市场群体对于行情目前的运行趋向和未来行情预期都处于高度一致的状态，市场各方争议较少，行情运行受到的阻力小，市场在单一方向上呈快速运行的态势。

反映到K线图上，K线往往表现为连续的阴线或阳线，成交极其密集，价格不断创出历史新高（低）或阶段性新高（低）。

情绪宣泄阶段是市场心理倾向走向极端的表现。极端情况下，危险和机遇并存，回避并不是最佳选择。在情绪宣泄阶段，股价容易出现超涨与超买或超跌与超卖并存的情况，这两种情况都会给交易者带来短线做多或做空的机会。

此处有必要将超涨、超买、超跌、超卖的概念讲一下，这有助于读者理解情绪宣泄在技术分析中如何认定和利用。

所谓超涨，是指股价短期内过度上涨，这种上涨超出大多数人的预期，人们对于股票价格的上涨心存疑虑。

所谓超买，是指股价的上涨为大多数人认可，并且认为股价仍会保持继续上涨的势头。

这是二者之间最大的区别。从这个角度来说，超涨的股票有可能继续维持上涨势头，即便遇到调整，仍旧存在“挖坑”后继续升势的可能性。但是超买的股票大多会遭遇“头部”，超买位置即便不是股价的最高点位，也大多离此不远。

对于短线交易者而言，超涨的股票是中线追踪、短线回避的目标，而超买的股票应当坚决予以回避。

超跌，是指短时间内股票价格超出人们预期的持续下跌，这种下跌往往是由恐慌情绪或其他意外事件引发的，短期内价格跌幅与跌速都极为惊人。

超卖，是指对某种股票长时间过度卖出，大多数人认为股价的下跌趋势仍旧还会继续保持，并且短时间内不会有起色。

超跌和超卖也是具有等级区别的，超跌更多的是代表股价短期极限点位临近，而超卖蕴含的是交易者心理承受极限的到来。

笔者认为，超跌是市场产生短中期反弹的主要动力，而超卖才是行情反转的催化剂。换句话说，只有市场失望情绪达到顶点时，才有可能产生重要的行情低点或转折点。关于超涨、超买和超跌、超卖相关的技术应用，请参看中国宇航出版社出版的《短线追涨与低吸技术》一书。

在情绪宣泄阶段，依据单一技术分析方式（不含市场心理倾向分析等）必然得出错误的结论，都会被狂暴的行情碾压得粉碎，这也是笔者强调技术环境分析重要性的原因。

缺乏分析因素的技术分析结论必然四处碰壁，缺失市场心理倾向分析的技术分析是天生的畸形儿。

例如，某交易者判断价格将在年线上止跌企稳并展开反弹，理由是经过技术分析，年线具有较强的支撑力度。但在实际行情运行中，价格很轻松就跌破了年线并继续下跌，年线并未体现出技术分析中应有的支撑。

这种情况发生时，交易者往往会惊慌失措，认为自己的技术分析是错误的，并放大对于下跌的恐惧，认为行情将由此万劫不复。交易者瞬间推翻之前所有的理性分析结论，加入到恐慌情绪宣泄的大军之中。

然而不久之后，价格便止跌回升并重新回到年线之上，年线还是体现出了之前分析的结论，即对价格具有较强的支撑力度。

年线既然具有较强的支撑，那么之前为什么还会被跌破?

技术分析有效还是无效的问题，让这位交易者疑虑重重，并在接下来的交易中不知所从。

其实这位交易者遇到的并不是技术分析有效还是无效的问题，而是技术分析因素缺失带来的问题。一句话——漠视了技术环境、市场心理倾向分析。

尤其是在情绪宣泄阶段，价格的上涨或下跌，往往都会轻易洞穿技术压制位或技术支撑位。随着情绪宣泄逐渐平复、消亡，这些技术压制位或技术支撑位的作用仍会显现出来，价格也随之回归正常态势。

第十五章　进阶思考——交易大师的“秘籍”

在闻名世界的大富豪中，石油大王约翰·戴维森·洛克菲勒，钢铁大王安德鲁·卡内基，零售大王山姆·沃尔顿和软件大王比尔·盖茨，这些人的财富都来自一种产品或一种发明。而金融界的交易大师们，他们的巨额财富却是从股票等交易市场上博弈得来的。

风格迥异的交易大师们，造就了他们自己的传奇，也给全世界的投资和投机者留下了可资借鉴的“点石成金术”。

研读大师的成功法则，体会其中的成败得失，可以使交易者从中获得重要的借鉴，对于提升自身的交易水平大有裨益。

一、彼得·林奇的投资法则

1. 彼得·林奇的13条投资准则

（1）绝不投资于任何你画不出来的东西。

（2）你不能从后视镜中看到未来。

（3）只要你挑选基金，很可能就选中一只好基金。

（4）公司办公室的奢华程度与公司给股东分红的递减幅度成正比。

（5）如果政府长期债券的收益高于标准普尔指数的分红收益6个百分点，那么卖掉股票，买债券吧。

（6）不是所有的普通股都同样普通。

（7）对于心安理得的持股人来讲，最好的药方是股价大跌。

（8）如果你喜欢这家商店，多半会爱上它的股票。

（9）内部人员买入自己公司的股票是一个利好信号。

（10）对经营而言，竞争不如垄断。

（11）其他条件相同时，投资在年度报告中彩照最少的公司。

（12）当分析员感到厌烦之时，正是买进之机。

（13）除非你是个卖空者，或者热衷做个被人同情的人，否则绝不掏钱做悲观主义者。

2. 彼得·林奇的 25 条黄金规则

（1）投资是令人激动和愉快的事，但如果不作准备，投资也是一件危险的事情。

（2）投资法宝不是得自华尔街投资专家，它是你已经拥有的。你可以利用自己的经验，投资于你已经熟悉的行业或企业，你能够战胜专家。

（3）过去 30 年中，股票市场由职业炒家主宰，与公众的观点相反，这个现象使业余投资者更容易获胜，你可以不理会职业炒家而战胜市场。

（4）每只股票背后都是一家公司，去了解这家公司在干什么。

（5）通常，在几个月甚至几年内，公司业绩与股票价格无关。但长期而言，两者之间 100% 相关。这个差别是赚钱的关键，要耐心并持有好股票。

（6）你必须知道你买的是什么以及为什么要买它，“这孩子肯定能长大成人”之类的话不可靠。

（7）远射几乎总是脱靶。

（8）持有股票就像养育孩子，不要超出力所能及的范围。业余选股人大概有时间追踪 8~12 家公司。不要同时拥有 5 种以上的股票。

（9）如果你找不到一只有吸引力的股票，就把钱存进银行。

（10）永远不要投资于你不了解其财务状况的公司。买股票最大的损失来自于那些财务状况不佳的公司。仔细研究公司的财务报表，确认公司不会破产。

（11）避开热门行业的热门股票。最好的公司也会有不景气的时候，增长停滞的行业里有大赢家。

（12）对于小公司，最好等到它们有利润之后再投资。

（13）如果你想投资麻烦丛生的行业，就买有生存能力的公司，并且要等到这个行业出现复苏的信号时再买进。

（14）如果你用 1000 元钱买股票，最大的损失就是 1000 元。但是如果你有足够的耐心，你可以获得 1000 元甚至 5000 元的收益。个人投资者可以集中投资几家绩优企业，而基金经理却必须分散投资。持股太多会失去集中的优势，持有几个大赢家终生受益。

（15）在每个行业和每个地区，注意观察的业余投资者，都能在职业炒家之前发现有巨大增长潜力的企业。

（16）股市下跌如科罗拉多州 1 月份的暴风雪一样，是正常现象，如果你有所准备，它就不会伤害到你。每次下跌都是大好机会，你可以挑选被风暴吓走的投资者放弃的廉价股票。

（17）每个人都有足够的智力在股市赚钱，但不是每个人都有必要的耐力。如果每次遇到恐慌就想抛掉存货，你就应该避开股市或股票基金。

（18）总有一些事情需要操心。不要理会周末的焦虑和媒介最新的恐慌性言论。卖掉股票是因为公司的基本情况恶化，而不是因为天要塌下来。

（19）没有人能够预测利率、经济形势及股票市场的走向，不要去搞这些预测。集中精力了解你所投资的公司情况。

（20）分析 3 家公司，你会发现 1 家基本情况超过预期。分析 6 家，就能发现 2 家。在股票市场总能找到意外的惊喜——价值被华尔街忽视的公司的股票。

（21）如果不研究任何公司，你在股市成功的机会，就如同打牌赌博时不看自己的牌而打赢的机会一样。

（22）当你持有好公司股票时，时间站在你这一边，你要有耐心——即使你在头 5 年中错过了沃尔玛特股票，但在下一个 5 年它仍是大赢家。

（23）如果你有足够的耐性，却既没有时间也没有能力和精力去自己研究，那就投资共同基金吧。这时，投资分散化是个好主意，你应该持有几种不同的基金，如增长型、价值型、小企业型、大企业型，等等。

（24）在全球主要股票市场中，美国股市过去10年的总回报排名第八。通过海外基金，把一部分投资分散到海外，可以分享其他国家经济快速增长的好处。

（25）长期而言，一个经过挑选的股票投资组合总是胜过债券或货币市场账户，而一个很差的股票投资组合，还不如把钱放在坐垫下。

二、吉姆·罗杰斯的创富“杀手锏”

1. 价值投资

大师罗杰斯曾经说过，自己不是一个优秀的短线交易者，甚至在选择时机上也做得不怎么好。罗杰斯并不是自谦，而是很清楚自己的短板。在他一系列的成功交易案例中，看不到短线交易存在，同时也看不到任何记载罗杰斯未经基本面分析后的交易，不管是成功的还是失败的。

罗杰斯对于图表分析是这样说的：“一般来说，我很少用图表做买卖，但是假如我感觉大众的歇斯底里症又犯了时，我会用它们来验证事实。图表有时会呈现直线上升的情况，显示股价已经涨到远远超越它的实际价值了，这表示人们已经失去判断力，众人处在歇斯底里的状态。我知道价格最后会回到恰当的程度，所以我就卖空。然而需要小心的是，不要只因为价格很高就卖空，除非它已经贵到不可思议，而且你看到负面的改变就要发生了。”

罗杰斯无论是买进股票还是做空，基本面分析和研究、价值投资都是他的驱动力。“如果你是因为商品具有实际价值而买进，即使买进的时机不对，你也不至于遭到重大亏损。”

当然，投资者需要注意检查每一次投资的对象是否会有新的变化。比如，1980年石油危机之后，罗杰斯通过研究，确信石油供过于求。虽然石油的价格仍在继续攀高，但他确信油价肯定很快会下跌，于是开始做空。但是不久之后两伊战争爆发，由于全世界都担心石油短缺，石油价格开始狂飙。

还有一次，罗杰通过研究发现一家公司的股价被过分高估，于是做空其股票。但是让他没有想到的是，这家公司因为引进了新的技术和产品，盈利出现了突破性的逆转，股价继续大幅飙升，罗杰斯迅速撤出。

"投资并不是一件容易的事"，罗杰斯在演讲时经常这样告诫投资者。

2. 交易的心态

很多投资者总喜欢在市场上进进出出，忙得不亦乐乎。而且以此炫耀自己有多高明，赚取了多少利润。这类人就是没有办法坐下来静静地等待大势的自然发展，而是永远按照自己的希望去博取蝇头小利，这也是导致投资者倾家荡产的主要原因。

很多在股市遭到亏损的人会说："赔了一笔，我一定要设法把它赚回来。"投资者如果持有这种心态，则会在亏损的泥潭中越陷越深。罗杰斯倡导这样一种观点：经过自己缜密的研究和分析，一旦确定进入市场投资，那么接下来就是袖手不管，静候佳音，除非投资对象真的有重大事情发生或者改变。

在投资市场上，骄傲自大也是导致投资者很难持久盈利的敌人之一。有些投资者在连续几次交易中都取得了盈利后，往往会有些自高自大，认为自己就是一个天赋异禀的投资天才。

具备成功潜质的投资者，则会反思哪些交易只是运气好，碰巧发了财。哪些交易还有需要总结的地方。是否需要休息一段时间，以免因过度高昂和兴奋的情绪，导致在之后的交易中出现差错。

市场一直处于变幻之中，当发现趋势改变时，投资者决不可逆流而动，与市场趋势对抗，否则不会有好结果。

罗杰斯说："不论什么时候，只要你感觉自己无所不能时，停下来，什么事都不要做。坐下来休息一下，克服感染你的乌合之众心理。"

用冷静、理性的态度看待真实世界，你会打造出属于自己的成功。当你可以说服自己，你的思考是有效的、合理的时，就是你开始行动的时机了。

3. 催化剂

市场走势时常会呈现长期的低迷不振。为了避免使资金陷入如一潭死水的市场中，投资者应该等待能够改变市场走势的催化因素出现。

“在大多数情况下，成功的投资者能够设法以低到不可思议的价格购买股票和商品，只用很少的钱冒险。光是价格便宜不应该是你投资的理由。假如某样东西一直很便宜，那么它就没有投资的价值，它的股票不过是一张没有价值的纸。要让一只很便宜的股票上涨，一定得有‘催化剂’。就像化学实验一样，必须加入加速反应的物质。从投资的角度来看，‘改变’的功能就像催化剂！这种改变一定对国家有非常大的影响，时间上还需被认定在它发生之后，几年内会引起实质的改变。”

4. 看不懂局势时，离场是最佳选择

如果只是“认为”自己是对的，那么什么也别做，除非你真的“确定”自己在干什么。假如你在两年内靠投资赚了50%的利润，然而在第三年却亏了50%，你还不如把资金投入国债市场。

如果没有适宜的投资对象，或者你无法理解目前的市场，那么离场和空仓观望无疑是最好的选择。

罗杰斯说:“如果你一直等待的机会来了，那么就把所有的资金取出来，全部投进去。然后等上三五年或者10年。你肯定知道何时出手这些股票，因为你比其他任何人了解的都多。取出你的资金，并等待下一次机会出现。下次再出现这样的机会，你仍然会大赚特赚。因此，我最基本的建议就是不要亏钱。坚持只做你看准的交易，那么你早晚会发现可以大赚一笔的机会。”

5. 了解供求关系的变化

无论股票市场还是商品市场，供求关系是不可忽视的主要因素之一。社会和经济变革往往会引起供求关系的剧烈变化。比如上文提到的战争因素，就会因供求关系的影响对石油价格带来巨大的波动。

罗杰斯认为，股票市场也好，商品市场也罢，都不可能脱离供求关系

的影响。当供过于求时，无疑是投资者极佳的卖出或者做空良机。

6. 不犯同样的错误

罗杰斯曾直言，他在投资生涯中犯过错，而且不止一次犯错，有些错误后果甚至还很惨重。罗杰斯之所以成功，在于他能够从每一次的错误中提炼出终身遵守的戒律和规则，使自己不再犯同样的错误。

比如，他在多种场合及自己的著作中都提到过，因为自己过早介入而导致“大学电算”那次惨败，为此罗杰斯一生都遵守耐心等待催化剂出现后再行动的原则。

7. 准备应对意外

罗杰斯在投资方面还有一个重要思想，那就是投资者应在投资之前有应对意外来临时的心理准备。

投资者应该确信自己买进的股票已经非常具有投资价值，自己认真地研究过所有的数据和信息，即使发生最坏的情况，你的本金也只不过是暂时没有收益而已。

当然，市场总是处于不停变幻之中，无论你多么正确，市场都有可能往你的意图相反的方向运动，并且使你亏掉一大笔钱。投资者在做出投资决策之前，应当考虑到这种最坏的情况可能会发生。

三、威廉·D·江恩的24条常胜规则

为了在股票市场上获得成功的交易，交易者必须有明确的规则并遵照执行。下面给出的规则基于个人经验，任何人只要遵守它们都会获得成功。

（1）资金的使用量。将你的资金分成10等份，永远不在一次交易中使用超过1/10的资金。

（2）用止蚀单。永远在离你成交价的3～5点处设置止蚀单以保护投资。

（3）永不过度交易。这会破坏你的资金使用规则。

（4）永远不让盈利变成亏损。一旦你获得了3点或者更多的利润，请立即使用止蚀单，这样你就不会有回吐。

（5）不要逆势而为。如果你根据走势图无法确定趋势如何发展，就不要买卖。

（6）看不准行情的时候就退出。不要在看不准行情的时候入市。

（7）仅交易活跃的股票。避免介入那些运动缓慢、成交稀少的股票。

（8）平均分摊风险。如果可能的话，交易 4 只或 5 只股票，避免把所有资金投入到 1 只股票上。

（9）不要限制委托条件或固定买卖价格，用市价委托。

（10）若没有好的理由，就不要平仓，用止蚀单保护你的利润。

（11）累积盈余。如果你进行了一系列成功的交易，请把部分资金划入盈余账户，以备在紧急情况下或市场出现恐慌时使用。

（12）永远不为获得一次分红而买进股票。

（13）永远不平均分配损失。这是交易者犯下的最糟糕的错误之一。

（14）永远不要因为失去耐心而出市，也不要因为急不可耐而入市。

（15）避免获小利而亏大钱。

（16）不要在进行交易的时候撤销你已经设置的止蚀单。

（17）避免频繁出入市。

（18）愿卖的同时也要愿买。让你的目的与趋势保持一致并从中获利。

（19）永远不要因为股价低而买入，或因为股份高而卖出。

（20）小心在错误的时候加码。等股票活跃并冲破阻力位后再加码买入，等股票跌破主力派发区域后再加码做空。

（21）挑选小盘股做多，挑选大盘股做空。

（22）永不对冲。如果你多做一只股票，而它开始下跌，就不要卖出另一只股票来补仓，你应当认赔离场并等待另一个机会。

（23）若没有好的理由，永远不要在市场中变换多空位置。在你进行交易时，必须有某种好的理由或依照某种明确的计划，不要在市场未出现明确的转势迹象前离场。

（24）避免在长期的成功或盈利后增加交易。

当你决定进行一笔交易的时候，必须确信没有触犯这 24 条规则中的任何一条，这些规则对于你的成功来说至关重要。当你割肉时，请回顾这些规则，看看你违反了哪一条，之后不要再重蹈覆辙。经验和调查会使你相信这些规则的价值，观察和学习将把你引向一种可以在华尔街获得成功的正确而实用的理论。

投资理财类书目

书名	作者	定价
股价结构：波浪与形态	华　强	35.00
神秘均线擒牛股——股市南山兵法	周国夫	32.00
从零开始学看盘	付　刚	58.00
K 线图核心技术	金　铁	45.00
均线核心技术	金　铁	45.00
缠中说禅：教你炒股票：解盘答问篇（上、下）	培　峰	108.00
趋势交易实战——象限四度交易法	张文义	42.00
孝寒点位交易法	邢孝寒	38.00
新股民炒股全攻略	黄　金	58.00
涨停盘口定式	曹明成　谭　文	38.00
短线炒股必杀技	曹明成　谭　文	38.00
成交量分析入门与实战精解	刘振清	35.00
分时图分析入门与实战精解	刘振清	35.00
均线指标入门与实战精解	刘振清	35.00
宝塔线指标入门与实战精解	刘振清	35.00
筹码分布技术入门与实战精解	刘振清	35.00
现货石油交易实战宝典	张耿豪　饶　斌	38.00
股市晴雨表	汪雪鹏	36.00
农产品期货	付上金	58.00
教你炒股票：缠论与 K 线分析技术	培　峰	48.00
短线炒股全攻略	付　刚	49.00
磁区理论点评升级版	江南小隐	38.00
分时图必杀技	曹明成　谭　文	38.00
龙头股必杀技	曹明成　谭　文	38.00
三步掌握波段买卖	曹明成　谭　文	38.00
黑马捕捉术	曹明成　谭　文	36.00
阴阳 K 线的奥秘	曹明成　谭　文	38.00
相对波浪理论	唐桂华	42.00
波段操盘秘法	何瑞东	38.00
布林线指标入门与实战精解	刘振清	35.00
MACD 指标入门与实战精解	刘振清	35.00
KDJ 指标入门与实战精解	刘振清	35.00
一本书读懂互联网投资理财	蔡余杰	38.00
玩转技术指标：九种技术指标精讲	金　铁	45.00
新手炒股快速入门与技巧	刘振清	38.00
银行理财产品全攻略	薄志红	35.00
决战牛熊：股市获利之道	曹明成　谭　文	35.00
短线出击：股市快速获利战术	麻道明	49.00
聚沙成塔：T+0 交易绝杀技	江南小隐	35.00
短线实战操盘技巧	伟　晴	42.00
一买就涨：买在底部的 101 个起涨信号	付　刚	38.00
一卖就赚：卖在顶部的 123 个卖出信号	刘　平	38.00
短线追涨与低吸技术	金　铁	38.00

续表

实战交易密码之走向盈利	陈志文	45.00
量价关系精要	徐子城	28.00
股票画线技术入门与实战	刘振清	38.00
股价结构：趋势与轨道	华　强	35.00
K 线操盘学	麻道明	58.00
如何做股票交易	杰西·利弗莫尔	20.00
从零开始炒股票	徐子城	35.00
江恩理论入门、精通与实战	景生辉	28.00
缠中说禅：教你炒股票	王培峰	48.00
如何看懂技术指标	麻道明	38.00
个股期权投资指南	付上金	32.00
索罗斯 32 个投机信条	孙恩棣	28.00
巴菲特 76 条投资准则	孙恩棣	28.00
波浪时空体系	王军凯	32.00
超级牛股操盘术	李　闻	48.00
股价结构：压力与支撑	华　强	35.00
趋势定位	付上金	35.00
量价精研	邢孝寒	32.80
K 线阳线战法	麻道明	39.00
K 线阴线战法	麻道明	39.00
零起点期货投资一本通	黄　金	28.00
零起点基金投资一本通	黄　金	29.80
零起点股票投资一本通	黄　金	35.00
股市交易特技	时空老人	38.00
如何看懂分时图	江南小隐	28.00
易经演股法之个股攻略	第六感觉	35.00
艾略特波浪理论入门、精通与实战	景生辉	28.00
趋势与拐点交易法	戈　岩	35.00
家庭投资理财规划一本通	雷　冰	35.00
实战擒庄	张　文	35.00
筹码实战分析	刘晓杰	28.00
趋势技术分析	邱立波	36.00
专业操盘原理	景生辉	38.00
背离技术分析	江南小隐	29.80
小女人理财锦囊	游凌燕	28.00
理财产品全攻略	罗显良	38.00
股票投资资金管理与止损止盈技巧	雷　冰	32.00
春林涨停战法	张春林	29.80
龙头股实战技巧	张　文　赵振国	35.00
均线技术分析	邱立波	38.00
易经演股法	第六感觉	35.00
现货黄金投资技巧	邢孝寒	28.00
缠论解析：缠中说禅技术理论图解	江南小隐	23.00
实战交易密码	陈志文	35.00
股票投资的 24 个关键财务指标	雷　冰	35.00
K 线技术分析	邱立波	38.00
破译 K 线图中的密码	江南小隐	38.00